Elisabeth Heinemann

Sprachlogische Aspekte rekonstruierten Denkens, Redens und Handelns

T0210944

GABLER EDITION WISSENSCHAFT

Information Engineering und IV-Controlling

Herausgegeben von
Professor Dr. Franz Lehner,
Universität Regensburg (schriftführend),
Professor Dr. Stefan Eicker,
Universität Duisburg-Essen, Campus Essen,
Professor Dr. Ulrich Frank,
Universität Koblenz-Landau,
Professor Dr. Erich Ortner,
Technische Universität Darmstadt,
Professor Dr. Eric Schoop,
Technische Universität Dresden

Die Schriftenreihe präsentiert aktuelle Forschungsergebnisse der Wirtschaftsinformatik sowie interdisziplinäre Ansätze aus Informatik und Betriebswirtschaftslehre. Ein zentrales Anliegen ist dabei die Pflege der Verbindung zwischen Theorie und Praxis durch eine anwendungsorientierte Darstellung sowie durch die Aktualität der Beiträge. Mit der inhaltlichen Orientierung an Fragen des Information Engineerings und des IV-Controllings soll insbesondere ein Beitrag zur theoretischen Fundierung und Weiterentwicklung eines wichtigen Teilbereichs der Wirtschaftsinformatik geleistet werden.

Elisabeth Heinemann

Sprachlogische Aspekte rekonstruierten Denkens, Redens und Handelns

Aufbau einer Wissenschaftstheorie der Wirtschaftsinformatik

Mit einem Geleitwort von Prof. Dr. Dr. h.c. Bert Rürup

Deutscher Universitäts-Verlag

Bibliografische Information Der Deutschen Bibliothek
Die Deutsche Bibliothek verzeichnet diese Publikation in der Deutschen
Nationalbibliografie; detaillierte bibliografische Daten sind im Internet über
<http://dnb.ddb.de> abrufbar.

Dissertation Technische Universität Darmstadt, 2005

D 17

1. Auflage Januar 2006

Alle Rechte vorbehalten
© Deutscher Universitäts-Verlag/GWV Fachverlage GmbH, Wiesbaden 2006

Lektorat: Brigitte Siegel / Stefanie Loyal

Der Deutsche Universitäts-Verlag ist ein Unternehmen von
Springer Science+Business Media.
www.duv.de

Umschlaggestaltung: Regine Zimmer, Dipl.-Designerin, Frankfurt/Main
Druck und Buchbinder: Rosch-Buch, Scheßlitz
Gedruckt auf säurefreiem und chlorfrei gebleichtem Papier

ISBN 978-3-8350-0123-7

Geleitwort

In dem Wissenschaftsbereich, aus dem die Dissertation von Frau Heinemann ent-standen ist, bin ich fachfremd. Dies gilt allerdings nicht für die Fragestellung, die die Autorin mit ihrer Forschung angeht, nämlich Wissenssysteme wie z.b. die Straßen-verkehrsordnung oder das sprachlich geregelte Rentensystem übersichtlicher und auch zugänglicher zu gestalten. Zudem verfolge ich die Arbeit der beiden betreu-enden Referenten, der Kollegen Wedekind und Ortner schon lange Zeit, und ich war Mitglied der Prüfungskommission, die Frau Heinemanns Disputation zu bewer-ten hatte. Die Voraussetzungen für ein Geleitwort der Arbeit von Frau Heinemann sind also gegeben.

Hinter dem recht weit gefassten Titel der Arbeit verbirgt sich eine bemerkenswer-te transformatorische Leistung, die die Verfasserin in den vergangenen Jahren vor-gelegt hat: Forschungsergebnisse in der sprachbasierten Informatik werden mit ihren Auswirkungen auf die Sprachbildung der (Netz-)Bürger sowie auf die Entwick-lung von Wissenssystemen dargestellt, und es wird eine Wissenschaftstheorie der Wirtschaftsinformatik entwickelt, die bislang monographisch noch nicht vorlag.

Zu nennen sind die Auswirkungen auf die Sprachbildung der (Netz-) Bürger. Die-se Konsequenzen erwachsen daraus, dass die Computerbenutzung als Sprachbe-nutzung aufzufassen ist. Denn es stellt sich die Frage wie Menschen mit Compu-tern vernünftig umgehen können, wenn sie sich nicht darüber bewusst sind, wie die Gedanken, also die Zeichen oder Symbole, die »da rauskommen« entstanden sind. Und es stellt sich die Frage, wie man diese Symbole verstehen soll, wenn keine ausreichenden Kenntnisse darüber vorhanden sind, wie eine Muttersprache funkti-oniert. Frau Heinemann unternimmt hierzu den Versuch, den Stoff und die grund-legenden Konzepte eines Sprachunterrichts einer zukünftigen internet-basierten Wissensgesellschaft nachvollziehbar und verständlich darzustellen und dies unab-hängig von einer bestimmten Muttersprache.

Die Entwicklung von Wissenssystemen erfolgt in der Anfangsphase in erster Linie durch die Rückführung der betreffenden Anwendungsdomänen auf die Re-konstruktion der Fachbegriffe und des Wissens. Für diese Arbeit wird auf die Methodenlehre des Konstruktivismus in Erlanger Provenienz um Wilhelm Kamlah und Paul Lorenzen zurückgegriffen. Die Erarbeitung einer Wissenschaftstheorie für die Wirtschaftsinformatik ist der Autorin gelungen. Dies ist verdienstvoll, denn die Informatik, insbesondere wenn von der so genannten Kerninformatik die Rede ist, fasst eine solche nicht ins Auge. Die Ökonomen berufen sich regelmäßig auf Karl Popper mit seiner *Logik der Forschung*. Eine der bekanntesten Aussagen Poppers beinhaltet, dass sich allgemeine Hypothesen nicht verifizieren, sondern nur falsifizieren lassen. Bedauerlich ist – insbesondere aus Sicht von Frau Heinemann – dass der Psychologe Popper nicht im Wiener Kreis des Frege-Schülers Rudolf Carnap geblieben ist. Ansonsten wäre die Entwicklung vermutlich anders verlaufen. Nicht nur Falsifikationismus, sondern auch logischer Konstruktivismus wären dann wohl gleichberechtigte Ansätze, und dies nicht nur als *Nach*konstruktionen von denen Carnap in seinem *Logischen Aufbau der Welt* spricht, sondern auch als *Neu*- und *Re*konstruktion, und dies wäre und ist in der gesamten Informatik von großem Interesse.

Damit wäre dem Theoriekonzept von Frau Heinemann zu wünschen, dass es sich in der Praxis aller spezifizierenden Fächer wie z.B. Informatik, Maschinenbau, Ökonomie und Recht bewähren könnte.

Prof. Dr. Dr. h.c. Bert Rürup

Vorwort

Nun ist es also soweit: ein schöner, lehrreicher und in vielerlei Hinsicht sehr intensiver Lebensabschnitt neigt sich seinem Ende zu und es ist an der Zeit, mich bei einigen Menschen zu bedanken, die mich auf dem Weg zur Promotion begleitet bzw. auch schon in den Jahren zuvor so manchen Grundstein hierfür gelegt haben.

Mein erster und sehr herzlicher Dank gebührt Herrn Prof. Dr. Erich Ortner. Er ermöglichte mir nicht nur die Rückkehr an meine Alma Mater, sondern schaffte es auch, mir ein Fach nahe zu bringen, das ich zwar einmal studiert, aber nie wirklich geliebt hatte. Mit viel Gespür für meine Stärken hat er mich genau mit den für mich passenden Themen herausgefordert. Seine Geduld, Diskussionsbereitschaft und Energie, meine durch die Jahre in der Industrie entstandenen wissenschaftlichen Lücken zu füllen, machen der Bezeichnung „Doktorvater" alle Ehren. Bedanken möchte ich mich auch bei meinem Zweitgutachter, Herrn Prof. em. Dr. Dr.-Ing. E.h. Hartmut Wedekind, dessen lebhafte Vorlesungen, Diskussionsbeiträge und E-Mails meine wissenschaftliche „Zweitkarriere" sehr bereichert haben.

Meine lieben Kollegen, Herr Dipl.-Wirtsch.-Inform. Tobias Grollius und Herr Dipl.-Wirtsch.-Inform. Jörg Lonthoff, verdienen ebenfalls ein großes Dankeschön für das Diskutieren, Erklären, Hinterfragen, Lesen, Korrigieren und vor allem für ihre Freundschaft.

Nun zu den Menschen, denen ich sicherlich das eine oder andere graue Haar verschuldet habe. Zwei seien stellvertretend genannt. Meiner besten Freundin Birgit gebührt ein warmes Dankeschön für eine wunderbare Freundschaft und selbstverständlich für die Motivationsanrufe in der heißen Phase meiner Doktorarbeit. Meinem ehemaligen „Nachbarn" aus dem 2. Stock möchte ich für viele gemeinsame Jahre danken und ihm von ganzem Herzen alles Gute auf seinem Lebensweg wünschen.

Und mit dem für mich wichtigsten und deswegen auch direkt adressierten Dank beende ich diese sehr persönlichen Worte: ohne Deine Liebe, Deine Zeit, Deine Hartnäckigkeit, Deine Klugheit, Dein schnelles Auffassungsvermögen, Deinen Rat, Deine Geduld und Deinen unerschütterlichen Glauben an mich, hätte ich es nicht geschafft! Ich bin stolz, Deine Tochter zu sein!

D.D.ü.A.l.g.d.Str.g.S.S.K.

Elisabeth Heinemann

Inhaltsverzeichnis

Abkürzungsverzeichnis

Abb.	Abbildung
Anm. d. A.	Anmerkung der Autorin
bzw.	Beziehungsweise
CELaWI	Centre for Language-based World Interaction
CL	Computerlinguistik
DarWin	Darmstädter Wissensmanagement Projekt
EAS	Epistemisches Anwendungssystem bzw. Epistemic Application System
etc.	et cetera
i.d.R.	in der Regel
i.S.	im Sinne
i.S.v.	im Sinne von
IT	Informationstechnologien
IuK	Informations- und Kommunikationstechnologien
JT	JUNKTOR (Objekttyp)
Kap.	Kapitel
o.g.	oben genannt
P.d.p.O.	Prinzip der pragmatischen Ordnung
PISA	Programme for International Student Assessment
PISA I	PISA-Test aus dem Jahre 2000
PISA II	PISA-Test aus dem Jahre 2003
PU	Philosophische Untersuchungen
RG	Rationale Grammatik
s.	Siehe
SWS	Sprachbasiertes Wissensmanagement-System
Tab.	Tabelle
TL	Tractatus logico-philosophicus
u.a.	unter anderem
UML	Unified Modelling Language
vgl.	Vergleiche
v.H.	von Hundert (%)
VW	VERWENDETE WISSENSEINHEIT (Objekttyp)

WE   WISSENSEINHEIT (Objekttyp)

XPS   Expertensystem

www   World Wide Web

z.B.   zum Beispiel

Abbildungsverzeichnis

Tabellenverzeichnis

Prolog:
Einführende Worte und Motivation

Stimmen die Worte und Begriffe nicht, so ist die Sprache konfus. Ist die Sprache konfus, so entstehen Unordnung und Misserfolg. Gibt es Unordnung und Misserfolg, so geraten Anstand und gute Sitten in Verfall. Sind Anstand und gute Sitten in Frage gestellt, so gibt es keine gerechten Strafen mehr. Gibt es keine gerechten Strafen mehr, so weiß das Volk nicht, was es tun und was es lassen soll. Darum muss der Edle die Begriffe und Namen korrekt benutzen und auch richtig danach handeln können. Er geht mit seinen Worten niemals leichtfertig um.

Konfuzius (551-479 v. Chr.)

0   Einleitung

Denken, Reden und Handeln zeichnet uns Menschen aus und macht uns zu einzigartigen Geschöpfen. Trotz größter Bemühungen und zahlreicher, immerhin durch Teilerfolge belohnte Kraftakte, ist es der *Informatik* und ihren diversen Strömungen wie die der *Künstlichen Intelligenz* noch nicht gelungen, dieses Wunderwerk Mensch in voller Gänze zu kopieren. Ob das auch tatsächlich in voller Gänze gelingen sollte, steht hier nicht zur Debatte und bleibt somit der persönlichen Ansicht des Lesers überlassen. Doch was hat dann eine Arbeit mit dem Titel „Sprachlogische Aspekte rekonstruierten Denkens, Redens und Handelns" eigentlich zum Thema, welche Fragen versucht sie zu beantworten, welche wissenschaftliche und praktische Relevanz ist sie in der Lage aufzuzeigen? Wir werden uns der Antwort im Folgenden Schritt für Schritt nähern.

0.1   Drei – zwei – eins – meins: Ausgangssituation und Motivation

Der Beginn unseres computerisierten Lebens ist zwar noch gar nicht so lange her, dafür aber bis heute höchst beeindruckend und wirkungsvoll verlaufen. Seitens der *Hardware* findet der Einsatz von Computern längst nicht mehr allein in Rechenzentren statt, und auch der heimische PC wird mehr und mehr „normaler" Status Quo. Letzteres ist vor allem der rasanten „Verbürgerlichung" des Internets zuzuschreiben und der massiven Vernetzung von Computersystemen, die längst die Grenzen der rein professionellen Nutzung in Richtung Privatleben überschritten hat. Rechen- und Speicherkapazitäten müssen nicht mehr lokal vorhanden sein, sondern es reicht aus, auf bestimmte Funktionalitäten über ein Netzwerk zugreifen zu können[1]. Dank des Massenmediums Internet[2] hat es heute nichts mehr Futuristisches, wenn man auf Amazon den neusten Harry Potter bestellt oder auf ebay gegen die virtuel- le Konkurrenz auf ein Designer DVD-Gerät „wettbietet". Die Herausforderungen von morgen heißen viel eher *Ubiquitous* oder *Pervasive Computing*. Damit ist kurz ge- sagt die unsichtbare und nahezu vollständige Einbettung technologischer Hilfsmittel in unser Leben gemeint, wie sie teilweise heute schon realisiert ist. Das komplizier- te Innenleben unserer Waschmaschine hat als solches keinen direkten Stellenwert, sondern allein die Tatsache, dass das Gerät unsere Wäsche sauber macht.

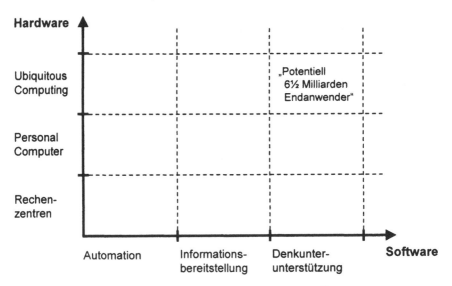

Abb. 0-1: Der Weg zum Ubiquitous Computing[3]

---

[1] Vgl. Denning und Metcalfe (1997)

[2] Ich verwende hier die in unserer Umgangssprache verwendete Bezeichnung Internet; korrekter- weise müsste zwischen World Wide Web und Internet differenziert werden.

[3] In Anlehnung an Brandt und Lonthoff (2004), S. 33

Auf der Seite der *Software* ist die Rechnerunterstützung gerade dabei, sich von der reinen *Automation* (z.B. in der Fertigung durch Roboter), über die *Informationsbereitstellung* (z.B. Internet) hin zu einer *sprachbasierten Denkunterstützung* für den Menschen zu entwickeln (s. Abb. 0-1), ohne freilich die beiden zuvor genannten Aspekte in voller Gänze zu verabschieden. Der Computer wird nicht nur immer mehr zu einem festen Bestandteil unseres Lebens und alltäglicher Begleiter für die trivialsten Vorgänge, sondern soll uns in unserem selbsttätigen und selbstverantwortlichen Denken und somit auch Reden und Handeln unterstützen, womit – rein theoretisch – eine Zielgruppe von etwa 6½ Milliarden Menschen angesprochen wäre[4]. Denn gerade im E-Commerce begegnen Menschen, die einen Internetzugang haben, einander *sprachlich*.

Doch ist der Mensch überhaupt schon in der Lage, mit einer Entwicklung wie dem Ubiquitous Computing umzugehen, sich also nicht durch das technisch Machbare verführen zu lassen, sondern das für ihn und die Gemeinschaft Sinnvolle und Nützliche herauszuziehen?[5] Werden in unseren Schulen ausreichende Grundlagen für einen verantwortungsvollen und dennoch kreativen Umgang mit modernen Technologien gelegt? Im Bildungsplan des Landes Baden-Württemberg von 2004 lesen wir u.a. folgende Lernziele für die Zielgruppe der Klassen 6 bis 10: Schülerinnen und Schüler können demnach

- verschiedene Geräte zur Eingabe von Daten einsetzen,

- Bilder mit Scanner und Digitalkamera erfassen und bearbeiten,

- Lizenzbestimmungen beachten sowie zwischen Free- und Shareware unterscheiden,

- individuelle Einstellungen bei Dokumenten und informationstechnischen Anwendungen vornehmen,

- E-Mails versenden und elementare Funktionalitäten von Mail-Anwendungen nutzen,

---

[4] Vgl. Ortner (2005), S. 271

[5] An dieser Stelle sei der Autorin ein Kommentar in eigener Sache gestattet: ich bin keinesfalls eine missionarische Vertreterin futuristischer Visionen hinsichtlich eines Computer-„infiltrierten" Lebens. Im Gegenteil: Ginge es nach mir, so würde es in den Schulen mehr musischen Unterricht geben und die Wichtigkeit, die einer zweiten oder gar dritten Fremdsprache zugesprochen wird, wäre deutlich größer als sie in unserem Schulsystem tatsächlich ist. Jedoch bin ich realistisch genug zu sehen, dass die Entwicklungen der nächsten Jahre immer mehr von Technologien geprägt sein werden. Daher sollten sie seitens der Wissenschaft verantwortungsvoll und – hinsichtlich des Möglichen und des tatsächlich Notwendigen – ethisch fundiert begleitet werden. Die hier vorgestellten Konzepte sind also keinesfalls absolutistisch zu bewerten, sondern parallel, wenn nicht sogar ergänzend zum Erhalt und Einsatz des „Handgemachten".

- ergonomische Anforderungen an einen Computer-Arbeitsplatz aufstellen,

- Qualitätsmerkmale für Computersysteme und Software aufstellen,

- mit den Grundbegriffen der digitalen Codierung umgehen,

- den Computer zum Messen, Steuern und Regeln einsetzen.

Die jungen Leute lernen also, wie sie Freeware und Shareware unterscheiden, aber nicht, wie sie das Internet und seine nicht immer segensreichen Möglichkeiten sinnvoll in ihren Alltag integrieren können. Beispielsweise ist das „Klicken" mit der Maus zu einer neuen Form der „sprachbasierten" Kommunikation avanciert, die aufgrund ihrer Schnelligkeit und der Austauschbarkeit der im Internet abrufbaren Inhalte oftmals mit weit reichenden Folgen für alle Beteiligten verbunden ist. Letzteres ist jedem hinlänglich bekannt, der schon einmal mit Webseiten jenseits des guten Geschmacks oder auch den enorme Kosten verursachenden Dialern[6] zu tun hatte. Dazu kommt, dass es die oft diskutierte Informationsflut (der so genannte *Information Overload*)[7] immer schwieriger macht „Gut" von „Böse" zu unterscheiden bzw. die Qualität von Informationen zu beurteilen[8]. Don Tapscott bringt es auf den Punkt[9]:

> „Es stimmt, daß der Generation N[intendo; Anm. d. A.] jede Information der Welt zur Verfügung steht, doch der Zugang erfolgt nicht einfach durch Anklicken der richtigen Querverweise. Informationen erhält man durch die Auswahl des richten Querverweises aus einem Menü Tausender möglicher Links. Noch niemals zuvor in der Geschichte war es so wichtig, dass Kinder Lesen, Schreiben und kritisches Denken erlernen. Es geht nicht nur um den Mausklick. Hier muß ausgewählt, gelesen, gedacht und dann erst geklickt werden."

Immer mehr Menschen verstehen nicht mehr, was sie im Alltag eigentlich im Einzelnen tun, sondern sie tun es einfach – zumeist unreflektiert. Eine Mitschuld daran trägt sicherlich die sehr schwache Sprachkompetenz, welche im Falle 15-jähriger Schülerinnen und Schüler nunmehr in zwei PISA-Studien aus den Jahren 2000 und 2003 eindrucksvoll aufgedeckt wurde[10]. Denn *Computerbenutzung ist Sprachbenutzung*[11]. Sowohl Input, Output als auch das, was aus dem Input einen Output

---

[6] Einwählprogramme, die zumeist unentdeckt im Hintergrund laufen und automatisch kostenintensive 0190-Telefonnummern aktivieren.

[7] Vgl. Krcmar (2003), S. 51 bzw. Holsapple (2004), S. 273

[8] Vgl. Probst, Raub und Romhardt (1999), S. 104

[9] Vgl. Tapscott (1998), S. 98

[10] Vgl. für die PISA-Studie 2000 z.B. Deutsches PISA-Konsortium (2001) und für PISA 2003 z.B. Deutsches PISA-Konsortium (2004); Kap. 6 wird dieses brisante Thema noch einmal aufgreifen.

[11] Diese Aussage wird im Laufe der vorliegenden Arbeit untermauert werden.

macht, ist sprachlogisch erfassbar. Das, was bei der Leistungserbringung der Rechner entsteht, ist ebenso als Sprachprodukt zu verstehen wie unsere gedachten, gesprochenen oder auch auf andere Weise artikulierten Worte. Und je weiter die technologische Entwicklung fortschreitet, desto mehr werden wir in Zukunft mit einer durch den Computer umsetzbaren, natürlichen Spracheingabe konfrontiert werden. Die menschliche Sprachkompetenz hingegen scheint sich eher rückwärts zu entwickeln.

Der Mensch ist laut dem Philosophen Ernst Cassirer ein Wesen, das Symbole schafft und sich durch Symbole mit seinesgleichen und der Welt kommunizierend verständigt.

> „Der Begriff der Vernunft ist höchst ungeeignet, die Formen menschlicher Kultur in ihrer Fülle und Mannigfaltigkeit zu erfassen [...]. Alle diese Formen sind symbolische Formen. Deshalb sollten wir den Menschen nicht als *animal rationale*, sondern als *animal symbolicum* definieren."[12]

Als auf Sprache angelegtes Wesen sollte der Mensch das Gerät beherrschen, nicht umgekehrt und darüber hinaus bestmöglichen Nutzen aus ihm ziehen. Und dabei ist eine hohe sprachliche oder intellektuelle Kompetenz der Beteiligten weit wichtiger als das im trefflichen Augenblick vielleicht relevante, geschickte „Klicken" auf Symbole nach dem „Trial-and-Error-Prinzip". So trivial diese Erkenntnis anmuten mag – ein Blick auf deutsche Lehrpläne hinsichtlich des Faches Informatik verrät, wie wir gesehen haben, dass sie noch lange nicht in den Köpfen derer verankert ist, die solche Pläne zu verantworten haben. Doch wie können Menschen mit Computern vernünftig umgehen, wenn sie sich nicht darüber bewusst sind, wie die Gedanken, also die Zeichen oder Symbole, die „da rauskommen" entstanden sind. Und wie wiederum sollen sie das verstehen, wenn sie keine ausreichenden Kenntnisse darüber zu haben scheinen, wie ihre eigene Muttersprache funktioniert?

Es droht – gerade unserer Jugend, den so genannten Net-Kids[13] – eine Entwicklung hin zur gedankenlosen „Klick-Gesellschaft", zur unreflektierten Nintendo-Generation[14]. Denn für eine Reflexion über ihren Spracheinsatz sind viele Bürger sowohl logisch als auch grammatisch, d.h. in erster Linie sprachlich, einfach nicht gebildet genug. Die beiden PISA-Studien nennen die Gruppe derjenigen Jugendlichen, wel-

---

[12] Vgl. Cassirer (1996), S. 51

[13] Vgl. z.B. Tapscott (1998)

[14] Nintendo-Generation bezeichnet gemäß Guzdial et al. (2002) Schülerinnen und Schüler, die mit multimedialen (Lern-)Umgebungen aufgewachsen sind und entsprechende Bildungsangebote erwarten. Dieser Name wird – auch im deutschen Sprachraum – eher unkritisch verwendet. In der vorliegenden Arbeit hingegen ist er absichtsvoll mit einem kritischen Unterton versehen, wie auch das obigen Text vorangestellte Adjektiv „unreflektiert" andeuten soll.

che lediglich die erste (niedrigste) Kompetenzstufe erreicht haben bzw. gar darunter liegen, Risikoschüler, die es im Beruf später einmal schwer haben werden.[15] Und diese Risikogruppe – man kann sich das Wort und seine Bedeutung nicht oft genug vor Augen halten – lag sowohl 2000 als auch 2003 bei fast einem Viertel der getesteten Schüler.

Die Computerbenutzung, der in der nächsten PISA-Studie[16] im Übrigen eine wachsende Bedeutung zukommen wird, wurde u.a. wie folgt definiert:

- Programme für Textverarbeitung und Tabellenkalkulation

- sowie Lernprogramme benutzen können,

- Musik aus dem Internet herunterladen und

- Strategiespiele spielen können.

Die Unterteilung der Benutzungsqualität erfolgte in *Enthusiasten, Pragmatiker, Freizeitnutzer* und *unerfahrene Computernutzer*. Die beiden letztgenannten Kategorien gehören wieder zur bereits erwähnten Risikogruppe mit düsteren beruflichen Zukunftsperspektiven. Dabei ergab sich für Deutschland, dass es zu denjenigen Ländern gehört, in denen die Nutzung der Rechnerunterstützung am wenigsten verbreitet ist. Interessant ist hier das Faktum, dass gut ein Fünftel der 15-Jährigen so gut wie keine Vorstellung davon hat, für welchen Zweck und wie man einen Computer angemessen nutzen kann. Dies gilt ungeachtet eventuell mangelnder Zugangsmöglichkeiten[17].

Erschwerend kommt hinzu, dass die zur Orientierung für ein erfolgreiches „symbolisches Handeln", also für die Kommunikation der Bürger im Internet relevanten Wissenssysteme des Staates (Steuergesetzgebung, Rentensystematik, kassenärztliche Abrechnungsbestimmungen, Subventionsregelungen, etc.) dermaßen in Unordnung geraten sind, dass sie bisweilen selbst von den entsprechenden Fachexperten nur sehr schwer verstanden werden. Sprache und die mittels ihr von uns hergestellten, zumeist normativen Wissenssysteme sind aber für den Erfolg bzw. Misserfolg von Kommunikationsprozessen zwischen Sprachteilnehmern einer Sprachgemeinschaft unumgänglich. Hierzu sei auf das konfuzianische Zitat zu Beginn dieses Kapitels hingewiesen.

---

[15] Vgl. z.B. Stange (2004), S. 2

[16] Vgl. Kap. 6

[17] Vgl. Deutsches PISA-Konsortium (2004), S. 189

Aus diesen Überlegungen ergibt sich die zu beantwortende, zweigeteilte Kernfrage der vorliegenden Arbeit:

> 1. Welche „neue Sprachbildung" kann künftige Benutzer von Rechnersystemen dabei unterstützen, zu verantwortungsvollen, die Möglichkeiten des Internets kompetent nutzenden, höher gebildeten Netz-Bürgern[18] zu werden und
>
> 2. welche Auswirkungen hat solch ein sprachlogischer Ansatz auf die Entwicklung zukünftiger Anwendungssysteme?

0.2 Aufbau der Arbeit

Die vorliegende Arbeit stellt Lösungsvorschläge auf Grundlage der sprachbasierten Informatik vor, um sowohl aus wissenschaftstheoretischer wie auch aus praktischer Sicht Impulse zu geben für eine Entwicklung der Computerbewegung hin zu einer „Denkunterstützung" für die Benutzer von Rechnersystemen.

Hierzu wird in Teil 1 (s. Abb. 0-2) die Basis für nachfolgende Ausführungen gelegt. Zu den vorgestellten grundlegenden Konzepten gehören insbesondere für die Arbeit relevante Aspekte der *sprachbasierten Informatik*, der *künstlichen Intelligenz*, der *Computerlinguistik* und des *Wissensmanagements*.

In Teil 2 werden wir uns der heutigen Rolle der *Informatik in der Bildung* unserer Kinder und Jugendlichen widmen, um dann in Teil 3 zu erläutern, welche sprachlogische Bildung den Netz-Bürger der Zukunft von frühester Jugend an auf seine „neue Rolle" vorbereiten kann. Hierbei wird auch die Frage erörtert, ob und in welcher Weise die *Informatik als Grundbildung* fungieren kann und was sich im aktuellen Verständnis informatischer Bildung hierzu ändern sollte.

Dieser in diesen beiden Kapiteln gesponnene Faden wird in Teil 4 aufgegriffen, indem ein konkreter Vorschlag für die Entwicklung eines *sprachbasierten Könnensmanagement-System*s gemacht wird, das seinen Benutzer in Mangelsituationen mit dem benötigten Wissen und/oder Können „versorgt".

---

[18] Der Netz-Bürger bezeichnet in der vorliegenden Arbeit den zukünftigen Nutzer von Rechnersystemen und insbesondere des Internets. Dieser Begriff begründet sich aus den Erwägungen des Ubiquitous Computing als der treibenden Kraft einer immer stärker und „unsichtbarer" in unseren Alltag integrierten Technologie (vgl. Kap. 0.1).

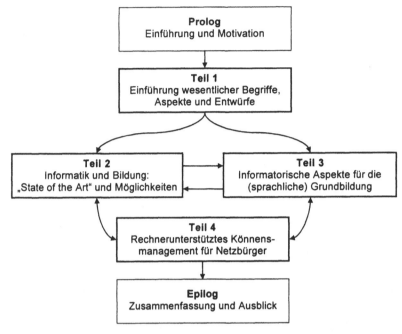

Abb. 0-2: Aufbau der Arbeit

Der Epilog (s. Abb. 0-2) rundet mit der obligatorischen Zusammenfassung, kritischen Überlegungen und einem Ausblick die vorangegangenen Kapitel ab. Letzterer stellt die gerade begonnene Zusammenarbeit verschiedener europäischer Hochschulen vor, die an konkreten Projekten im Sinne einer sprachbasierten Informatik in Richtung „Denkunterstützung" der Netz-Bürger arbeiten.

0.3   Das „Wie": methodisches Vorgehen

Natürlich sollte jede wissenschaftliche Arbeit einen wissenschaftlichen Anspruch erfüllen, so auch die vorliegende. Generell genügt der hier zugrunde gelegte Ansatz den drei folgenden wissenschaftstheoretischen, dem *Erlanger Konstruktivismus* „entliehenen" Anforderungen[19]:

- Argumentiert wird „aus der Praxis für die Praxis",

---

[19] Nähere Erläuterungen finden sich in Kap. 3.2, in dem die wissenschaftstheoretischen bzw. sprachphilosophischen Grundlagen der Sprachbasierten Informatik erläutert werden.

- wobei die Argumentationsfolge dem „Prinzip der pragmatischen Ordnung" folgt, mit dem Ziel,

- schrittweise, zirkelfrei und Alles explizit machend zu sein.

Sehen wir uns also mit dieser „wissenschaftstheoretischen Brille auf der Nase" die Hauptkapitel im Folgenden noch einmal an.

Der Epilog macht bzw. machte nun schon Aussagen über die beobachtete Wirklichkeit und hat auf der Grundlage dieser praxisbezogenen Erkenntnisse diejenigen Problembereiche formuliert, für die es Lösungsansätze zu entwickeln gilt. Diese lassen sich wie folgt noch einmal als bewusst provokant formulierte Theorien zusammenfassen:

- Mit der Sprachkompetenz und damit auch mit der Wettbewerbsfähigkeit der Menschen in unserem Lande steht es nicht zum Besten[20], und

- die Möglichkeiten des Internets (Anwendungen, Konzepte, etc.) bieten Verbesserungspotenzial hinsichtlich eines Erhalts bzw. der Wiederherstellung dieser Wettbewerbsfähigkeit des „Cyber-Bürgers" als „sprachkompetentem Menschen der Zukunft".

Teil 1 dient einer elementaren Grundlagenbildung und der Auseinandersetzung mit angrenzenden Themengebieten. In den Folgekapiteln werden jeweils entsprechende Hypothesen auf- und Schritt für Schritt argumentativ untermauerte Lösungsansätze vorgestellt:

1. Die Informatik mit ihrem Theorieaspekt der *rationalen Grammatik* kann helfen, die drohende Wettbewerbsunfähigkeit der Bürger aufgrund mangelnder Sprachkompetenz mittel- bis langfristig zu verhindern (Teil 2 und Teil 3).

2. Unsere bisherigen *Wissensmanagement-Systeme* sollten mehr und mehr ein *spezifisches Können (Könnensmanagement-Systeme)* und nicht nur ein *allgemeines Wissen* anbieten. Sprachbasierte Marktplätze für Wissenskomponenten (Teil 4) könnten den Menschen ermöglichen, mangelnde Kompetenzen auszugleichen, um im zukünftigen Wettbewerb zu bestehen.

Das Aufstellen wissenschaftlicher Theorien und Begriffssysteme dient dazu, bestimmte Ausschnitte der Wirklichkeit zu beschreiben. Zum einen handelt es sich hierbei um solche, die bereits mängelbehaftet existieren und zum anderen um jene, deren zukünftige Existenz diese Mängel vielleicht beheben kann. Diesem Anspruch versucht die vorliegende Arbeit gerecht zu werden.

---

[20] Vgl. S. 6

0.4   Ariadnes Faden für interessierte Lesende

Um sich „im Labyrinth" der vorliegenden Arbeit so komfortabel wie möglich zurecht-zufinden, seien hier einige wenige Lesehilfen gegeben.

Am Ende eines jeden Hauptkapitels bzw. -teils findet der Leser eine Zusammen-fassung und eine Überleitung zum folgenden Teil. Das bedeutet, dass es für Eilige, die sich nur einmal einen Überblick verschaffen möchten, ausreichend ist, die so genannten „Brückenkapitel" zu lesen. Für die übrigen ist dies eine gute Gelegen-heit, das gerade Gelesene noch einmal Revue passieren zu lassen. Neu eingeführte Begriffe bzw. solche, die zwar bereits eingeführt wurden, aber im Text-verlauf noch einmal hervorgehoben werden sollen, sind kursiv geschrieben, letztere können auch – in Abhängigkeit vom Kontext – in Gänsefüßchen gesetzt sein. Origi-nalzitate sind eingerückt und in der Schriftgröße reduziert, eigene Definitionen, wichtige Hypothesen und ähnliches hingegen in der Standardschriftgröße belassen und eingerahmt.

Als selbstbewusste Frau kann ich gut damit leben, zugunsten einer besseren Lesbarkeit auf ein sprachliches Geschlechtergemisch in der Tradition des bedeu-tenden Kuno Lorenz zu verzichten. Ich beschränke mich daher auf die Verwendung der zumeist kürzeren männlichen Schreibform. Dem weiblichen Anteil wird durch die Geschlechterzugehörigkeit der Autorin Rechnung getragen.

Eigentlich sollte die vorliegende Arbeit konsequent in der alten Rechtschreibung angefertigt werden, so wie ich sie vor vielen Jahren erlernt und verinnerlicht habe. Doch wie kann jemand über die möglichen Entwicklungen unseres (technologi-schen) Lebens schreiben und sich dabei solchen Alltagsneuerungen verwehren? Also habe ich mich „zähneknirschend" zu diesem für mich neuen Weg entschlossen und dabei auf die Vorzüge einer Rechtschreibkorrektur meines Textverarbeitungs-programms vertraut – nicht blind, wie ich bemerken möchte. Einzige Reminiszenz an die guten alten Tage der deutschen Rechtschreibung sei durch einige Zitate gemacht, die noch eben aus jener Zeit stammen und deren Rechtschreibung und Interpunktion ich original und orthographisch unverändert übernommen habe. Sollte einem der neuen deutschen Rechtschreibung kundigen Leser diese Arbeit in die Hände fallen, so schreibe er die – sicherlich noch vorhandenen – Fehler in voller Gänze mir zu. Denn auch meine wunderbaren Korrekturleser gehören alle in die Kategorie derer, bei denen Worte wie *Jogurt* oder Trennungen wie *Wes-te* immer noch ein Stirnrunzeln erzeugen.

Teil 1
Relevante Begriffe
und grundlegende Konzepte

Die Praxis sollte das Ergebnis des Nach-
denkens sein, nicht umgekehrt.

Hermann Hesse (1877-1962)

1 Einführende Gedanken

Wer hat ihn nicht schon einmal gehört, den freundlichen, salopp formulierten Hinweis, vor dem Reden doch bitte zuerst das Denken zu aktivieren. Und wenn ein
Hauptkapitel „Einführende Gedanken" heißt, so ist es durchaus angebracht zu klären, was Denken – vom heutigen Standpunkt aus gesehen – überhaupt ist und in
welchem Zusammenhang mit Sprache und Handeln wir es sehen sollten, um die
nachfolgenden Ausführungen auch hinsichtlich der vorzustellenden Aspekte
sprachlogischer Rechnerunterstützung verstehen, reflektieren und einordnen zu
können.

1.1 Cogito ergo sum – ich denke also bin ich

Zunächst einmal können wir *Denken* als die Bezeichnung für jede Form reflexiver
Akte verstehen, insbesondere aber für jene, die stillschweigend vollzogen werden[21].
Der oftmals im Zusammenhang mit dem Kantschen Ausdruck „Gespräche mit sich
selbst" verwendete Begriff des *inneren Dialogs*[22] knüpft passend daran an. Ein klei-
ner Exkurs in die Philosophie lässt uns verstehen, wie unsere heutige Definition von
Denken und auch von *Gedanken*, die wir als das Resultat des Denkprozesses verstehen wollen, zustande kommt.

In der Antike gehen insbesondere Platon, Aristoteles und Parmenides von einem
„reinen Denken" aus, einem Denken, welches nicht durch sinnliche Wahrnehmung

---

[21] Vgl. Mittelstraß (2004a), S. 449

[22] Vgl. aus mehr psychologischer Sicht z.B. Kutschera (1995), S. 385

beeinflusst ist. Dabei räumt zumindest Aristoteles (384-322 v. Chr.) ein, dass man ohne anschauliche Grundlage nicht denken könne[23]. Dennoch trennt er das Denken klar vom sinnlichen Wahrnehmen.

> „Indem das Denken die »Formen« der Dinge begrifflich erfaßt, bewußt macht, wird es gleichsam mit diesen Formen eins, formt es sich selber."[24]

Gerade mit der begrifflichen Erfassung der Dinge werden wir uns in Kapitel 10 noch auseinander zu setzen haben.

Die neuzeitliche Philosophie orientiert sich in Folge zur Antike eher am Denken als Gegensatz zum objektiven „Sein". Der Einfluss der Sinnlichkeit, den die griechischen Philosophen negiert hatten, ist Grundlage der Annahmen des *Empirismus*, der Aufklärung des 18. Jahrhunderts, mit ihrem Wegbereiter Francis Bacon (1561-1626). Die Empiristen gehen davon aus, dass nichts in unserem Denken, also in unserem Verstand sei, was nicht aus unserer Erfahrung stamme.[25]

Im *Realismus* hingegen kehrt man wieder zum „reinen Denken" zurück, das dort als der erkenntnistheoretische Primat des Bewusstseins bezeichnet wird. Immanuel Kant (1724-1804) überwindet die einseitige Einstellung sowohl des Empirismus als auch des Rationalismus durch seinen *Kritizismus*. Er stellt den „sinnlich orientierten Denker" dar, denn er bringt Denken und sinnliche Wahrnehmung in eine direkte Abhängigkeit.

> „Gedanken ohne Inhalt sind leer, Anschauungen ohne Begriffe sind blind."[26]

Denken ist eng mit der Logik verbunden. So wird die formale (reine) Logik beispielsweise als Lehre des folgerichtigen Denkens verstanden und die transzendentale Logik als Frage nach der Gültigkeit und der Reichweite des auf Anschauung bezogenen (empirischen) Denkens.

Denken wird heute aus verschiedenen Blickwinkeln betrachtet und definiert, sei es im Kontext von Lernen, Problemlösungs-, Such- und Abrufprozessen oder etwa als Teil der kognitiven Entwicklung[27]. Für unsere weiteren Ausführungen wollen wir uns auf folgende grundlegende und eher allgemein gehaltene Definition des Psychologen Edward de Bono stützen:

---

[23] Vgl. Picht (1992), S. III 3, S. 427, b 27 und S. 432, a 8.

[24] Vgl. Siebeck (1922), S. 80

[25] Vgl. Bacon (1990), S. 144

[26] Vgl. Kant (1976), B 74. Wir werden diesem Zitat in einem zwar anderen, doch dem Denken sehr eng verbundenen Zusammenhang noch einmal in Kap. 0 wieder begegnen.

[27] Vgl. z.B. Mayer (1979)

„Der Übergang vom Unbekannten zum Bekannten ist Verstehen, und die Art und Weise, wie dieser Übergang zustande kommt, ist Denken. Entweder kann es sich darum handeln zu verstehen, was etwas ist, oder darum, wie irgendeine Wirkung herbeigeführt wird. Verstehen ist: herausfinden, was zu tun ist. Dieses Herausfinden ist Denken. Verstehen ist Denken." [28]

Wenn Verstehen Denken ist, so setzt dies zwangsläufig voraus, dass uns als verstehendem und denkendem Individuum etwas *zugetragen* wird, das wir verstehen können. Es scheint nun der Moment gekommen, sich mit dem Thema *Sprache* als dem zutragenden Medium näher zu beschäftigen, um es anschließend in Bezug zum Denken zu setzen.

1.2 Das Redetier und seine Sprache

Bei dem Begriff „Sprache" kommt es ganz entschieden darauf an, ob wir ihm einen Plural zugestehen oder nicht. Im Singular verwendet, ohne die Mehrzahl zuzulassen, bezeichnet *die* Sprache allgemein die dem Menschen eigene Kommunikationsform, die – bewusst eingesetzt – in Laut-, Gebärden- und Schriftsprache vollzogen werden kann. Doch auch unbewusst können wir kommunizieren, dann zumeist mittels der Körpersprache[29]. Ergänzend hierzu wollen wir das in Abb. 1-1 gezeigte *Organon-Modell der Sprache* hinzuziehen.

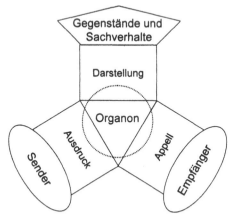

Abb. 1-1: Organon-Modell der Sprache[30]

---

[28] Vgl. Bono (1972), S. 17

[29] Vgl. z.B. Molcho (1983)

[30] In Anlehnung an Bühler (1982), S. 28. Bühler verwendet in der Originalabbildung statt Organon „Z" als Platzhalter für Sprache im Sinne von Zeichen, also Wörtern, Wortgruppen und Sätzen.

Der bereits von Platon eingeführte griechische Begriff „Organon" heißt übersetzt „Hilfsmittel" und charakterisiert die Sprache als solche. Laut dem Sprachwissenschaftler Karl Bühler hat diese drei grundlegende Funktionen[31]:

- *Ausdruck*: Beziehung zwischen Sender und Organon,

- *Appell*: Beziehung zwischen Organon und Empfänger, was auch die Wirkung einschließt, die die Sprache auf ihn hat und

- *Darstellung*: Sprachliche Repräsentation eines Gegenstands oder Sachverhalts.

Der Sender, noch bevor er tatsächlich ein solcher ist, erhält als Empfänger einen Sinnesreiz von außen, den er in Kombination mit seinen eigenen subjektiven Eindrücken in Sprache überführt und das konstruierte Ergebnis an den eigentlichen Empfänger weitergibt. Wird das Gesagte durch ihn erneut subjektiv verarbeitet, so reden wir von *Kommunikation*. In der Regel ist der erwähnte Sinnesreiz, durch den gestrichelten Kreis um das Organon in Abb. 1-1 markiert, ein akustischer, kann aber ebenso gut andere Sinne betreffen.

Eine weitere Darstellung des Kommunizierens, die sich in den letzten Jahrzehnten besonderer Beliebtheit erfreut hat und in vielfältiger Weise überarbeitet wurde, ist das *nachrichtentechnische Kommunikationsmodell* nach Shannon und Weaver (Abb. 1-2) von 1948.

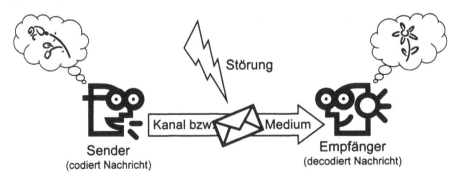

Abb. 1-2: Nachrichtentechnisches Modell menschlicher Kommunikation[32]

---

[31] Vgl. Bühler (1982), S. 24

[32] In Anlehnung an das nachrichtentechnische Kommunikationsmodell von Shannon und Weaver (1976), das nur aus Sender, Nachricht und Empfänger besteht.

Bei diesem stark vereinfachten, auf einseitige Kommunikation beschränkten Modell[33], codiert der Sprecher (*Sender*) den zu übermittelnden Sachverhalt (*Nachricht*) sprachlich, der auf seinem Weg zum Hörer (*Empfänger*) möglicherweise *Störungen* ausgesetzt sein kann. Diese können technischer Art sein, wie ein übermäßiger Geräuschpegel im Zimmer oder mehr von psychologischer Natur wie beispielsweise eine gestörte Beziehungsebene zwischen den Kommunikationsteilnehmern („du willst mich einfach nicht verstehen").

Doch verlassen wir nun die Facetten menschlicher Kommunikation und schauen von einem etwas anderen Blickwinkel auf unseren eigentlichen Untersuchungsgegenstand. *Eine* Sprache – und nun wäre der Plural möglich – ist jedes, auch multimediale Zeichensystem, welches (dem Menschen) das Kommunizieren ermöglicht. Dies können *Fachsprachen* sein wie die des Maschinenbaus, *Einzelsprachen* wie das Italienische, aber auch *Computersprachen* wie Java etc.

Unser Augenmerk liegt jedoch auf dem, was den Menschen erst zum Menschen macht: die Sprache in ihrem singulärem Auftreten.

> „Ich weiß, Du bist müde, ich weiß, dass Dir der Kopf schmerzt, ich weiß auch, dass deine Nerven bloß liegen. Aber bedenke, womit Du es zu tun hast: mit der Majestät und Großartigkeit der Sprache. Die größte Gabe, die Gott uns gegeben hat. Ohne sie würden wir das Herz unseres Nächsten nicht erreichen. Wir würden keine gemeinsame Welt bewohnen. Wir wären eingeschlossen in unser armseliges Selbst und würden als einsame Tiere eine öde Welt durchstreifen. Erst diese geheimnisvolle Mischung aus Lauten hat die Fähigkeit, uns eine Welt aus Sinn und Bedeutung zu schaffen. Und diese Welt sollst Du erobern."[34]

Diese eindringlichen Worte spricht der Phonetiker Henry Higgins zu dem Blumenmädchen Eliza Doolittle. Beflügelt durch eine Wette „unter Ehrenmännern" hat er den – zunächst nur beruflichen Ehrgeiz – dieses Geschöpf der Londoner Unterklasse auf ein sprachliches Niveau zu heben, dass es ihr ermöglicht, auf dem Ball des Botschafters glaubhaft als Herzogin aufzutreten. Nicht von ungefähr benannte der Computerpionier Joseph Weizenbaum sein Programm zur Verarbeitung natürlicher Sprache Mitte der 60er Jahre des vorigen Jahrhunderts *Eliza*[35], denn auch dieser Eliza lehrte man (besseres) Sprechen. Ironischerweise gestaltete sie Wei-

---

[33] Wenn, wie beim Organon-Modell, der Empfänger eine reflektierte, sprachliche Rückmeldung auf das Gehörte äußert, so wird aus der einseitigen eine zweiseitige Kommunikation, somit ein Dialog.

[34] Der Text entstammt der deutschen Synchronisation des Musicals „My Fair Lady" von Lerner und Loewe mit Audrey Hepburn und Rex Harrison in den Hauptrollen. Der 1956 verfilmte Broadway-Erfolg basiert auf dem Theaterstück „Pygmalion" von George Bernard Shaw. Entnommen aus Schwanitz (2002), S. 410

[35] Vgl. Weizenbaum (1966)

zenbaum als Psychotherapeutin, die ihren Gesprächspartnern Ratschläge gab. Die Menschheit war so beeindruckt von den Möglichkeiten einer Technik, die sie nicht verstand, wie Weizenbaum dies später selbstkritisch konstatierte[36], dass bald die Rede vom Beginn der computergestützten Psychotherapie die Runde machte. Dieses Tätigkeitsgebiet bleibt dankenswerter Weise bis heute der Mensch-Mensch-Kommunikation vorbehalten. Doch Weizenbaums Eliza hat sich ihren Platz in der „Hall of Fame" der Computer Science gewissermaßen als die Großmutter moderner Software-Agenten und Chatterbots[37] gesichert.

Doch zurück zur menschlichen Sprachfertigkeit. Unser Beherrschen des sprachlichen Dreigestirns *Syntax* (Zeichen) – *Semantik* (Inhalt) – *Pragmatik* (Wirkung) oder wie Noam Chomsky es nennt, die „diskrete Unendlichkeit bedeutungsvoller Ausdrücke"[38] unterscheidet unsere Sprache von allen Kommunikationsformen, die beispielsweise den Tieren zu Eigen sind. Doch auch das syntaktische, semantische und pragmatische Vorwissen und Können der Beteiligten sind für den erfolgreichen Verlauf von Kommunikation per se von großer Bedeutung; man denke hierbei nur an mögliche Missverständnisse aufgrund sprachlicher Mehrdeutigkeiten (Synonyme, Homonyme, etc.)[39] und an das gelegentliche Unvermögen eines Sprachteilnehmers, selbige aufzulösen.

Der Philosophie des 20. Jahrhunderts und dem so genannten *linguistic turn*[40] haben wir es zu verdanken, dass die Sprachwissenschaft als Grundlagendisziplin aller Wissenschaften erkannt wurde. Ludwig Wittgensteins Feststellungen

„Alle Philosophie ist Sprachkritik."[41]

„Die Grenzen meiner Sprache bedeuten die Grenzen meiner Welt."[42]

bringen es markant auf den Punkt. Nicht umsonst haben Paul Lorenzen und Wilhelm Kamlah einen Paragrafen ihrer berühmten *Logischen Propädeutik* „Die sprachliche Erschließung der Welt genannt". Darin erläutern sie, dass wir unsere Welt überhaupt erst deswegen erfassen können, weil wir darin Dingen begegnen und uns Geschehnisse widerfahren, die wir zwar nicht exakt so kennen oder erlebt

---

[36] Vgl. die Einleitung zu Weizenbaum (2003)

[37] Bei Chatterbots handelt es sich um textbasierte Dialogsysteme im Internet.

[38] Vgl. Chomsky (1981), S.63

[39] Vgl. Kap. 11.1.4

[40] Vgl. Kap. 3.2.2

[41] Vgl. TLP, 4.0031 in Wittgenstein (1984), S. 26

[42] Vgl. TLP, 5.6 in Wittgenstein (1984), S. 67

haben, aber bei denen es sich um „Exemplare von etwas Allgemeinem" (Schema) handelt, das uns in gleicher oder ähnlicher Weise schon einmal exemplarisch (Ausprägungen) begegnet ist.

> „Ein Kind erwirbt sich gleichsam die Welt, indem es die Namen erlernt, mit denen es mehr und mehr Dinge wieder erkennen und in erneuter Begegnung durch Ausrufen des Namens gleichsam begrüßen kann. [...]. Sobald es den Prädikator „wau-wau" [Schema; Anm. d. A.] zu gebrauchen gelernt hat, begrüßt es freudig jeden Hund auf der Straße mit diesem Wort [ein spezifischer Hund als Ausprägung; Anm. d. A.], während es vordem die Hunde gar nicht bemerkt hatte. Am Kinde wiederholt sich also in gewisser Weise die sprachliche Welterschließung des Menschen [in Schema und Ausprägungen; Anm. d. A.]."[43]

Es leuchtet ein, dass ich nicht jedem einzelnen Hund auf der Welt begegnet sein muss, um den mir fremden Dackel an der nächsten Ecke als einen solchen zu identifizieren. Die Kamlah/Lorenzenschen Ausführungen lassen sich durch folgende Schlüsse zusammenfassen[44]:

- Mittels Sprache erschließen wir unsere Welt, indem wir unterscheiden, Verbindungen ziehen, Bekanntes (wieder)erkennen und Unbekanntes Bekanntem zuordnen.

- Sprache hat zwei Facetten: sie bildet zum einen die Welt teilweise rekonstruierend ab und zum anderen erschafft sie sie ebenso teilweise konstruierend neu.

- Unser Sprachgebrauch ist durch Evolution, kulturelle Tradition und (gemeinsame) Lebenspraxis geprägt, so dass Unschärfen und Mehrdeutigkeiten in der Regel nicht zu einem gesellschaftlichen Kollaps führen, sondern durch diesen Umstand „verkraftbar" sind.

- Sprache ist kein neutrales Instrument des Denkens oder der Wahrnehmung, aber sie wird auch nicht durch das Denken begrenzt. Eine begrifflich erkannte Welt ist auch immer eine sprachlich erfasste Welt.

Der letzte Punkt impliziert, dass zwischen Denken und Sprache eine starke Verbindung existiert, der wir uns im Folgenden nun widmen wollen.

---

[43] Vgl. Kamlah und Lorenzen (1990), S. 45f
[44] Vgl. Golecki (2000), S. 65

1.3   Cogito ergo parlo – ich denke also spreche ich?

Die berühmte Frage, ob zuerst die Henne da war oder doch das Ei, lässt sich in unserem Fall trefflich auf das Verhältnis von Denken und Sprache übertragen. Beeinflusst die Sprache unser Denken oder ist sie „lediglich" das Medium, mittels dessen wir unsere Gedanken zum Ausdruck bringen? Dieser Grundsatzstreit der Linguistik beschäftigt seit Aristoteles wissenschaftliche Disziplinen verschiedenster Couleur. Ihn zu Gunsten der einen oder anderen Seite zu entscheiden, ist sicherlich nicht Aufgabe dieser Arbeit, doch Position zu beziehen wiederum eine Notwendigkeit, der nachzukommen nun im Folgenden ansteht.

Zwei Ansätze ziehen sich durch die linguistische Gemeinschaft, die wie folgt zu charakterisieren sind[45]:

1. Der *kommunikative* Ansatz:
   Sprechen und Denken sind zwei von einander getrennt zu betrachtende geistige Funktionen. Sprache dient hierbei als Kommunikationsmittel, um die Gedanken vom Denkenden an einen anderen (menschlichen) Adressaten zu transportieren.

2. Der *kognitive* Ansatz:
   Die Sprache wirkt auf kognitive also mentale, erkenntnismäßige Vorgänge und stützt diese. Insbesondere unsere Muttersprache beeinflusst grundlegend unsere Gedanken.

Bis Ende des 18. Jahrhunderts war der kommunikative Ansatz ganz im Sinne Aristoteles vorherrschend. Doch dann begannen Philosophen wie insbesondere Wilhelm von Humboldt (1767-1835) den kognitiven Aspekt in den Vordergrund zu stellen. Noch heute bilden seine Untersuchungsergebnisse die Grundlage für die Sprachauffassung der meisten seiner wissenschaftlichen Erben. Der kognitive Einfluss von Sprache erfolgt hierbei durch drei Faktoren[46]:

- Struktur des *Lexikons* (vorhandener Wortschatz) und *Grammatik* der Sprache

- *Materialität* der Sprache (mündlich, schriftlich, durch Körpersprache, etc.)

- *Eigenschaft* der Sprache (Realitäten abbildend oder diese erschaffend)

Gerade der erstgenannte Punkt wurde von dem Linguisten und Anthropologen Edward Sapir (1884-1942) und dem bei einer Feuerversicherung als Agent arbei-

---

[45] Vgl. Jäger (2003), S. 36
[46] Vgl. Jäger (2003), S. 37f

tenden[47], leidenschaftlichen Hobbylinguisten Benjamin Lee Whorf (1897-1941) als so genannte *Sapir-Whorf-Hypothese* oder *sprachliches Relativitätsprinzip* bekannt gemacht[48]. Beim Vergleich der englischen Sprache mit der der Hopi-Indianer glaubten Sapir/Whorf, in der Sprache der Hopi das Fehlen jeglicher Möglichkeit, zeitliche Abhängigkeiten auszudrücken, festgestellt zu haben. Sie nahmen an, daraus Auswirkungen auf das Denken der Indianer ableiten zu können, deren Weltbild sie als „zeitlos" erachteten. Später wurde diese These von Ekkhart Malotki widerlegt, der weit über 200 Hopi-Ausdrücke mit zeitlichem Bezug aufdeckte. Das entbehrte insofern nicht einer gewissen Ironie, als dass gerade das Denken in den Mustern der englischen Sprache und in der Erwartungshaltung eines Europäers, Sapir/Whorf entsprechende Parallelen in der Hopi-Sprache hatten übersehen lassen[49]. So belegten sie ihre These quasi durch einen wissenschaftlichen Irrtum. Zwar wurden ihre berühmten Untersuchungen der Sprache der Hopi-Indianer mittlerweile widerlegt doch haben gerade im vergangenen Jahrhundert zahlreiche Wissenschaftler die Humboldtschen Ansätze weiter verfolgt und deren Aussagekraft verfestigt. Exemplarisch sei hier Lew S. Wygotski genannt, der Denken als verinnerlichtes, sprachlich-kognitives Problemlösungsverfahren bezeichnete[50].

Für die weiteren Betrachtungen gehen wir von der kognitiven Wirkung der Sprache auf das Denken aus oder, um es mit dem Dietrich Schwanitz zu sagen:

> „[...] wer seine Sprache unvollkommen beherrscht und sich nicht richtig ausdrücken kann, kann auch nicht richtig denken [...]."[51]

Wenden wir uns nun einem Aspekt der Sprache zu, der uns allmählich zu den eigentlichen Kernpunkten dieser Arbeit führen wird: den „künstlichen" Sprachen.

1.4 Die Idee der Universalsprache

Schon seit dem Mittelalter sind die Menschen fasziniert von dem Gedanken, eine für alle gültige Universalsprache zu konstruieren, die als Kunstsprache mit einem universalen Anspruch konzipiert ist[52]. Bereits Hildegard von Bingen (1098-1179) entwickelte eine Art Geheimsprache, die *Lingua Ignota*. Doch zur wahren Blüte brachten es derlei Bestrebungen im 17. Jahrhundert, als sich Philosophie, Mathe-

---

[47] Vgl. Gipper (1999), S. 79

[48] Vertiefend sei hier z.B. auf Werlen (2002) verwiesen.

[49] Vgl. Jäger (2003), S. 38

[50] Vgl. Wygotskij (1981)

[51] Vgl. Schwanitz (2002), S. 409

[52] Vgl. Mittelstraß (2004b), S. 416

matik und Pädagogik – vertreten durch so klangvolle Namen wie Descartes, Newton und Leibniz – mit der Konstruktion einer *Lingua Universalis* zu beschäftigen begannen.

Die Universal- oder auch Idealsprache ist in erster Linie auf Gottfried Wilhelm Leibniz (1646-1716) zurückzuführen, der mit seiner berühmten Frage nach der Gestaltung einer idealen Sprache auf Grundlage der natürlichen Sprache letztere von ihren Unzulänglichkeiten befreien wollte. Die *Lingua Universalis* oder *characteristica universalis*, wie sie Leibniz nannte, sollte über die Verschiedenheit der natürlichen Sprachen hinweg Verständigung ermöglichen. Zugleich musste sie aber gemäß Wortschatz und Grammatik so angelegt sein, dass die Begriffe und Sachverhalte aller denkbaren Wissensgebiete durch die Kombination elementarer Wörter dieser Kunstsprache ausgedrückt werden konnten[53].

Leibniz strebte nicht mehr und nicht weniger als die strukturelle Gleichheit zwischen Sprache und Wirklichkeit an.

> „Eine ideale Sprache ist also im Unterschied und als Gegensatz zur natürlichen Sprache eine Sprache, bei der die Bedeutung der Wörter konstant bleibt, die Beziehungen zwischen den Wörtern und dem, was sie bezeichnen, umkehrbar und eindeutig festgelegt sind und jeder Beziehung zwischen Dingen umkehrbar eindeutig eine Beziehung zwischen den Worten entspricht. In einer solchen Sprache kann es weder Synonymie noch Äquivokationen geben."[54]

Eine etwas andere Ausrichtung, weg von der Erschaffung einer Kunstsprache, hatte das Bestreben, eine Tiefengrammatik zu entwickeln bzw. aus der Sprache herauszuarbeiten, die allem Sprechen zugrunde läge und damit quasi die Grammatik des Denkens selbst wäre[55]. Dieser Ansatz zieht sich wie ein roter Faden beginnend von der *grammatica speculativa* der Spätscholastik, über die *Grammaire générale et raisonnée* der Schule von Port-Royal[56] bis hin zur bekannten *Transformations-* bzw. *Universalgrammatik* von Noam Chomsky, die auch unter dem Namen *Syntax-Theorie* bekannt wurde[57].

Latein hatte lange Zeit – seit der Scholastik – den Stellenwert einer Art Universalsprache. Auch heute noch gilt es als probates Mittel, um Schülern Analysefähigkeiten und den Zugang zu einem bewussten Umgang mit Sprache zu vermitteln.

---

[53] Vgl. Mittelstraß (2004b), S. 612

[54] Vgl. Klaus (1973), S. 29

[55] Vgl. Mittelstraß (2004d), S. 417

[56] Vgl. Lyons (1968), S. 17

[57] Vgl. Chomsky (1978)

Denn eine klare und kultivierte Anwendung insbesondere der eigenen Muttersprache wird immer ein entscheidendes Kriterium für berufliches Weiterkommen darstellen[58].

Der Wissenschaft ausreichend Tribut zu zollen bedeutet, in einem Grundlagen-
kapitel auch Grundlagen vorzustellen, die zwar thematisch das Ganze abrunden,
aber den Leser vom Themenschwerpunkt ablenken. Um dies zu verhindern, nehmen wir nun Abschied vom Gedanken der lingua universalis, die zum Verstehen
zwar wichtig war, aber für unsere Zwecke nun „ausgedient" hat.

1.5   Sprache als Handeln und Sprache als System

In unserer physischen Welt gibt es Dinge und Geschehnisse, die wir in der Lage
sind, sprachlich mehr oder minder gut zu erfassen und demzufolge auch zu kommunizieren:

> „Dabei zeichnen sich diese sprachlichen Handlungen gegenüber allen anderen
> Handlungen dadurch aus, daß sie ausdrücklich der Verständigung über die Welt
> dienen, eine Welt, die nun auch alle nicht-sprachlichen Handlungen des Men-
> schen einschließen soll." [59]

Das sprachliche Handeln, also die angewendete Sprache, können wir bezüglich
folgender Eigenschaften und Aspekte betrachten:

* *Syntax* (strukturelle Eigenschaften, d.h. Begriffe und komplexe Begriffe und
  die Beziehungen untereinander)

* *Semantik* (Dimension der Bedeutung)

* *Pragmatik* (Wirkung von Sprache)

* *Psycho- und Soziolinguistik* (psychische und soziale Eigenschaften)

* *Phonetik* (physikalischen Eigenschaften)

Für die weiteren Ausführungen wollen wir uns allerdings auf Aspekte von Syntax,
Semantik und Pragmatik beschränken bzw. diese im Hinterkopf behalten, da sie für
das sprachliche Erfassen unserer Welt mittels eines Rechners – wie es hier vorgestellt werden soll – elementar sind. Es geht nämlich bei der Betrachtung sprachlichen Handelns im Sinne der vorliegenden Arbeit nicht darum, *die eine* Universalsprache zu entwickeln, sondern beispielhaft zu lernen, *wie* (irgendeine) Sprache

---

[58] Vgl. Kap. 0

[59] Vgl. Mittelstraß (1974), S. 145

rekonstruiert werden kann. Dazu dient uns der *Rationalsprachenansatz*[60]. Denn erstens ist der Mensch von frühester Jugend an durch Sprach(aus)bildung mit der Fähigkeit zu einem reflektierten Spracheinsatz auszustatten. Und zweitens dient uns die Rationalsprache in der Anwendungssystementwicklung (Fachentwurf) zur Sprachintegration der Teillösungen für eine Sprachgemeinschaft (z.B. Unternehmen) wie in Abb. 1-3 übersichtsartig gezeigt wird.

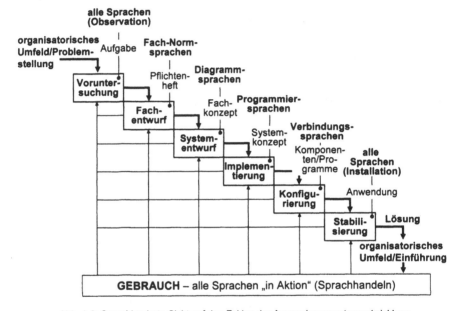

Abb. 1-3: Sprachbasierte Sicht auf den Zyklus der Anwendungssystementwicklung

In jeder der Phasen des so genannten Multipfad-Vorgehensmodells[61], einem Vorgehensmodell für die Anwendungssystementwicklung[62], auf das wir an dieser Stelle nicht detaillierter einzugehen brauchen, kommt eine spezielle Sprache zum Einsatz (s. Abb. 1-3). Dies beginnt bei der Analyse der (Fach-)Begriffe der potenziellen Benutzer des zu entwickelnden Anwendungssystems, nimmt seinen Weg über diverse phasenspezifische Sprachen und endet da, wo es angefangen hat, nämlich bei den Benutzer(fach)sprachen, also bei der Gebrauchssprache.

---

[60] Vgl. Kap. 11

[61] In Abb. 1-3 sind lediglich die Phasen des Multipfad-Vorgehensmodells aus sprachbasierter Sicht auf den Zyklus der Anwendungssystementwicklung dargestellt, nicht das Modell selbst.

[62] Vgl. Kap. 17.3

„Die natürliche Sprache des Menschen ist Resultat und Mittel gedanklicher Operationen. Sie ist [...] die Grundlage und der Ausgangspunkt für Fach- und Kunstsprachen. Nur was in lebendigem Zusammenhang zur natürlichen Sprache steht, kann vom Menschen verstanden werden."[63]

Ein sprachbasierter Ansatz wie dieser – den wir in Kap. 3 noch ausführlich kennen lernen werden – verhindert, dass der gesamte Entwicklungsprozess „babylonischer Sprachverwirrung" zum Opfer fällt.

Der Sprachbasierung liegt die so genannte *Drei-Schema-Architektur für Sprachen* zugrunde. Im Zentrum von Abb. 1-4 befindet sich eine rekonstruierte Sprache, die aus einer rationalen Grammatik und einer standardisierten, zwischen den Teilnehmern einer Sprachgemeinschaft vereinbarten Terminologie (Lexikon) besteht. Auf der rechten Seite wird das Wissen eines bestimmten Fachbereichs dargestellt (z.B. das der Jurisprudenz). Seine „Verbindung" zur rekonstruierten Sprache bezeichnen wir als die *Sprachkompetenz* derjenigen Sprachteilnehmer, die diese spezielle Sprache beherrschen (z.B. Anwälte und Richter).

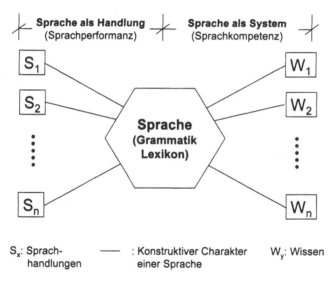

Abb. 1-4: Drei-Schema-Architektur für Sprachen[64]

---

[63] Vgl. Klaus (1973), S. 27

[64] In Anlehnung an Ortner (2005), S. 167

Auf der linken Seite von Abb. 1-4 befinden sich Wissen und Informationen[65] im Sinne von getätigten Aussagen, also von Sprachhandlungen[66]. Die Verbindung zum „Kern" Sprache nennen wir *Sprachperformanz*[67].

Nun, da wir uns eingehend mit Denken, Sprechen und (Sprach-)Handeln beschäftigt haben, ist es an der Zeit, sich mit der Rechnerunterstützung auseinander zu setzen.

2 Die Rechnerunterstützung

Menschen werden durch ihr Denken zum Handeln und Rechner durch Programme zum Operieren mit Daten veranlasst. Seit der *von-Neumann-Rechner*[68] seinen Siegeszug durch die neuere Menschheitsgeschichte angetreten ist, hat sich die Rechnertechnologie rasant entwickelt und Großes geleistet. Und für das, was wir diesbezüglich in der Zukunft noch zu erwarten haben, gilt wohl die Devise „der Himmel ist die Grenze". Einige dieser Forschungsrichtungen – soweit sie für die vorliegende Arbeit von Bedeutung sind – werden Thema der nun folgenden Abschnitte sein.

2.1 KI: Denken und Handeln aus informationstechnologischer Sicht

Wer sich mit dem Denken und Handeln beschäftigt, ersteres gegenüber der Intelligenz abgegrenzt hat und gleichzeitig sein Augenmerk auf Informationstechnologien lenkt, der landet unweigerlich bei der *Künstlichen Intelligenz* (KI). In Adaption der angloamerikanischen Bezeichnung wird auch im deutschen Sprachraum gerne der Name *Artificial Intelligence* (AI) verwendet. Diese Forschungsdisziplin, die sich mit dem „Nachahmen" menschlichen Denkens, Schlussfolgerns und auch Fühlens beschäftigt, hieße vielleicht besser „mechanical reasoning" oder „mechanical symbol manipulation"[69], denn mit tatsächlicher menschlicher Intelligenz zu agieren, ist ihr bis heute nicht gelungen.

---

[65] Beide Begriffe gilt es in Kap. 11.1.5 noch näher zu definieren.

[66] Vgl. Kap. 11.1.3

[67] Sowohl „Sprachperformanz" als auch „Sprachkompetenz" stammen von Noam Chomsky (s. Kap. 11.1.1).

[68] Vgl. Hansen et al. (2001), S. 652f

[69] Vgl. Kap. 3.3

Der Ausdruck *Artificial Intelligence* wurde 1955 anlässlich des Dartmouth Summer Research Project von McCarthy, Minsky, Rochester und Shannon formuliert[70]:

> „We propose that a 2 month, 10 man study of artificial intelligence be carried out during the summer of 1956 at Dartmouth College in Hanover, New Hampshire. The study is to proceed on the basis of the conjecture that every aspect of learning or any other feature of intelligence can in principle be so precisely described that a machine can be made to simulate it."

McCarthy war es auch, der folgende Forderungen bzgl. einer neuen Wissenschaftsdisziplin KI aufstellte[71]:

• *Metaphysisches Postulat:* ein intelligentes System muss eine *Repräsentation* der Welt besitzen, d.h. auf eine Menge von Fakten zugreifen, sie verarbeiten und erweitern können.

• *Erkenntnistheoretisches Postulat:* zur Repräsentation dienen Mengen von *logischen* Aussagen, bzw. Formeln, die Problemlösungen als Folgerungen enthalten.

• *Heuristisches Postulat:* die Problemlösung muss *auffindbar* sein. D.h., es muss eine wirksame Suchstrategie für Beweise existieren.

Eine Definition, die diese Forderungen sehr klar auf den Punkt bringt, finden wir bei Hofstadter:

> „AI will klären, was geschieht, wenn unser Geist aus Myriaden von Möglichkeiten diejenigen aussucht, die in einer sehr komplexen Situation am vernünftigsten sind." [72]

Die Unterscheidung in Denken als innerlich ablaufenden Problemlösungsprozess auf der einen Seite und in Verhalten als dessen nach außen wirkende Ergebnisse ist den KI-Forschern durchaus bewusst. Sie wird treffend abgebildet durch zwei von dem Philosophen John R. Searle benannte Tendenzen in der KI-Forschung[73]:

• *Schwache KI:* Simulation intelligenten Handelns ohne den Anspruch, die Maschinen ein eigenes Bewusstsein bzw. Selbstbewusstsein ausbilden lassen zu können.

---

[70] Vgl. AAAI (2005); abgerufen am 05.01.2005

[71] Vgl. McCarthy und Hayes (1969), S. 5ff

[72] Vgl. Hofstadter (2001), S. 597

[73] Vgl. Searle (1986), S. 27ff

- *Starke KI*: Übertragung der für den Menschen charakteristischen Eigenschaften wie (Selbst-)Bewusstsein, Denkfähigkeit und Selbsttätigkeit auf die Maschine.

Klassischerweise beschäftigt sich die KI mit folgenden Teilbereichen, von denen wir die Expertensysteme in Kap. 2.2 noch einmal näher anschauen werden:

- Natürliche Sprache bzw. Sprachverarbeitung

- Intelligente System-Schnittstellen

- Expertensysteme bzw. wissensbasierte Systeme

- Robotik

Star Wars, Matrix & Co. schüren nicht erst seit gestern unsere Fantasie hinsichtlich Maschinen, die reden, denken, handeln und auch fühlen wie Menschen: menschliche Intelligenz in optimierter Form technisiert. Die klassische KI unterstellte jahrelang, dass Denken verstehbar wäre, wenn man es als Algorithmus oder Computerprogramm konzeptionalisiere. Mittlerweile hat sich die Erkenntnis durchgesetzt, dass Denken und nicht zuletzt auch Intelligenz untrennbar mit dem Handeln verbunden sind. Letzteres meint hier in erster Linie das Interagieren mit der realen Welt. Doch gerade diese Interaktion eines natürlichen oder künstlichen Systems mit seiner Umwelt leistet die KI heute noch nicht.

Man mag von den Bemühungen der KI-Forschung aus ethischer Sicht halten, was man möchte, doch es wird schwer zu widerlegen sein, dass Rechnersysteme den Menschen in seinem alltäglichen Leben besser zu Diensten sein könnten, wenn dessen (natürliche) Sprache dafür zugrunde gelegt wird. Zwei Ansätze hierfür werden wir noch kennen lernen[74]. Selbst für einen grundsätzlich positiv gestimmten Betrachter der KI bleibt es eigentlich unverständlich, wie diese Forschungsrichtung ihre hochgesteckten Ziele in den letzten Jahren ohne einen sprachkritischen Ansatz und der mit ihm verbundenen „human symbol manipulation", also ohne einen Wechsel von der Automatisierungs(ab)sicht zur Rechner*unterstützung* überhaupt erreichen wollte.

2.2   Wissen für Fortgeschrittene: Expertensysteme

Der Name legt es nahe: *Expertensysteme* bzw. *Expert Systems* (XPS) sind solche Systeme, die Wissen aus einen ganz bestimmten Wissensbereich zur Verfügung stellen und darin entsprechend als Ratgeber fungieren können[75]. In der Regel ste-

---

[74] Vgl. hierzu *Computerlinguistik* in Kap. 2.3 und *sprachbasierte Informatik* in Kap. 3, sowie Teil 3.

[75] Vgl. Lenzen (2002), S. 45

hen solche Systeme bzw. das darin enthaltene Wissen auch nur Experten bzw. Menschen zur Verfügung, die auf einem gewissen Gebiet Expertise benötigen. Sie sind nicht unbedingt ein Instrumentarium, dessen sich Otto Normalverbraucher oder Lieschen Müller zur Beseitigung eines Wissensdefizits bedient[76]. Diese Feststellung, noch vor einer „ordentlichen" Definition getroffen, wird in Teil 4 eine wichtige Rolle spielen, wenn es darum geht, welche Möglichkeiten unseren beiden oben erwähnten Zielpersonen stattdessen zur Verfügung stehen könnten, um sich bedarfsgerecht Wissen anzueignen und dies auch einzusetzen. Doch gehen wir zunächst weiter systematisch vor.

2.2.1 Scheitern als Chance: eine kleine Geschichte der Expertensysteme

Die Künstliche Intelligenz versuchte in den 70er Jahren den wagemutigen Traum eines *universellen Problemlösers* zu realisieren. Dieses Unterfangen – bekannt unter dem Namen *General Problem Solver* – war angesichts der Fülle möglicher Fragestellungen zwangsläufig zum Scheitern verurteilt[77]. Die erzielten Ergebnisse lieferten für einige Probleme nur unbefriedigende Ergebnisse und je tiefer das verlangte Fachwissen sein musste, umso größer wurden die Ansprüche an eine entsprechende domänenspezifische Wissensbasis. Aus dieser Erkenntnis heraus wurden die so genannten Expertensysteme entwickelt. Ihre ersten bedeutenden Vertreter kamen in den 70er Jahren des vorigen Jahrhunderts auf den Markt und beschäftigten sich zumeist mit medizinischen Fragestellungen. Zu ihnen gehörten u.a.

- MYCIN (Diagnose von Hirnhautentzündung und anderen bakteriellen Blutinfektionen),

- INTERNIST (Innere Medizin) und

- DENDRAL (Beurteilung molekularer Strukturen).

Doch bei diesem medizinischen Fokus blieb es nicht. Nach und nach wurden in den Folgejahren andere Wissenschaftsdisziplinen einbezogen, wie beispielsweise Mathematik, Linguistik oder auch Psychologie. Die zwar durchaus erfolgreichen Forschungsergebnisse – auch im Bereich der Simulation von Intelligenz und der Repräsentation und Verarbeitung von Wissen – blieben jedoch meist eher theoretisch. Bis heute ist daher die Medizin das Haupteinsatzgebiet von Expertensystemen geblieben.

---

[76] Vgl. Görz (2000), S. 631

[77] Vgl. Lenzen (2002), S. 44 und McCarthy (1987), S. 1031

2.2.2   Definition und Aufbau

Expertensysteme in ihrer klassischen Form sollen Wissen so repräsentieren wie es ist. Dabei muss zwischen dem ebenfalls anzutreffenden Begriff *Wissensbasierte Systeme* bzw. *Knowledge-based Systems* (KBS) und Expertensysteme unterschieden werden, auch wenn beide Termini oftmals synonym Verwendung finden[78]:

- Während XPS ihr Wissen im Stile eines gut geschulten Experten einsetzen, sind KBS generischer aufgebaut, um auch außerhalb eines bestimmten Anwendungsbereichs eingesetzt werden zu können.

- XPS interagieren nicht notwendigerweise mit kooperierenden Datenbanken, sondern sind mehr abgekapselt, während KBS zumeist in eine generelle Infrastruktur integriert sind.

Während also Expertensysteme tatsächlich „nur" das Wissen eines Expertenbereichs recht autark vereinen, haben die Wissensbasierten Systeme eher den „touch" von in eine Gesamtinfrastruktur eingebetteten Systemarchitekturen. Folgende Definition bringt dies noch einmal auf den Punkt:

> „Expert systems are systems which are capable of offering solutions to specific problems in a given domain or which are able to give advice, both in a way and at a level comparable to that of experts in the field."[79]

Das Bauen von Expertensystemen zu einer bestimmten Domäne wird *Knowledge Engineering*[80] genannt. Die Stichworte *Wissensrepräsentation* und *Wissensverarbeitung* als Teilbereiche der *Wissenstheorie* erfahren hierbei zumeist eine Zuordnung zu dem Themenkomplex der Expertensysteme, deren Ziel sich wie folgt beschreiben lässt:

> „Ziel von Expertensystemen ist es, das Wissen von Experten in der Wissensbasis zu sammeln, um damit konkrete Fälle lösen zu können wie die Diagnose einer Maschine (Auto, Flugzeug, Computer), eines Patienten, eines Rechtsfalls."[81]

Schauen wir uns im Folgenden den prinzipiellen Aufbau eines Expertensystems einmal genauer an. Die miteinander in Verbindung stehenden Bestandteile eines Expertensystems lassen sich folgendermaßen beschreiben (s. Abb. 2-1):

---

[78] Vgl. Debenham (1998), S. 23

[79] Vgl. Lucas und Gaag (1991), S. 1

[80] Vgl. Debenham (1998), S. 1

[81] Vgl. Schulmeister (2002), S. 198

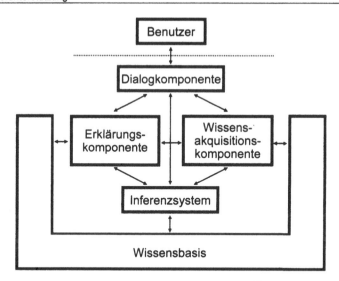

Abb. 2-1: Aufbau eines Expertensystems[82]

- *Benutzer:* Im Regelfall möchte der Benutzer für eine bestimmte Situation eine Lösung bzw. Wissen abrufen. Es ist aber auch möglich, dass sich das XPS durch Rückfragen beim Benutzer Wissen beschafft, um so entscheiden zu können, welche Prämissen zutreffen und welche Regeln anzuwenden sind[83].

- *Wissensbasis:* Bei der Wissensbasis handelt es sich um eine Menge fachspezifischer Regeln und Fakten, die in schematisierter Form als solche vorliegen. Nehmen wir das Beispiel „Kreislauferkrankungen": die Wissensbasis würde hier die Menge der möglichen Kreislauferkrankungen und ihrer Symptome enthalten. Das XPS greift bei der Konsultation auf die Wissensbasis zurück, um Erkenntnisse zum gerade untersuchten Fall zu gewinnen. Dies kann nun auf vielerlei Arten geschehen. Zum einen gibt es *fallbasierte Systeme*, die in der Falldatenbasis nach möglichst ähnlichen Fällen wie dem zu untersuchenden fahnden, um daraus später Rückschlüsse für eine korrekte Diagnose zu ziehen. Hier findet quasi ein Abgleich der Symptome des aktuellen Patienten mit den im XPS gespeicherten bekannten Fällen statt.

---

[82] In Anlehnung an Puppe (1991), S. 13

[83] Vgl. Schulmeister (2002), S. 198

- *Inferenzsystem:* Das Inferenzsystem ist ein Programmsystem, welches die Lösung von Problemen durch Anwendung der in der Wissensbasis abgelegten fachspezifischen Regeln und Fakten ermittelt. Wir sprechen hier synonym von *Reasoning Component* bzw. einem Schlussfolgerungsmechanismus. Zusammen mit der im Folgenden beschriebenen Dialogkomponente bildet es das „Steuerungssystem", das eine intelligente und vernünftige, d.h. der Fragestellung entsprechende Auswertung des Wissens erst ermöglicht.

- *Dialogkomponente:* Die Dialogkomponente sorgt – soweit möglich – für einen auf der Grundlage einer möglichst „natürlichen" Sprache ablaufenden Dialog zwischen Mensch und Maschine. Das Denken des Benutzers soll hierbei mittel einer Argumentationstheorie Berücksichtigung finden. Die Dialogkomponente dient im Grunde als Steuerungsinstrument für den Kommunikationsprozess.

- *Wissensakquisitionskomponente:* Sie dient zum Ausbau der Wissensbasis, indem sie neues Wissen erwirbt oder auch vorhandenes modifiziert. Die Pflege der Wissensbasis obliegt entweder einem Wissensingenieur, dem so genannten *Knowledge Engineer,* der über kein Expertenwissen im Sinne des zu verwaltenden XPS verfügt, sondern es lediglich einpflegt, oder dem Benutzer in seiner Expertenrolle selbst. Das Kommunizieren mit der Wissensakquisitionskomponente sollte weitgehend in der Fachsprache des Experten realisiert werden können.

- *Erklärungskomponente*: Sie sorgt für die Bereitstellung von Informationen über den Aufbau von Wissensbasis und Wissensquellen (Metawissen).

Das Paradigma der Expertensystem-Entwicklung lautet *Wissen ergänzt um das Schlussfolgern*[84]. Ruft man sich jedoch in Erinnerung, dass die KI, als „Mutterdisziplin" der Expertensysteme zum Ziel hat, eine künstliche Intelligenz zu schaffen und zum Wohle des Menschen einzusetzen, so muss kritisch angemerkt werden, dass dies wohl erst möglich sein wird, wenn das Wissen in XPS ebenso organisiert und abgerufen werden kann, wie das Wissen in einem menschlichen Gehirn[85].

---

[84] Vgl. Lucas und Gaag (1991), S. 6

[85] Vgl. Lenzen (2002), S. 48

2.3   Sprache und Computer: die Computerlinguistik

Wir haben uns nun Gedanken gemacht über das Denken, die Sprache und angefangen, einen Blick auf die Rechnerunterstützung derselben zu werfen. Nun sollten
wir einer in diesem Zusammenhang zu sehenden und bereits arrivierten Forschungsdisziplin Platz einräumen, bevor wir uns in Kap. 3 der den späteren Ausführungen dieser Arbeit zugrunde liegenden, sprachbasierten Informatik zuwenden:
der *Computerlinguistik*.

2.3.1   Was es ist und was es vereint

Die *Computerlinguistik* (CL) oder auch *natürliche Sprachverarbeitung* (NLP[86]) ist ein
Kind der Künstlichen Intelligenz, quasi eine Art sprachorientierte KI-Forschung und
kann wie folgt definiert werden:

> „Gegenstand der Computerlinguistik ist die Verarbeitung natürlicher Sprache (als
> Abgrenzung zu z.B. Programmiersprachen) auf dem Computer, was sowohl ge-
> schriebene Sprache (Text) als auch gesprochene Sprache [...] umfasst. Die
> Computerlinguistik ist im Kern und von ihrer Historie her [...] eine Synthese in-
> formatischer und linguistischer Methoden und Kenntnisse." [87]

Ihre Aufgabe besteht vornehmlich darin, die natürliche Sprache des Menschen so
für den Computereinsatz zu nutzen, dass dieser bestimmte, an die Sprache gekop-
pelte Leistungen erbringen kann. Dieser Aspekt betrifft in erster Linie die *praktische
Computerlinguistik*.

Als typische, uns als Computernutzer teilweise schon vertraute Praxisbeispiele
sind u.a. zu nennen:

- Rechtschreib- und Grammatikkorrekturen in Textverarbeitungsprogrammen,

- begriffliche Unterstützung beim Erstellen von Texten durch Thesauri,

- Information-Retrieval und Suchmaschinen,

- Übersetzungsprogramme für fremdsprachliche Texte (Computer Aided
  Translation),

- Spracherkennung z.B. bei Diktierprogrammen oder automatischen Aus-
  kunftsdiensten, etc.

---

[86] NLP ist die Abkürzung für die englische Bezeichnung *Natural Language Processing* und nicht zu
verwechseln mit der *Neurolinguistischen Programmierung*, einer der Psychologie zuzuordnenden
Kommunikationstheorie, die sich derselben Abkürzung bedient.

[87] Vgl. Carstensen (2001), S. 10

Vereinfacht können wir die Computerlinguistik also als eine spezielle Linguistik ansehen, die mittels der Möglichkeiten der Maschine unser Wissen über die Sprache vertieft.

Ebenso wie für die sprachbasierte Informatik, die wir noch als zentrale Grundlagendisziplin für die diese Arbeit kennen lernen werden, haben die Veränderungen in der Linguistik auch auf die CL Auswirkungen gehabt. Als Beispiel sei hier Chomsky genannt, dessen Transformationsgrammatik mit ihrer Bedeutung für die Linguistik insgesamt die CL stark beeinflusste. Insbesondere betriff dies die strenge Auffassung von der Syntax natürlicher Sprachen[88].

Ein wichtiger Aspekt der CL ist die benutzerangepasste Präsentation sprachlicher Anweisungen seitens des Rechners.

„Sprachliche Anweisungen an Benutzer von Computersystemen sollten idealerweise an die Fähigkeiten und Interessen des jeweiligen Benutzers angepasst sein. Z.B. sollte ein medizinisches Informationssystem, das nicht nur Ärzten, sondern auch medizinischen Laien zur Verfügung steht, dem Laien die gewünschte Information sprachlich anders präsentieren als dem Fachmann."[89]

Die Computerlinguistik ist in enger Verbindung mit verschiedenen Forschungsdisziplinen und Wissenschaften (s. Abb. 2-2), die es im Folgenden aufzudecken gilt[90].

• *Linguistik*: Die etablierten Teilgebiete der „reinen" Linguistik, deren Betrachtungsgegenstand ja die natürliche oder auch empirische Sprache ist, sind auch Untersuchungsobjekte der CL, als da wären[91]:

    – Phonologie: auch Phonetik genannt, beschäftigt sich mit der Aussprache von Wörtern, also den Merkmalen ihrer Lautstruktur. Dies ist freilich elementar, wenn es um die Erkennung gesprochener Sprache geht.

    – *Morphologie*: Bezeichnung für die Lehre von der Struktur und Funktion der kleinsten Einheiten einer Sprache (Morpheme) und der Bezug zur Syntax. Klassischerweise beschäftigt sich die Morphologie insbesondere mit der Flexion von Wörtern und den Wortarten. So muss sie beispielsweise erkennen, dass das Morphem „e" bei „Hund | e" den Plural des Wortes „Hund" markiert.

---

[88] Vgl. Carstensen (2001), S. 3
[89] Vgl. Carstensen (2001), S. 106
[90] Vgl. Carstensen (2001), S. 11ff
[91] Vgl. Schmitz (1992), S. 16f

- *Syntax*: Schwerpunkt in der CL, der sich mit der Strukturbildung von Sätzen beschäftigt, denn nur so ist Grammatik und somit in Folge dessen auch Bedeutung identifizierbar.

- Semantik: beschäftigt sich mit der Bedeutung sprachlicher Einheiten zum einen durch lexikalische Zuordnung, zum anderen durch Aufdecken von (intensionalen und extensionalen) Bedeutungszusammenhängen bei größeren Einheiten.

- Pragmatik: klärt den Zweck, dem die sprachliche Äußerung dient und ihre Wirkung beim Adressaten, der in der Regel ein Mensch ist, aber durchaus auch einen Maschine sein kann.

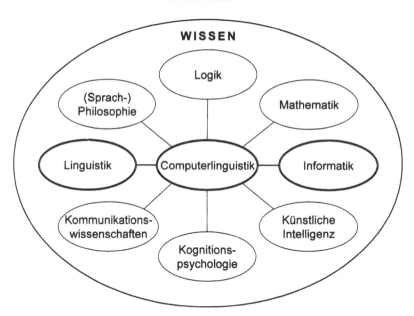

Abb. 2-2: Die Computerlinguistik und ihre „Verwandtschaft"

- *(Sprach-)Philosophie*: Denken, Sprache und Handeln – wir kennen dieses Triumvirat bereits – ist in erster Linie Untersuchungsgegenstand der Sprachphilosophie. Denn Sprache sollte gerade in der CL (und auch in der sprachbasierten Informatik, wie wir später noch sehen werden) nur im Kontext von Denken und Handeln betrachtet werden.

- *Logik*: Was die Sprachphilosophie „philosophisch" an natürlichsprachlichen Phänomenen erarbeitet, vermag die Logik und hier insbesondere die klassische Prädikaten- und Aussagenlogik hinsichtlich der Identifizierung und Überprüfung von Schlüssen präzise darzustellen[92].

- *Mathematik*: Neben der Logik spielen Automaten-, Graphentheorie und Statistik für die CL eine wichtige Rolle. Erstere dient vordergründig der Entwicklung von Repräsentationsmechanismen und Berechnungsmodellen für verschiedene Klassen von Sprachen. Die Graphentheorie hingegen findet Einsatz zum einen bei der Beschreibung semantischer Hierarchien und Netze, zum anderen als Hilfsmittel für die Realisierung von komplexen Anwendungen für geschriebene ebenso wie für gesprochene Sprachen. Die Statistik als Teildisziplin der Mathematik hat in den letzten Jahren durch die stärkere quantitative Untersuchung von Sprache bzw. großen Datenmengen an Bedeutung gewonnen.

- *(Sprachbasierte) Informatik*: Von der Informatik entleiht sich die CL die Werkzeuge, um ihre Forschungsergebnisse zu realisieren. Dazu gehört das Wissen über Datenstrukturen ebenso wie die Kenntnis geeigneter Algorithmen, formaler Sprachen, Modellierung, Sprachrekonstruktion, etc.

- *Künstliche Intelligenz*: Sie steuert das Wissen über Wissensrepräsentation bei und liefert Verfahren, die bei der Spracherkennung, der grammatikalischen Analyse und der Wissensgenerierung Einsatz finden. Auch die zu den Expertensystemen[93] zählenden Inferenzverfahren, also das Schlussfolgern, ist für die CL relevant.

- *Kognitionspsychologie*: Eine der kognitiven Kernkompetenzen des Menschen ist seine Sprachbeherrschung. Sein Vermögen, sprachliches und nichtsprachliches Wissen zu verarbeiten, obliegt als Untersuchungsobjekt freilich zunächst einmal der Disziplin, die sich mit Denkstrukturen und menschlicher Sprachverarbeitung („human symbol manipulation") befasst. Nutznießer sind insbesondere die KI und in Folge dessen insbesondere die CL.

- *Kommunikationswissenschaften*: Ziel der CL ist vor allem der Dialog Mensch-Maschine mit der natürlichen Sprache als Mittler. Wie Kommunikation in ihren verschiedenen Facetten abläuft, welchen Prinzipien und Gesetzen sie folgt, muss daher von Interesse sein. Dies gilt insbesondere vor dem Hintergrund der Pragmatik, also der Wirkung einer sprachlichen Aussage auf ihre Adressaten. „Der Mülleimer ist voll" kann eine einfache Feststellung sein, aber auch der vor-

---

[92] Vgl. Kap. 12
[93] Siehe auch Kap. 2.2

sichtige Hinweis an den Gesprächspartner, denselben endlich hinunter zu tra-
gen[94]. Diese sprachlichen Feinheiten werden zumeist über Variationen der
Stimmlage vermittelt.

2.3.2   Ein natürlichsprachliches Dialogsystem

Die Computerlinguistik baut maßgeblich auf einem natürlichsprachlichen Dialog-
system auf, wie es in Abb. 2-3 skizziert ist.

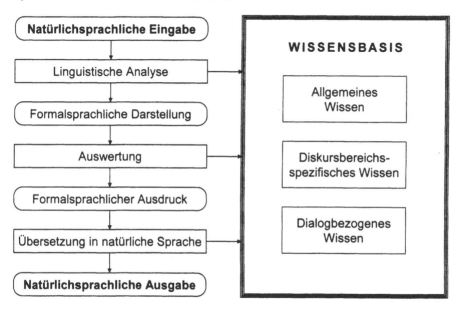

Abb. 2-3: Modell eines natürlichsprachlichen Dialogsystems aus Sicht der CL[95]

---

[94] Vgl. z.B. *Die vier Seiten einer Nachricht* in Thun, Ruppel und Stratmann (2004), S. 33ff. Hier
werden vier Möglichkeiten unterschieden, wie Kommunikationspartner eine Botschaft „sprechen"
und „hören" können. Bezug nehmend auf o.g. Beispielsatz könnte eine Interpretation desselben
folgendermaßen lauten: 1. *Sachebene*: die reine Sachaussage, also die wertfreie Feststellung,
dass der Mülleimer voll ist. 2. *Appellebene*: drückt Wünsche bzw. eine Aufforderung an den anderen aus i.S.v. „Bitte bringe den Mülleimer hinunter." 3. *Beziehungsebene*: beschreibt zumeist
das Verhältnis der beiden Kommunikationspartner zueinander wie z.B. „Du bist ein fauler Kerl,
könntest ruhig mal den Mülleimer hinunter bringen." 4. *Selbstkundgabeebene*: drückt das eigene
Empfinden aus wie beispielsweise „immer muss ich das machen" oder „ich bin zu müde dazu".
Zumeist sind solche sprachlichen Feinheiten anhand der Stimmlage des Sprechenden zu differenzieren.

[95] Vgl. Schmitz (1992), S. 39

Der gesamte Vorgang funktioniert gleichsam dem Prinzip *Analyse – Synthese – Transfer*[96]. In der *linguistischen Analysephase* wird praktisch vorgegangen, indem zunächst eine automatische Tippfehlerkorrektur durchgeführt und anschließend jedes einzelne Wort mit dem zur Verfügung stehenden Lexikon abgeglichen wird[97]. Diese enthält zu jedem Lexikoneintrag sowohl grammatische als auch – sofern notwendig – semantisches Metawissen wie Wortart oder Themenbereich. Die Worte selbst werden gesondert behandelt wie beispielsweise die Flexion, die zwar registriert, aber zur Grundform aufgelöst wird (statt „du ranntest" wird „rennen" und „2. Person Singular Imperfekt" vermerkt), oder kontrahierte Formen wie „im", die auseinander gezogen werden zu „in dem". Das Ergebnis dieser Analysephase ist eine lexikalische Kette von beschriebenen Satzbestandteilen (Metawissen), die als Eingabe für die syntaktische Analyse dient.

Leider war die CL bislang an normativen Fragestellungen die empirische Sprache betreffend nicht interessiert[98]. Hier genau könnte jedoch die gegenseitige Befruchtung einer CL auf der einer Seite und dem Sprachingenieurwesen (als einer wissenschaftlichen Disziplin im Sinne der sprachbasierten Informatik) auf der anderen Seite – die prinzipielle Rekonstruierbarkeit (i.S. einer normativen Genese von Sprachen) – gesehen werden.

> „Rationale Grammatik ist ein Teil der Linguistik, also ein Teil der Sprachwissenschaft."[99]

Rückenstärkung erfährt dieses Postulat nach einer Berücksichtigung des sprachbauingenieurmäßigen Ansatzes durch die – immer noch gültigen – Grenzen der CL:

> „Kein verfügbares Programmsystem erfasst oder simuliert auch nur annähernd die Fülle menschlicher Produktivität im Umgang mit Sprache. Die technischen Eigenarten der Maschine stehen oft quer zu den menschlichen Gewohnheiten beim Sprechen."[100]

Als entscheidender Fortschritt und als Gemeinsamkeit mit der im nächsten Kapitel nun einzuführenden sprachbasierten Informatik ist jedoch die Interpretation und Verarbeitung menschlicher Sprachäußerungen auf der Grundlage ihrer Beschreibungen wie beispielsweise Metawissen und Repository-Systeme zu betrachten.

---

[96] Vgl. Lenders und Willée (1986), S. 23

[97] Vgl. Schmitz (1992), S 40ff

[98] Vgl. Kambartel (1973), S. 231. Wenngleich auch dieser Hinweis bereits aus dem Jahre 1973 stammt, so hat er doch bis heute nichts an Relevanz verloren.

[99] Vgl. Lorenzen (1985), S. 13

[100] Vgl. Schmitz (1992), S. 33

3 Der sprachkritische Ansatz in der (Wirtschafts-)Informatik

Die *sprachbasierte Informatik* fasst den Gedanken der Rekonstruierbarkeit jeglichen Sprachtyps als Basis für die Entwicklung von Anwendungssystemen auf. Sie hat ihre Wurzeln in der philosophischen Sprachkritik des vorigen Jahrhunderts. Der Datenbankpionier und Mitbegründer der sprachbasierten Informatik Hartmut Wedekind (*1935) liefert uns einen passenden Einstieg in die Thematik[101]:

> „Wir stehen in einer wissenschaftlichen Tradition, die mit Kant begann, durch Frege fortgesetzt und dann in der jüngsten Zeit durch Russel, Wittgenstein, Carnap und Lorenzen entschieden bestimmt wurde."

Die systematische, d.h. die schrittweise, kontrollierte und jederzeit begründbare Rekonstruktion von Anwendungssystemen können wir zum einen als Methodologie verstehen, darüber hinaus aber auch als Wissenschaftstheorie. Sie wurde von Wilhelm Kamlah (1905-1976) und Paul Lorenzen (1915-1994) in der so genannten *Erlanger Schule* entwickelt und unter der Bezeichnung *Konstruktive Wissenschaftstheorie* bekannt.

3.1 Anthropologische Vorüberlegungen

Um den *sprachbasierten Ansatz* in der Informatik zu verstehen, müssen wir weit zurückgehen, um genau zu sein bis hin zu unserer Menschwerdung aus paläanthropologischer Sicht. Unser Ur-Ahn begann sich im Laufe seiner Entwicklungsgeschichte einfacher Werkzeuge zu bedienen, um sein Leben komfortabler zu gestalten und nicht mehr nur allein auf die Kraft seiner Arme, Beine, etc. angewiesen zu sein. Beispielsweise erkannte er die Möglichkeit, mittels eines Steines Waldfrüchte aufschlagen und sie somit ihres schmackhaften Innenlebens berauben zu können – ein entwicklungsgeschichtliches Schauspiel, dass uns die Natur heute noch in Form des Großwerdens von Affenkindern bietet. Als Jungtiere erlernen sie allmählich den Gebrauch von Werkzeugen, nachdem sie feststellen müssen, dass es Früchte gibt, an deren zartes Inneres sie nur auf Grund der eigenen Körperkraft nicht gelangen können.

Was einmal geht, funktioniert auch ein zweites Mal. Und so war unser Ur-Mensch nach und nach in der Lage, mittels des Einsatzes eines Werkzeugs ein weiteres Werkzeug mit erweiterter bzw. anderer Funktion herzustellen. Das Leben und dessen praktische Bewältigung lehrten ihn also, eine Art „reflexives Denken" auszubilden. Der Mathematiker, Philosoph und Sprachwissenschaftler Kuno Lorenz

---

[101] vgl. Wedekind (1992), S. 13

(*1932) nennt dies die *Reflexionsbestimmung* des Menschen[102]. Mit dem Reflexionsbegriff als solchem werden wir uns in Kapitel 11.5 noch näher beschäftigen.

Heute sind wir bekanntermaßen deutlich weiter als oben erwähnter Freund und haben uns durch die verschiedenen Epochen hindurch einiges an Fähigkeiten und Wissen erarbeitet. Umgekehrt hat dieses, unser Können aber auch immer die jeweilige Epoche geprägt. Den Entwicklungsstand der Menschheit unserer Tage, die sich im Übergang von der Industrie- zu einer Wissensgesellschaft befindet[103], umreißt der Mitbegründer der sprachbasierten Informatik Erich Ortner (*1948) – aus Sicht der Informatik – mit den folgenden drei, um erläuternde Kommentare ergänzten Eckpfeilern[104]:

- Kopf und Hand
  (gemäß eines Aufbaus bzw. Zusammenwirkens von Denken, Reden und Handeln),

- „Erst denken, dann handeln."
  (gemäß der pragmatischen Ordnung eines Geschehen: „erst koche ich die Spaghetti in heißem Wasser, dann esse ich sie"),

- Rechnerunterstützung
  (gemäß einer Technologie, die den Menschen als Mängelwesen in seinen Kerntätigkeitsfeldern – sowohl privat als auch beruflich – von eventuellen Könnens- und Wissensdefiziten befreit).

Was hat das aber nun mit Sprache bzw. sprachbasierter Informatik zu tun? Der Antwort auf diese Frage wollen wir uns mit einem sprachphilosophischen Blick u.a. auf zwei Wendemarken der wissenschaftlichen Befassung mit Dingen und Geschehnissen nähern: *Linguistic Turn* und *Pragmatic Turn*.

3.2 Sprachkritische Aspekte

Die *sprachbasierte Informatik* hat zum Ziel, unsere durch die (menschliche) Sprache erfassbare Welt für den Rechner zugänglich zu machen und somit ein auf den Menschen und sein Verständnis von eben dieser Welt zugeschnittenes Unterstützungsmedium beim Bewältigen des Lebens zur Verfügung zu stellen. Dies gelingt ihr durch den Einsatz einer rationalen Sprache, die die in der natürlichen Sprache

---

[102] Vgl. Lorenz (1992), S. 50ff

[103] Dieser Entwicklung werden wir uns in Kapitel 0 noch widmen.

[104] Vgl. Ortner (2004a), S. 142

einer Sprachgemeinschaft formulierte Welt für Entwickler von Anwendungssystemen versteh- und umsetzbar macht. Natürliche Sprachen sind hierbei ein Mittel, um zu eben dieser rationalen Sprache mit einer rationalen Grammatik und Semantik, die ihren Sitz im Handeln (Pragmatik) hat, vorzustoßen[105].

Doch zunächst müssen wir auf Grundlage unseres Vorwissens in Sachen Sprache eine für die sprachbasierte Informatik elementare Unterscheidung machen.

3.2.1 Von der Gebrauchssprache zur Rationalsprache

Wir alle benutzen im täglichen Leben eine so genannte *natürliche Sprache* oder auch *Gebrauchssprache*[106]. Vom Standpunkt der analytischen Wissenschaftstheorie, die hierbei vor allem auf ihre Beschreibung (faktische Genese) und nicht auch auf ihre Rekonstruktion (normative Genese) abzielt, können wir sie auch *empirische Sprache* nennen[107]. Sie besteht aus der normalerweise leichter verständlichen, dafür aber weniger präzisen *Umgangs-* oder *Alltagssprache* und der für einen Laien wesentlich schwerer zu erfassenden *Fachsprache* wie z.B. einer Rechtssprache oder auch des Fachjargons, dessen sich Mediziner – bisweilen auch leider gegenüber den betroffenen und zumeist unwissenden Patienten – bedienen. Beide Ausprägungen unserer natürlichen Sprachen setzen sich aus einer empirischen, im Laufe der Zeit gewachsenen *Grammatik* und einer entsprechenden *Terminologie* zusammen, d.h. dem benötigten Vokabular (s. Abb. 3-1). Allerdings besteht das Vokabular im Falle der Umgangssprache aus so genannten *Gebrauchsprädikatoren*[108] und im Falle der Fachsprache aus den *Termini* oder auch *termini technici*. Der Nicht-Biologe sagt z.B. „Eiweiß" wohingegen der Fachexperte, also der Biologe, von „Protein" spricht.

---

[105] Vgl. Wedekind (2003), S. 252

[106] Vgl. Heinemann, Ortner und Sternhuber (2004), S. 92

[107] Sprache kann auch jenseits des gesprochenen Wortes stattfinden. Man denke nur an die unwirsch hochgezogene Augenbraue des Lehrers, den Duft von Mutters Parfüm, eine liebevolle Berührung des Partners oder etwa den Geschmack von Großmutters Streuselkuchen. Das alles sind über unsere Sinne, die so genannten Repräsentationssysteme wahrnehmbare Impulse, mit denen wir Emotionen wie Liebe, Wut, Geborgenheit, Angst, etc. bewusst ebenso wie unbewusst ausdrücken und empfinden können. Wir sprechen hier auch von nonverbaler Kommunikation. Da diese Art der multimedialen Ausdrucksfähigkeit von evidenter Bedeutung ist, soll sie hier zumindest erwähnt, jedoch nicht weiter ausgeführt werden.

[108] Vgl. 11.3.2

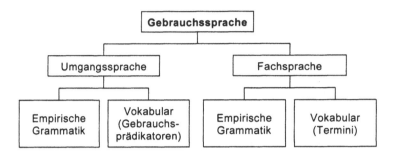

Abb. 3-1: Aufbau der Gebrauchssprache bzw. der natürlichen Sprache

Der Begriff *Rekonstruktion* verdient ein wenig mehr Aufmerksamkeit als ihn einfach ab jetzt stillschweigend zu verwenden. Gemäß des Kantschen Verständnisses umreißt er das Begreifen im Sinne eines Nachdenkens über eine Sache, also der Klärung der Frage „Wie oder auf welche Weise ist es geworden?". Für die nachfolgenden Ausführungen legen wir eine durch den Konstruktivismus (der Erlanger Schule) erweiterte Definition des Rekonstruktionsbegriffs zugrunde[109]:

> „Rekonstruktion besagt [...] eine konstruktive Interpretation, die sich, ausgehend von lebensweltlichen [...] bzw. vortheoretischen [...] Handlungs- und Orientierungsvermögen, im Aufbau inhaltlich gerechtfertigter, methodisch geordneter[110] [...] und voraussetzungsfreier, sprachlich möglichst ausdrucksfähiger (differenzierter) Theorien vollzieht [...]."

Aus dieser Definition leitet sich auch das Grundpostulat konstruktivistischer Rekonstruktionsprozesse ab. Diese sind

- schrittweise erarbeitet,

- zirkelfrei dargestellt und

- Alles explizit machend.

Grundlagen der Rationalsprachen als rekonstruierter Sprache sind eine *rationale Grammatik* und eine geeignete *Terminologie* (s. Abb. 3-2). Rational meint dabei aus der Praxis, gemeinsam mit den Anwendern rekonstruiert. Rationale Grammatik und Terminologie bilden zusammen die *Rationalsprache* i.S. einer rekonstruierten Sprache. Dem Aufbau einer rationalen Grammatik liegt diejenige empirische Grammatik der jeweiligen Gebrauchssprache zugrunde, deren Rekonstruktion sie unterstützen

---

[109] Vgl. Mittelstraß (2004b), S. 551

[110] Diese Forderung wird durch das *Prinzip der pragmatischen Ordnung* erfüllt, das Thema von Kap. 3.2.3 ist.

soll. Eine *Terminologie* in unserem Sinne ist zum einen eine Systematik zur sprachlichen Darstellung von Begriffssystemen, zum anderen verfügt sie über eine Sammlung von (Fach-)Wörtern, wie sie teilweise auch schon in der Gebrauchssprache, dort jedoch unpräzise verwendet, vorzufinden sind. Diese Systematik bietet z.b. Beschreibungen von Über- und Unterordnungen sowie von Teilen eines Ganzen als Beziehungen zwischen Begriffen, auf die wir in Kapitel 11.4 noch zurückkommen werden.

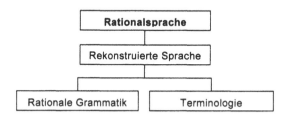

Abb. 3-2: Aufbau einer Rationalsprache

Synonym zum Begriff der Rationalsprache finden die Bezeichnungen *Orthosprache* und *Normsprache* Verwendung[111]. Es handelt sich hierbei um keine formale, sondern um eine materielle (rekonstruierte), domänenspezifische Sprache.

3.2.2 Linguistic Turn und Informatik

Der Begriff *Linguistic Turn* stammt aus der Feder des Philosophen Gustav Bergmann, der in den 50er Jahren des vorigen Jahrhunderts die These aufstellte, dass James Moore, Bertrand Russell und Ludwig Wittgenstein mit ihren Aussagen zu Sprache und Logik alle Sprachphilosophen der damaligen Zeit direkt oder indirekt beeinflusst hätten[112]. Den Grundgedanken dieser Wende (den auch schon Willard Van Orman Quine in seinem Werk „Wort und Gegenstand" von 1960 ähnlich beschrieben, aber freilich so nicht benannt hatte) formuliert Bergmann wie folgt:

> „All philosophers talk about the world by means of talking about a suitable language. This is he linguistic turn, the fundamental gambit as to method, on which ordinary and ideal language philosophers [...] agree." [113]

Eine sehr treffende Zusammenfassung der wichtigsten Gedanken der *sprachlichen Wende,* die noch dazu den Gang der Geschichte streift, finden wir hier:

---

[111] Vgl. Ortner (2005), S. 59

[112] Vgl. Sandbothe (2001), S. 53f

[113] Gustav Bergmann, zitiert in Sandbothe (2001), S. 52f

„[...] die Hinwendung zur Sprache betrifft [...] solch verschiedenartige Phänomene wie die Frage, was und wie Wörter bedeuten, wie Wörter und Sätze
verwendet werden, [...] wie sich die grammatischen Strukturen verhalten bzw.
wie sich unser Denken von den grammatischen Strukturen irreführend lässt, oder
[...] in welcher Hinsicht das Haben von Sprache auch unsere Vorstellungen über
die Wirklichkeit beeinflusst. Keine dieser Fragen ist wirklich neu. Sie haben einen
alten und z.T. langen Hintergrund: die Konzentration auf Wörter im mittelalterlichen Nominalismus, die Einsicht in das täuschende Potential der Sprache bei
Platon und die Annahme eines weltbildenden Charakters der Sprache bei Humboldt. Innerhalb der sprachlichen Wende verzahnen sich diese Fragen; und die
moderne Logik tat das Ihrige, um den Untersuchungen eine besondere systematische Stoßkraft zu verleihen [...]."[114]

Zunächst waren die Vertreter des logischen Empirismus um Russell, Carnap und
Ayer stark formal-logisch im Sinne Freges, Russells und des frühen Wittgensteins
fokussiert. Sie setzten voraus, dass es möglich sein müsse, eben mittels der formalen Logik sowohl in der Tiefenstruktur der Alltags- als auch der Wissenschaftssprache einen philosophisch neutralen Raum logischer Sinnkriterien freizulegen.
Diese Ansicht wich mit dem Linguistic Turn einer zweigeteilten Auffassung sprachkritischer Beurteilung eben solcher Sinnkriterien zum einen durch

1. eine kritische Sprachreform durch *Konstruktion einer Idealsprache* und zum
   anderen durch

2. eine deskriptive *Analyse der Gebrauchssprache*[115].

Hauptvertreter der ersten Richtung, der so genannten *Ideal Language Philosophy*
waren u.a. der späte Carnap, Ayer, ebenfalls mit seinen späteren Forschungser-
gebnissen und Bergmann, wohingegen die zweite Auffassung, die *Ordinary
Language Theory* maßgeblich von Austin, Ryle und Strawson vertreten wurde.

„Das Ziel einer zu entwickelnden formalen Semantik bestand dabei für die Vertreter der Ideal Language Philosophy darin, eine Sprache zu konstruieren, welche
die Mechanismen der Konstitution von Bedeutung logisch transparent macht. Die
Vertreter der Ordinary Language Philosophy versuchten demgegenüber, eine
Systematisierung von grundlegenden Gebrauchsformen der Alltagssprache zu
entwickeln, durch die ihrerseits ein sprachimmanenter Rahmen der Bedeutungs-
erzeugung abgesteckt werden sollte."[116]

Gemeinsam ist beiden Ausprägungen des Linguistic Turn das Ziel, sprachimma-
nente (in der Sprache enthaltende) Kriterien zu erarbeiten, mittels derer die Beant-

---

[114] Graeser (2002), S. 30

[115] Genauer gesagt dem Gebrauch der Alltags- und der Wissenschaftssprache, was aber der in
Kap. 3.2.1 eingeführten Definition von Gebrauchssprache entspricht.

[116] Vgl. Sandbothe (2001), S. 60

wortbarkeit philosophischer Fragen, Sinn und Unsinn derselben etc. entschieden werden kann. Dies ist entweder konstruktiv-problemlösend oder destruktiv-problemauflösend möglich. Während ersteres dazu dient, Lösungsvorschläge für erkenntnistheoretische Fragestellungen auf Basis der Sprachphilosophie zu erarbeiten, geht es bei letzteren darum, die linguistische Unangemessenheit derselben methodisch aufzuzeigen[117].

Für die sprachbasierte Informatik sind beide Ansätze des Linguistic Turn maßgeblich, denn sie versucht, sprachliche ebenso wie nichtsprachliche Objekte der physischen Welt zu modellieren, eben das Triumvirat Denken, Sprechen und Handeln. Dies gelingt ihr durch die Untersuchung sprachlicher Äußerungen hinsichtlich Bedeutung und kommunikativer Wirkung in demjenigen Anwendungsbereich, für den sie Bewandtnis hat[118]. Bezogen auf die Aufgabenstellung, ein Anwendungssystem zu entwickeln, spielt aus Sicht der Informatik dieser Umstand vor allem im Fachentwurf als Teil eines entsprechenden Vorgehensmodells eine entscheidende Rolle[119]. Denn hier gilt es, unter Beachtung der Belange und Bedürfnisse der potentiellen Benutzer Aussagen zu sammeln, die das zu entwickelnde Anwendungssystem aus fachlicher Sicht vollständig beschreiben. Dabei geht es nicht nur darum, die „Sprache des Anwenders" für Systemanalytiker und -entwickler zwecks Umsetzung verständlich zu machen, sondern auch umgekehrt, dem normalen Anwender die Tür zur „Sprache des Entwicklers" zu öffnen. Denn nur so kann ersterer schon im Vorfeld erfassen, was von seinen Wünschen tatsächlich realisiert wird und gegebenenfalls rechtzeitig eingreifen. Für die weiteren Ausführungen möge nachfolgende Definition des Fachentwurfs genügen:

> „Im methodenneutralen Fachentwurf werden die Fachsprachen der Anwender rekonstruiert und inhaltliche Standards (z.B. rekonstruierte Terminologien) erarbeitet, falls diese noch nicht zur Verfügung stehen. Dabei müssen vor allem die Fachbegriffe der Anwender rekonstruiert und von Störungen (Defekten) befreit werden. Das Ergebnis des Fachentwurfs bildet ein so genanntes Fachkonzept, das aus einer Sammlung entwicklungsrelevanter Aussagen besteht, die auf der Grundlage geklärter Fachbegriffe zur geplanten fachlichen Lösung getroffen wurden." [120]

Die im Fachentwurf aufeinander treffenden und miteinander in Einklang zu bringenden Sprachen sind:

---

[117] Vgl. Sandbothe (2001), S. 57

[118] Vgl. Schienmann (1997), S. 5

[119] Als Beispiel dient hier wiederum das bereits erwähnte Multipfad-Vorgehensmodell, dass in Teil 4 thematisiert wird.

[120] Vgl. Ortner (2005), S. 48

1. die Fachsprache des Anwenders (Gebrauchssprache) als problemorientiertes Mittel, seine Wünsche an ein zu entwickelndes Anwendungssystem dem Entwickler gegenüber zu kommunizieren,

2. die Fachsprachen des Entwicklers (Diagrammsprachen wie z.b. UML) als demgegenüber lösungsorientiertes sprachliches Mittel, die Wünsche des Anwenders gegenüber dem Codierer durch Modellierung verständlich zu machen und

3. die Fachsprache des Codierers (Programmiersprachen wie z.b. Java), der damit letztlich die eigentliche Implementierung realisiert.

In Abb. 3-3 wird dieser Zusammenhang noch einmal verdeutlicht, wobei nicht verschwiegen werden soll, dass wir uns mit o.g. Punkt 3 bereits im Systementwurf und in der Implementierung, den Nachfolgephasen des Fachentwurfs im Multipfad-Vorgehensmodell befinden.

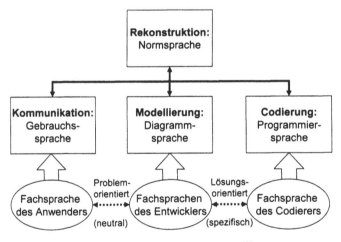

Abb. 3-3: Sprachen im Fachentwurf[121]

Die alle Sprachen überspannende Klammer ist eine rekonstruierte Normsprache, die den geschilderten „Übersetzungsprozess" für alle Beteiligten zu leisten imstande ist.

---

[121] In Anlehnung an Schienmann (1997), S. 76

3.2.3 Der pragmatische Einfluss: das Sprachhandeln

Wer kein Freund hypothetischer Kopfgeburten ist, der freundet sich fast zwangsläufig mit den Ideen des Pragmatismus an. Nicht umsonst versehen wir umgangssprachlich gerne diejenigen Zeitgenossen mit dem Attribut „pragmatisch", die sehr praxisorientiert an eine Sache herangehen, statt sich zunächst mit theoretischen Abhandlungen auf ein Thema „einzustimmen". Auch Johann Wolfgang von Goethe (1749-1832) hob in seinem Faust die Betonung des „aus der Praxis für die Praxis" hervor:

> „Geschrieben steht: Im Anfang war das Wort!
> Hier stock ich schon! Wer hilft mir weiter fort?
> Ich kann das Wort so hoch unmöglich schätzen,
> Ich muß es anders übersetzen,
> Wenn ich vom Geiste recht erleuchtet bin.
> Geschrieben steht: Im Anfang war der Sinn.
> Bedenke wohl die erste Zeile,
> Daß deine Feder sich nicht übereile!
> Ist es der Sinn, der alles wirkt und schafft?
> Es sollte stehn: Im Anfang war die Kraft!
> Doch auch indem ich dieses niederschreibe,
> Schon warnt mich was, daß ich dabei nicht bleibe.
> Mir hilft der Geist! Auf einmal seh ich Rat.
> Und schreibe getrost: Im Anfang war die Tat!"[122]

Als Ur-Vater der *pragmatischen Wende* gilt weithin Charles S. Peirce (1839-1914), für den der Pragmatismus – ganz im Kantschen Sinne – in erster Linie für die praktische Bewährung philosophischer Positionen innerhalb des Handelns stand[123]. Anders ausgedrückt wird der (mögliche) Nutzen eines Gegenstands herangezogen, um sich „einen Begriff davon zu machen"[124]. Dies geht freilich auch als Gedankenexperiment, dessen Ergebnisse mittels praktischer Experimente in der Wirklichkeit auf ihre Gültigkeit hin überprüft und untereinander ausgetauscht werden. Gerade dieser kommunikative Aspekt, der Austausch zwischen Handelnden und Forschern sorgt für eine Begründung des pragmatischen Ansatzes, wie er auch in folgenden Worten Humboldts mitschwingt:

> „In der Erscheinung entwickelt sich die Sprache nur gesellschaftlich, und der Mensch versteht sich selbst nur, indem er die Verstehbarkeit seiner Worte an Andren versuchend geprüft hat."[125]

---

[122] Vgl. Goethe (1982), Studierzimmer, S. 41

[123] Vgl. z.B. Mittelstraß (2004c), S. 325f

[124] An dieser Stelle sei auf Kap. 10 verwiesen, dass den Begriff „Begriff" eben auch unter dem pragmatischen Aspekt genauer einführt.

[125] Aus der berühmten Einleitung zum Kawi-Werk.

Oder anders ausgedrückt:

> „Wie wir eine Sache definieren, ist Sache der jeweiligen Orientierung; und die wiederum ist durch Belange wie Bedürfnis, Zielsetzung, Interesse usw. bestimmt."[126]

Eine sprachlichere Nuancierung erhält der Pragmatismus durch den späten Ludwig Wittgenstein (1889-1951). Er konzipiert die Semantik als Theorie der Bedeutung sprachlicher Zeichen von der Pragmatik als Theorie des Gebrauchs sprachlicher Zeichen aus. Dies war zu Wittgensteins Zeiten eher ungewöhnlich, herrschte doch lange Zeit – wie auch noch heute – in erster Linie die Reihenfolge „von der Syntax (Grammatik bzw. Form sprachlicher Ausdrücke) zur Semantik hin zur Pragmatik" vor. Sein berühmtes Zitat

> „Die Bedeutung eines Wortes ist sein Gebrauch in der Sprache." [127]

zeigt uns auf, wie die sprachbasierte Informatik sich der Idee des Pragmatismus bedient. Denn sprachliche Mittel, wie beispielsweise Satzbaupläne oder Wörter, wollen wir vereinbarungsgemäß erst dann als solche anerkennen, wenn sie im Hinblick auf ihren praktischen Zweck eingeführt wurden. Damit wird sie auch dem so genannten *Prinzip der pragmatischen Ordnung*[128] (P.d.p.O.) gerecht. Selbiges postuliert als methodologischer Grundsatz der konstruktiven Wissenschaftstheorie nur solche Mittel zur Beschreibung wissenschaftlicher Handlungszusammenhänge heranzuziehen, die bereits konstruktiv zur Verfügung stehen und auch nur diejenigen Resultate zu verwenden, die ihrerseits schon konstruktiv begründet wurden[129]. Interessant ist die Feststellung, dass ein Verstoß gegen das P.d.p.O. nur auf sprachlicher Ebene stattfinden kann. Denn an physischen Objekten sind derlei Verstöße bei direkter Abhängigkeit nur schwer bis gar nicht möglich[130]. Man kann eben nicht das Dach auf ein Haus setzen, bevor der Keller ausgehoben ist. Aber es ist sehr

---

[126] Vgl. Graeser (2002), S. 18f

[127] Vgl. PU, § 43 in Wittgenstein (1984), S. 262

[128] Man findet in der Literatur auch die Bezeichnung *Prinzip der methodischen Ordnung*.

[129] Vgl. Mittelstraß (2004c), S. 343f

[130] Die aus Operations Research und Projektmanagement bekannte *Netzplantechnik* (vgl. z.B. Schwarze (2001)) macht deutlich, dass zwei direkt und vollständig voneinander abhängige Aufgaben auch nur hintereinander abgearbeitet werden können, wie das genannte Beispiel des Häuserbaus zeigt. Es ist aber durchaus möglich, einen Arbeitsgang bereits zu beginnen, während der andere noch aktiv ist, weil lediglich die Beendigung der beiden hintereinander erfolgen muss. So kann ich bereits während das Wasser zu kochen beginnt die Kartoffeln zu schälen, die dann erst in geschältem Zustand (beendeter Schäl-Vorgang) in das kochende Wasser (beendeter Wasserkoch-Vorgang) hinein gegeben werden. Diese Art Abhängigkeiten tangieren das P.d.p.O. nicht.

wohl möglich – und für manchen ein Genuss – sich in epischer Breite sprachlich über die Inneneinrichtung auszutauschen, bevor noch eine einzige Wand steht[131].

Doch kehren wir zurück zu den Aufgabenstellungen der sprachbasierten Informatik. Zunächst einmal sind da die nichtsprachlichen Objekte unserer realen Welt. Allein aufgrund deren Existenz sind wir quasi gezwungen, Worte zu finden oder besser sprachliche Mittel einzuführen, die diese Dinge oder Geschehnisse der physischen Welt beschreiben. Dies betrifft Alltägliches ebenso wie fachspezifische Themen. Jede Anwendungsdomäne, jedes Wissensgebiet, ebenso wie manche Gruppierung Gleichgesinnter (z.B. Jugendsprache) kann hierbei eine eigene Sprache entwickeln und ist somit eine *Sprachgemeinschaft*, die auch durchaus mit anderen Sprachgemeinschaften Probleme sprachlicher Art haben kann, wie exemplarisch in Abb. 3-4 dargestellt.

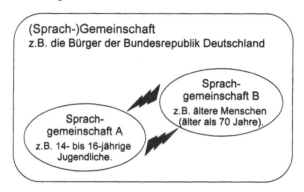

Abb. 3-4: Sprachgemeinschaften (Beispiel)

Sind diese Sprachmittel erst einmal gefunden, kann die Verständigung über nichtsprachliche Objekte zwischen Menschen in einem Anwendungsbereich auch rekonstruiert und für eine Rechnerunterstützung bereitgestellt und eingesetzt wer-

---

[131] Dass ein Verstoß gegen das P.d.p.O. in sprachlicher Hinsicht nicht nur möglich ist, und auch keinen Schaden anrichten muss, sondern im Gegenteil bisweilen von einem hohen Idealismus und Vorstellungskraft zeugt, belegt folgende kleine Anekdote: In den 60er Jahren des vorigen Jahrhunderts hatte eine griechische Arbeitskollegin meiner Mutter ihr – wohlgemerkt noch gar nicht geplantes, geschweige denn gebautes Haus – so realistisch vor Augen, dass sie sich hierfür nach ihren Anweisungen etliche Vorhänge nähen ließ. Diese doch eher ungewöhnliche Vorgehensweise rief natürlich einige Belustigung hervor. Getrieben von Heimweh kehrte die visionäre Hausbauerin einige Zeit später zurück nach Griechenland. Die Monate vergingen ohne Nachricht und so setzte sich ein „Trupp" ehemaliger Kolleginnen in Bewegung, um die an den Peloponnes Zurückgekehrte zu besuchen. Was sie nebst einer glücklichen Hausbesitzerin dort vorfanden, waren die in Deutschland genähten Gardinen, die passgenau an jedem einzelnen Fenster des, offenkundig um die Vorhänge herum gebauten Hauses hingen.

den. Denn auch im Umgang mit Anwendungssystemen – und das betrifft ebenso
deren Entstehung als noch mehr ihre Verwendung durch den Menschen – ist die
Sprache das zentrale Mittel zur Bewältigung gestellter Aufgaben. Wo in Sprachgemeinschaften wie Unternehmen, Interessensgruppen oder auch Familien nur
unzureichend oder schlecht kommuniziert wird, kann keine Klarheit herrschen. Um
diesen Gedanken nachzuvollziehen, reicht wahrscheinlich ein kritisch-ehrlicher
Blick auf das eigene Kommunikationsverhalten im Umgang mit anderen Menschen.

Der Handlungscharakter des Sprechens ist in erster Linie Untersuchungsobjekt
der so genannten *Sprechakttheorie*, die von John L. Austin (1911-1960) mit seinem
berühmten Werk „How to do things with words" begonnen und von seinem Schüler
John R. Searle (*1932) erfolgreich weiterverfolgt wurde[132]. Ihr liegt u.a. die Annahme zugrunde, dass grundsätzlich jede sprachliche Äußerung eine Sprachhandlung
ist, die aus folgenden Teilhandlungen besteht[133]:

- *Lokutionärer Sprechakt*: enthält eine Meinung.

- *Propositionaler Sprechakt*: eigentlicher Inhalt des Sprechakts.

- *Illokutionärer Sprechakt*: Tatsächliche Bedeutung, also das durch die Kommunikation verfolgte Ziel.

- *Perlokutiver Sprechakt*: Gegenüberstellung des gewollten und des tatsächlich beim Hörer erreichten Ziels.

Doch zurück zu den (Sprach-)Gemeinschaften. Manche der ihnen zur Verfügung
stehenden bzw. fundamental bedeutenden Wissenssysteme sind bereits heute so
in Unordnung geraten, dass oftmals nur ein rigoroser Neuanfang durch sprachkritische Rekonstruktion derselben helfen würde. Stattdessen wird zumeist „herumge-
doktert" und „verschlimmbessert". Dies betrifft sowohl unternehmerische als auch
gemeinschaftliche Wissenssysteme wie folgende Beispiele verdeutlichen sollen:

- so genannte Wissensdatenbanken in Unternehmen, in denen zwar bisweilen das wichtige Kapitel des auf jahrelangen Erfahrungen aufbauenden
  Wissens guter Kräfte dokumentiert, aber derart mangelhaft abgelegt ist,
  dass es nicht genutzt werden kann und somit letztendlich doch für den situ-
  ations- und kontextabhängigen Einsatz verloren geht[134].

und

---

[132] Vgl. Searle (1977)

[133] Vgl. Austin (1994), S. 112ff

[134] Erfahrungsschatz der Autorin, basierend auf einer achtjährigen Tätigkeit als IT-Consultant.

- die aktuelle Steuergesetzgebung der Bundesrepublik Deutschland:

  „So gut wie niemand kennt sich noch aus im deutschen Steuerrecht. Steuererklä-
  rung – das Wort ist gleichsam blanker Hohn. Denn was der Bürger eigentlich
  erklärt und unterschreibt, ist eine undurchsichtige Sache. Dass dies so ist, liegt
  am chaotischen Einkommensteuergesetz. Wer sich die Mühe macht, das Gesetz
  zu lesen und auch noch zu verstehen, will spätestens beim zweiten Paragrafen
  aussteigen. Da gibt es beispielsweise einen Passus, an dem sich 17 Rechts-
  experten versucht haben. Das Ergebnis: 17 verschiedene Auslegungen der
  Norm."[135]

Die sprachbasierte Informatik möchte nun der erwähnten Misere mit einer *Sprach-
handlungsorientierung* beikommen, d.h. der Auffassung von Sprache nicht nur als
System, sondern als Handlung, die als grundlegendes Konzept eine Wende bei der
Anwendungssystementwicklung bewirken soll[136]. Die uns bereits bekannten, von
C.W. Morris (1901-1979), dem Begründer der modernen Semiotik eingeführten,
grundlegenden linguistischen Stichworte wollen wir hierbei nun wie folgt verstehen:

- Die *Pragmatik* bezeichnet das Sprechen als symbolisches Handeln gemäß
  festgelegter Verwendungsnormen. Bezug nehmend auf die Anwendungssystementwicklung betrifft dies sowohl das Sprachhandeln der Anwender
  als auch das Operieren der Rechner mit Zeichen („Maschinen-Pragmatik").

- Die *Semantik* als Lehre von der Bedeutung der Symbolfolgen, somit zu-
  ständig für Sinn (Intension) und Referenz (Extension) sprachlicher
  Ausdrücke, baut auf der Pragmatik auf bzw. resultiert aus ihr.

- Die *Syntax* untersucht Symbolfolgen hinsichtlich ihrer korrekten Bildung,
  was einer Grammatik im traditionellen Sinne gleich kommt, um der Semantik und Pragmatik „Form" zu verleihen.

Nimmt man die Informatik als Vergleichsgegenstand, so ist dort eine Sprache als
die Menge der in einer Grammatik erzeugbaren Ausdrücke definiert. Die Linguistik
hingegen packt zur Grammatik noch das Lexikon und bezeichnet dies als Sprache,
wohingegen die mit selbiger ausdrückbaren Sprachresultate als sprachliche Handlungen verstanden werden. Somit halten wir fest, dass eine Sprache – aus Sicht
der sprachbasierten Informatik – aus folgenden Elementen besteht[137]:

---

[135] Vgl. Wesseloh (2003), S. 74. Die sprachbasierte Informatik ist mit ihren Mitteln durchaus in der
Lage, solch „babylonischem Gewirr" durch sprachliche Rekonstruktion beizukommen und somit
einen Neuanfang zumindest in den Bereich des Möglichen zu bringen. Vgl. hierzu Heinemann,
Ortner und Sternhuber (2004).

[136] Vgl. Ortner (2005), S. 19f

[137] Vgl. Ortner (2005), S. 28

- einer *Gegenstandseinteilung* (kategorialer Ansatz),

- einer *Grammatik* (z.B. in Form von Satzbauplänen definiert),

- einem *Wortschatz* (z.B. in Form eines Lexikons organisiert) und

- verschiedenen *Modi der Äußerung von Sprachartefakten* (z.B. Mitteilungs-, Aufforderungs- und Frage/Antwort-Modus)

Die Gegenstandseinteilung und die Grammatik sei hierbei die syntaktische, der Wortschatz samt der relevanten Verwendungsregeln die (statische) semantische Dimension der Sprache, sowohl in intensionaler als auch in extensionaler Hinsicht. Die pragmatische Sichtweise wird durch die entsprechenden Modi und weitere „Operatoren" repräsentiert, die den Menschen zum *Handeln* und den Rechner zum *Operieren* bringen. Ortner betont, dass eine Orientierung an Sprachhandlungen hinsichtlich der Mensch-Maschine-Kommunikation neue Möglichkeiten eröffnet. Dies zu belegen, wird in Teil 4 eine Metaschema für einen sprachbasiertes Wissensmanagement vorgestellt.

3.3   Das Säulenmodell der sprachbasierten Informatik

Aufgrund der bis hierher entwickelten Gedanken sollte nun einsehbar sein, dass die Informatik auf dem Fundament der Logik neben den beiden bekannten Säulen *Technologie* (i.S.v. Geräten) und *Algorithmik* (i.S.v. Verfahren) aus wissenschaftlicher Sicht eine *dritte Säule* für ihre Grundlagen braucht: die der (menschbezogenen) *Sprache* (i.S.v. Information). Denn der Mensch muss auch in der Informatik vermittels seiner Sprache berücksichtigt werden. Nicht umsonst nennt ihn Aristoteles ein „Redetier" oder Ernst Cassirer (1874-1945) ein „animal symbolcum"[138].

In einer berühmt gewordenen Fundamental-Debatte über den Informatik-Unterricht „On the cruelty of really teaching computing science", in den *Communications of the ACM* von 1989 spricht der anerkannte Informatiker Edsgar W. Dijkstra (1930-2002) von den Grausamkeiten (cruelty) die wir uns und anderen, beim Vermitteln der *technischen Schematisierungsvorgänge* im Zusammenhang mit Rechnersystemen, antun[139]. Dies rührt vor allem daher, weil wir nicht (sprachlich) diszipliniert genug zwischen einer

- *menschorientierten* Informationsverarbeitung (*human symbol manipulation*) auf der einen Seite und einer

---

[138] Vgl. Janich (2001), S. 109 und Cassirer (1996), S. 40

[139] Vgl. Dijkstra (1989)

- *rechnerorientierten* Informationsverarbeitung (*mechanical symbol manipulation*) auf der anderen Seite

unterscheiden (s. Abb. 3-5). Diese beiden Aspekte sind aber aus ersichtlichem Grund *prinzipiell* auseinander zu halten, denn vom Standpunkt des Rechners aus gesehen darf es dabei – im Übergang von der menschorientierten zur rechnerorientierten Seite – immer nur um eine *Gegenüberstellung*, jedoch niemals um eine *Gleichstellung* der Prozesse auf der „human symbol manipulation"-Seite und der „mechanical symbol manipulation"-Seite gehen. Um was es nicht geht, ist die Mimikry, also die spiegelgleiche Imitation des Menschen durch den Computer, sondern es steht die bestmögliche Unterstützung bei der Bewältigung seiner Aufgaben zur Debatte. Denn Menschen sind Menschen und Maschinen eben Maschinen. Kritisch könnte man anmerken, dass die *Informatik* eine menschorientierte Informationsverarbeitung und deren Grundlagen, die wir kurz mit dem Schlagwort „Normalsprachen" oder genauer „symbolisches Handeln" des Menschen umschreiben können, vernachlässigt hat. Dies nachzuholen möchte die vorliegende Arbeit ein Stück weit unterstützen.

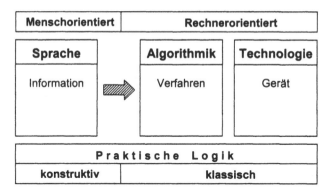

Abb. 3-5: Drei-Säulen-Modell der Informatik

Bei einer solchen, um eine *Sprachsäule* erweiterten Informatik (mit dem noch ungeklärten Begriff „Information"[140]), gilt es die Frage zu klären, welchen Einfluss dieses Fach inzwischen auf jeden Einzelnen von uns und auf die Behebung des in der Einleitung skizzierten Missstands in punkto Sprachbildung haben könnte. Dies aufzudecken wird Inhalt von Teil 2 dieser Arbeit sein. Doch zunächst wollen wir uns einem Thema zuwenden, das sich aus Sicht der Unterstützung menschlichen (Sprach-)Handelns quasi aufdrängt: dem Umgang mit Wissen.

---

[140] Vgl. Kap. 11.1.5

4   Scio ut nescio: Wissen und Wissensmanagement

Das Management der Ressource *Wissen* als strategischer Wettbewerbsfaktor gewinnt nicht nur für Unternehmen zunehmend an Bedeutung, sondern auch für den einzelnen Bürger. Peter F. Drucker kreierte hierfür den Begriff *Wissensarbeiter*[141], der markant verdeutlichen soll, dass die Entwicklung unserer Gesellschaft immer mehr von der „Handarbeit zur Kopfarbeit" tendiert[142]. Tab. 4-1 spiegelt dies hinsichtlich der Bedeutung wissensintensiver Tätigkeiten (i.s.v. geistiger Arbeit) eindrucksvoll wider. Die Prozentangaben bezeichnen hierbei den Anteil der in Deutschland Erwerbstätigen im jeweiligen Bereich und Untersuchungsjahr.

Dimension	1882	2005*
Wissensintensive Tätigkeiten	14%	51%
Industrie	30%	25%
Dienstleistungen	12%	21%
Landwirtschaft	44%	3%

* Prognose

Tab. 4-1: Tätigkeitsfelder als Indikator für den Weg in die Wissensgesellschaft[143]

In den letzten Jahren hat sich hinsichtlich der wissensintensiven Tätigkeiten fast eine Armada von Veröffentlichungen, Methoden und Initiativen des Themas angenommen, auf welche Weise die „Ressource Mensch" bzw. ihr Wissen für das Unternehmen nutz- und damit verwertbar gemacht werden kann[144]. Die immer stärker werdende Wissensökonomie unserer Zeit bewirkt, dass der Mensch endgültig in den Mittelpunkt der Unternehmensführung rückt[145]. Nur in punkto „Unterstützung des Bürgers beim Erwerb und Einsatz von Wissen" scheint noch ein wenig Nachholbedarf zu bestehen. Denn unser immer stärker technisiertes Leben ermöglicht uns zwar die Erleichterung mancher Arbeitsprozesse, den Zugriff auf nahezu unbegrenzte Informationsquellen, doch ohne letztere bedarfsgerecht filtern zu können

---

[141] Vgl. Drucker (1993), S. 99

[142] Vgl. Oelsnitz und Hahmann (2003), S. 19

[143] In Anlehnung McKinsey et al. (2001), S. 7

[144] Eine Abfrage beim Online-Buchhändler Amazon ergab in der Kategorie „Fachbuch" zum Stichwort „Wissensmanagement" über 250 Einträge (Abruf 12.04.2005).

[145] Vgl. Oelsnitz und Hahmann (2003), S. 219.

und ohne zu wissen, wie ich zu ersteren durch den Einsatz von Technik komme, sind diese Errungenschaften moderner Zeiten sinnleer.

> „Ohne »korrektes« Wissen können die Bürger einer Cyber- bzw. Wissensgesellschaft nicht rational handeln, und mit »defektem« Wissen wird ihr Handeln für sie selbst und möglicherweise auch für ihre Umwelt zum Problem." [146]

Wird jedoch kein systematisches und ganzheitliches *Wissensmanagement* betrieben, so bleiben möglicherweise Potenziale – so abstrakt sie sich zunächst auch darstellen mögen – ungenutzt. Die Zahl der mittlerweile erschienen Publikationen über Wissensmanagement im Allgemeinen und über die praktische Anwendung und Umsetzung von Wissensmanagement in verschiedenen (betrieblichen) Teilbereichen ist – wie bereits erwähnt – groß, dennoch scheint es der betriebswirtschaftlichen Praxis noch nicht vollständig gelungen zu sein, zu einem einheitlichen Verständnis des Begriffs „Wissensmanagement" (und all dem, was es umfassen soll und was nicht) zu finden, was angesichts der zahlreichen, durch dieses Thema tangierten Randbereiche auch schwer sein dürfte[147].

Die folgenden Abschnitte sollen nun zunächst einen Überblick über die im Kontext der vorliegenden Arbeit relevanten Aspekte der Themen Wissen und Wissensmanagement geben. Diese ist insbesondere für das Verständnis von Teil 4 wichtig, wenn es darum gehen wird, dem Netz-Bürger der Zukunft beispielhaft einen Marktplatz für Wissens- bzw. Könnenskomponenten bereit zu stellen.

4.1   Definition

Was meinen wir, wenn wir von *Wissen* reden? Diese Frage wird sich in der vorliegenden Arbeit erst mit Teil 4, in dem wir uns mit rechnerunterstütztem Wissen- bzw. Könnensmanagement beschäftigen werden, endgültig beantworten lassen. Dennoch sei – dem Anspruch eines Grundlagenkapitels Rechnung tragend – an dieser Stelle bereits ein Überblick in Sachen Wissen und Wissensmanagement gegeben, auf dem wir dann im Weiteren aufbauen können.

Eine häufig in Arbeiten über Wissen und Wissensmanagement herangezogenen Definition für Wissen, mit der es sich auch im Rahmen der vorliegenden Arbeit vorerst „gut leben lässt", ist die folgende:

---

[146] In Anlehnung an Ortner (2005), S. 167

[147] Vgl. Amelingmeyer (2002), S. 1ff

„Wissen bezeichnet die Gesamtheit der Kenntnisse und Fähigkeiten, die Individuen zur Lösung von Problemen einsetzen. Dies umfaßt sowohl theoretische
Erkenntnisse, als auch praktische Alltagsregeln und Handlungsanweisungen.
Wissen stützt sich auf Daten und Informationen, ist im Gegensatz zu diesen jedoch immer an Personen gebunden. Es wird von Individuen konstruiert und
repräsentiert deren Erwartungen über Ursache-Wirkungs-Zusammenhänge."[148]

Eine Ergänzung hierzu – im Sinne der Wissenschaftstheorie der Erlanger Schule –
liefert uns Alfred L. Luft. Für ihn müssen folgende Aspekte gelten[149]:

- Wissen ist mit Gewissheits- und mit (empirisch belegten oder logischen)
  Geltungsansprüchen[150] verbunden.

- Diese Geltungsansprüche können gegenüber „vernünftig argumentieren-
  den" Gesprächspartnern auch eingelöst werden.

- Wissen kann in Form von Aussagen zum Ausdruck gebracht werden.

- Wissen bezieht sich auf Handlungen oder auf die damit verbundenen Ziele,
  Zwecke und Probleme.

Wir werden in den Kapiteln 11.1.5 und 14.1 den Begriff Wissen im Kontext dieser
Arbeit noch weiter zu bestimmen haben.

4.2 Klassifikationen von Wissen

Genauso groß wie die Anzahl der Definitionen von Wissen ist die Menge von Klas-
sifikationsansätzen, diesen Begriff einzuordnen. Im Folgenden werden Ansätze
herausgegriffen, die für das Verständnis der weiteren Ausführungen relevant sind:

- Explizites und implizites Wissen,

- Individuelles und kollektives Wissen

- prozedurales und deklaratives Wissen,

- Orientierungs- und Verfügungswissen und

- episteme, techne, phronesis und mètis.

Beginnen wir mit der bekanntesten der vorzustellenden Klassifikationen.

---

[148] Vgl. Probst, Raub und Romhardt (1999), S. 46

[149] Vgl. Luft (1992), S. 69

[150] Zum Thema Geltungssicherung s. auch Kap. 11.5.

Explizites und implizites Wissen:
Dieser Ansatz stammt von dem Biologen Michael Polanyi und unterteilt Wissen in so genanntes implizites und explizites Wissen[151]. Bei letzterem handelt es sich um Wissen, dass sprachlich ausdrückbar ist. Explizites Wissen existiert nicht nur in den Köpfen der Menschen. Es kann auf Medienträgern dokumentiert und somit festgehalten werden. Mit der impliziten Dimension des Wissens ist ein Wissen bezeichnet, das nicht ohne weiteres sprachlich fassbar ist. So gibt es z.b. den eingefleischten Musikliebhaber, der eine echte Stradivari unter zig Geigen heraushört, ohne jedoch auch nur im Entferntesten, d.h. für einen Dritten objektiv verständlich, erläutern zu können, wie bzw. aufgrund welcher ihnen zuzuordnenden Merkmale ihm dies gelungen ist.

Individuelles und kollektives Wissen
Beim individuellen Wissen handelt es sich um ein solches, das an eine einzelne Person gebunden ist, wohingegen das kollektive Wissen innerhalb einer Gruppe bzw. einer Sprachgemeinschaft geteilt wird[152]. Dieser Ansatz hat besonders in den letzten Jahren Erweiterung durch eine dritte Dimension erhalten, dem so genannten *organisatorischen Wissen*, welches dasjenige Wissen bezeichnet, zu dem alle Mitglieder einer Organisation Zugang haben[153]. Die beiden Ansätze individuell/kollektiv und explizit/implizit haben durch Nonaka und Takeuchi starke Verbreitung in der Managementlehre erfahren[154].

Prozedurales und deklaratives Wissen:
Wissen können wir als ein „praktisches" oder ein „intellektuelles" Wissen auffassen. Bei erstgenanntem, hat man Kenntnis vom prozeduralen, handlungsorientierten Aspekt, d.h. dem „knowing how" wie es Ryle formuliert[155]. Es ähnelt dem Kochen nach Rezept[156]. Fakten und Informationen der theoretischen Art spielen hier als Vorbedingungen zunächst einmal nur die zweite Geige, um bei unserer musikalischen Metapher zu bleiben. Das deklarative Wissen hingegen ist ein „knowing that". Dieses Faktenwissen liefert uns Wissen über Ereignisse, Normen, Konzepte,

---

[151] Vgl. Oelsnitz und Hahmann (2003), S. 42 und zur vertiefenden Beschäftigung mit dem impliziten Wissen als Tacit Knowledge z.B. Polanyi (1985).

[152] Vgl. Al-Laham (2003), S. 31

[153] Erweitert diese Organisation ihr Wissen, so spricht man von der *Lernenden Organisation* bzw. von *Organisationalem Lernen*, vgl. z.B. Amelingmeyer (2002), S. 112ff

[154] Vgl. Nonaka und Takeuchi (1995), S. 59ff

[155] Vgl. Ryle (1969), S. 26

[156] Vgl. Oelsnitz und Hahmann (2003), S. 41

etc. Die deutsche Sprache erlaubt uns ein begriffliches Fassen dieser beiden Wissensformen durch die Worte „können" und „wissen"[157].

Orientierungs- und Verfügungswissen:
Vom Philosophen Jürgen Mittelstraß stammt die Unterteilung in *Orientierungs-* und *Verfügungswissen*[158]. Während es bei ersterem um gerechtfertigte Zwecke und Ziele geht – man spricht auch von regulativem Wissen -, hat letzteres das Wissen um Ursachen, Wirkungen und Mittel im Visier. Das Verfügungswissen wird auch positives Wissen genannt, denn es beantwortet die Frage „was *können*, nicht was *sollen* wir tun". Um das „können" mit einer Portion „sollen" anzureichern, bedarf es wiederum eines handlungsorientierten Wissens, sonst ist das „können" orientierungslos[159].

episteme, techne, phronesis und *mètis*:
Bei der griechischen Einteilung von Wissen[160] wird uns in Teil 4 insbesondere noch die *episteme* wieder begegnen, denn sie bezeichnet dokumentier- und überlieferbare Gesetzmäßigkeiten und Prinzipien, also (abstraktes) allgemeingültiges „Wissen über etwas". Demgegenüber steht die *techne* für die Fähigkeit, eine Aufgabe praktisch zu bewältigen. Die *phronesis* ist als Ergebnis von Erfahrungen und gemeinsamer Praxis und somit als sehr personen- und kontextgebundenes Wissen schwerer zu transferieren als beispielsweise die episteme. Scharfsinn und auf Vermutungen basierende Intelligenz werden als *mètis* bezeichnet, denn durch einen starken Handlungsbezug, und starkem Einsatz von Intuition (i.S.v. implizitem Wissen) ist auch dieses Wissen nur schwer fassbar.

4.3   Das Wissensmanagement und seine Bausteine

Wissensmanagement kann als zentrales „Verwaltungsorgan" in Sachen Wissen angesehen werden:

> „Auf der Ebene des Wissens- und Informationseinsatzes wird der Wissensbedarf und seine Deckung durch das Wissensangebot geplant, organisiert und kontrolliert. Das Management erstreckt sich dabei auf alle in einem Unternehmen wesentlichen internen und externen Verwendungszwecke."[161]

---

[157] Wittgenstein hat diesen Unterschied bereits sehr fein herausgearbeitet, aber auf diesen für die vorliegende Arbeit sehr wichtigen Aspekt werden wir erst in Kapitel 14 zurückkommen.

[158] Vgl. Mittelstraß (2001), S. 75

[159] Vgl. Mittelstraß (1989), S. 19

[160] Vgl. Renzl (2003), S. 27f

[161] Vgl. Rehäuser und Krcmar (1996), S. 17

Um einen Eindruck zu gewinnen, was genau damit gemeint ist, werfen wir einen
Blick auf den Lebenszyklus von Wissen und die darin enthaltenen Bausteine.

Betrachten wir zunächst das Modell von Probst et al., das sie selbst als *Mana-
gementregelkreis* bezeichnen (s. Abb. 4-1)[162]. Die *Wissensidentifikation* klärt die
Frage, wie intern und extern Transparenz über das im Unternehmen vorhandene
Wissen geschaffen werden kann, um unter anderem einen Überblick zu haben, welche Kenntnisse und Fähigkeiten noch eingekauft werden müssen (*Wissenserwerb*).
Die *Wissensentwicklung* ist klassischerweise im Forschungs- und Entwicklungsbe-
reich etabliert, betrifft aber im Grunde alle Bereiche. So ist es z.B. unerlässlich
geworden, auch die Kreativität der Mitarbeiter einzubeziehen. Dies kann u.a. durch
Maßnahmen wie denen des betrieblichen Vorschlagswesens geschehen.

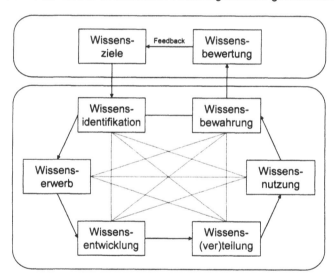

Abb. 4-1: Bausteine des Wissensmanagements[163]

Das Wissen bedarfs- und rollengerecht den Mitarbeiter(gruppen) im Unternehmen
zukommen zu lassen ist Aufgabe der *Wissens(ver)teilung*. Diese geht Hand in
Hand mit der *Wissensnutzung*, die – der Name ist Programm – die Nutzung wert-
voller Wissensressourcen (z.B. durch Patente oder Lizenzen) sicherstellt. Damit
nichts davon verloren geht, sorgt die *Wissensbewahrung* für eine entsprechende

---

[162] Vgl. Probst, Raub und Romhardt (1999), S. 54ff
[163] Vgl. Probst, Raub und Romhardt (1999), S. 58

Speicherung und Aktualisierung vorhandenen unternehmensrelevanten Wissens. Abgerundet werden diese Prozesse durch die Festlegung von *Wissenszielen*, die den Lernanstrengungen im Unternehmen eine Richtung geben (z.b. normativ durch Schaffung einer wissensbewussten Unternehmenskultur oder auch strategisch durch Beschreibung und Ausrichtung organisationalen Kernwissens) und durch eine *Wissensbewertung*[164]. Letztere ist kennzahlenorientiert und legt als eine Art Wissens-Controlling die Voraussetzungen für Kontrolle und Steuerung des gesamten Wissensmanagements eines Unternehmens.

Ein an die sprachbasierte Informatik angelegtes und mehr im Sinne eines Wissens*lebenszyklus* zu verstehendes Modell liefert uns Ortner (Abb. 4-2). Der Zyklus beginnt damit, dass das für die Bewältigung einer bestimmten Aufgabe benötigte, aktuelle Wissen rekonstruiert wird. Rekonstruktion bedeutet hierbei mehr als nur die bloße Identifizierung von Wissen. Es wird vielmehr auf eine strukturierte Weise festgehalten. Wie das geschieht, wird u.a. Thema von Kap. 17.2 sein.

Abb. 4-2: Wissenslebenszyklus nach Ortner[165]

Die Aufgabe der Wissensorganisation besteht nun darin, das Wissen unter Verwendung geeigneter Methoden in eine Form zu bringen, die eine optimale Verwaltung und Bereitstellung des Wissens erlaubt[166]. Wissen, dass nicht mehr aktuell ist und möglicherweise auch nicht mehr gebraucht wird, wird aus dem Kreislauf entsorgt, um eine „Vermüllung" des Wissensapparats zu verhindern.

---

[164] Vgl. Probst, Raub und Romhardt (1999), S. 57

[165] Vgl. Ortner (2005), S. 166

[166] „Optimal" meint hier optimiert hinsichtlich der Kriterien Bedarf bzw. Verfügbarkeit, Kosten, Schnelligkeit, etc.

5 Der Brückenschlag: Blick zurück und nach vorne

Wie in jeder guten Trainingsstunde sollte auch eine geistige Übung mit einer Auf-
wärmphase beginnen, die nun durch die vorangegangenen Kapitel hoffentlich
erfolgreich abgedeckt ist. Wir haben ein paar Gedanken zu den im Titel der vorliegenden Arbeit auftauchenden Schlagworte Denken, Sprechen und Handeln
gemacht und die im Kontext der hier vorzustellenden Inhalte relevanten Themenbe-
reiche der Informatik vorgestellt. Einen Schwerpunkt, der durch die weiteren Kapitel
quasi fortgeführt wird, stellt die sprachbasierte Informatik dar.

Der Zusammenhang zwischen *Linguistik, Computerlinguistik* und *sprachbasierter
Informatik* lässt sich hierbei wie folgt charakterisieren.

> *Linguistik* will sprachliche Phänomene beschreiben, *Computerlinguistik*
> menschliche Sprachfähigkeit technisch umsetzen und *sprachbasierte In-
> formatik* Anwendungssysteme auf Basis der natürlichen Sprache
> rekonstruieren.

Sprachingenieure „biegen" sich die Sprache also – salopp formuliert – so hin, wie
sie sie brauchen, während die Computerlinguisten sprachliche Mimikry betreiben.
Die Ergebnisse sind ähnlich, denn auch die beiden Forschungsdisziplinen zugrunde
liegenden Theorieansätze sind nahezu deckungsgleich.

Ziel muss es also sein, die Gebrauchssprachen „*überlegt*", dass heißt von einer
von einer Metasprachebene aus in den Dimensionen

- *Pragmatik*: „Was gilt es zu erreichen?",

- Semantik: „Um welche (nichtsprachlichen) Gegenstände geht es?" und

- Syntax: „In welche Struktur/Form sind die Antworten auf die ersten beiden
  Fragen sprachlich zu kleiden?"

„im Griff" zu haben. Die sprachbasierte Informatik baut mit Sprache als „Baustoff"
Systeme. Das wiederum führt uns zu der Frage „Was heißt Sprachbildung für die
Bürger im Cyberspace-Zeitalter bzw. was muss sie heißen?".

Die Antwort auf diese Frage scheint die folgende zu sein: Den Sprachteilnehmern sollte von frühester Jugend an der Schritt von einer faktischen zu einer
normativen *Genese* von (Gebrauchs-)Sprachen verschiedener Sprachgemeinschaften vermittelt werden. Ein Weg, dies zu tun, ist Thema der folgenden Kapitel.

Teil 2
Informatik in der
(sprachlichen) Grundbildung

*Die Blüte einer Sprache läuft mit der Blüte
der Kultur einer Gesellschaft parallel.*

Gottfried Wilhelm Leibniz (1646-1716)

6 Der Ausgangssituation zweiter Teil oder „PISA und kein Ende"?

Den Begriff des Wissensarbeiters haben wir bereits in Kap. 4 kennen gelernt. Und dass ein erfolgreiches „Bestehen" in unserer Wissensgesellschaft mittlerweile lebenslanges Lernen unabdingbar voraussetzt, wird sicherlich niemand anzweifeln. Doch kann das nicht funktionieren ohne die Bereitschaft zu lernen und die eigene Sprache bewusst einzusetzen, um die Informationen, die wir benötigen zum einen formulieren (Ausprägungen zu Schemata *äußern*) und zum anderen aufnehmen (Ausprägungen auf Grund vorhandener Schemata *verstehen*) zu können. Wir können auch sagen „sich den Schlüsselherausforderungen *Sprachverstehen* und *Spracheinsatz* zu stellen", denn kein zu erlernendes Thema kommt ohne eine Sprachkompetenz aus. Doch gerade an letzterer scheint es in unserem Land auf beängstigende Weise zu fehlen. Die Gruppe der 15-Jährigen, die in der PISA-Studie 2000 befragt und getestet wurde, zeigte sich zwar einigermaßen einsichtig was beispielsweise das Anerkennen der Wichtigkeit des Lesens angeht, fühlte sich aber nicht motiviert genug, selbsttätig ein Buch in die Hand zu nehmen.

Die Lesekompetenz als sprachliches Vermögen umfasst in den PISA-Studien von 2000 (PISA I) und 2003 (PISA II) *fünf Kompetenzstufen*, die mit dem jeweiligen Schwierigkeitsgrad einer zu lösenden Aufgabe korrespondieren. Sie sind übersichtsartig in Abb. 6-1 (unterste Ebene) dargestellt. Mit ihnen erfolgt eine Beschreibung der Fähigkeit der getesteten Schüler, sich mit einem Text zu beschäftigen. Kriterien und beeinflussende Aspekte können hierbei Komplexität des Textes, Vertrautheit der Testpersonen mit dem Thema, Anzahl und Deutlichkeit von hilfreichen Hinweisen, sowie das Auftreten von Informationen sein, die den tatsächlich relevanten Informationsgehalt im Text verschleiern.

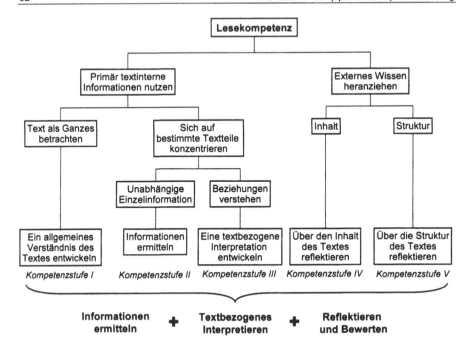

Abb. 6-1: Theoretische Struktur der Lesekompetenz in PISA[167]

Die Zahlen von PISA I, in der Lesekompetenz das Schwerpunktthema war, er-
schrecken[168]: rund 42 v.H. aller befragten Jugendlichen erklärten, dass sie nie
freiwillig lesen. Aber es geht noch schlimmer: etwa 10 v.H. der getesteten Jugendlichen erreichten noch nicht einmal die Kompetenzstufe 1 (vgl. auch Abb. 6-1) und
weitere 13 v.H. kamen nicht über diese Stufe hinaus. Für sie

> „[...] ist das Verstehen des Gelesenen so defizitär, dass Texte für diese Jugendli-
> chen kaum ein Mittel zum Wissenserwerb darstellen."[169]

Zusammenfassend liest sich dies in der Feststellung, dass fast ein Viertel (23 v.H.)
der im Jahre 2000 getesteten 15-jährigen Jugendlichen zu einer Risikogruppe gehören, von der wir leider vermuten müssen, dass sie beim Einstieg ins
Berufsleben[170] und auch genereller gesehen, beim Hineinwachsen in eine „Cyber-

---

[167] In Anlehnung an Deutsches PISA-Konsortium (2001), S. 82f

[168] Vgl. Deutsches PISA-Konsortium (2001), S. 113f

[169] Vgl. Deutsches PISA-Konsortium (2004), S. 97

[170] Vgl. Frackmann und Tärre (2003), S. 56f

Zeit"[171], in der eine *reine Nintendo-Generation nicht bestehen kann*, eklatante Schwierigkeiten auf Grund ihrer sprachlichen Defizite haben wird. Leider hat sich diese Zahl bei der PISA-Studie von 2003 bestätigt. Dort wird der Anteil dieser so benannten Risikogruppe mit 22,3 v.H. beziffert[172].

PISA II hat sich auch mit der Computernutzung der Zielgruppe beschäftigt und diesbezüglich folgende Einteilung vorgenommen (die Ergebnisse der Befragung stehen in Klammern[173])[174]:

- *Enthusiasten* (~ 54 v.H.): sehr interessiert an den vielfältigen Nutzungsmöglichkeiten von Computern und diese auch aktiv nutzend.

- *Pragmatiker* (~ 25 v.H.): ebenfalls sehr interessiert, nutzen den Computer allerdings selten und fühlen sich im Umgang mit ihm eher unsicher.

- *Freizeitnutzer* (~ 15 v.H.): auch hier liegt ein vielseitiges Interesse vor, ebenso aber auch eine hohe Einschätzung der eigenen Fähigkeiten am Computer, was sich allerdings in erster Linie auf Freizeit- und Spiele-Software bezieht (Anm. d. A.: Nintendo-Generation).

- *Unerfahrene* (~ 9 v.H.): nutzen den Computer nur in sehr geringem Umfang, dafür aber – wenn überhaupt – eher schul- und programmbezogen als die Freizeitnutzer.

Freizeitnutzer und unerfahrene Computernutzer gelten im Hinblick auf die Anforderungen des zukünftigen Berufslebens wiederum als „potentielle Risikogruppen". Die Autoren des Deutschen PISA-Konsortiums fassen diese Erkenntnisse mit der Aussage zusammen, dass

> „[...] mehr als 20 Prozent der Fünfzehnjährigen so gut wie keine Idee darüber entwickelt [haben], für welche Zwecke der Computer ein geeignetes Hilfsmittel darstellen [...] bzw. wie man ihn angemessen nutzen kann." [175]

Medienkompetenz i.S. der Befähigung mit den neuen Medien sinnvoll und reflektiert umgehen zu können, entwickelt sich freilich nicht automatisch dank der Verfügbarkeit eines Computers, sondern nur, wenn der Benutzer in der Lage ist, diesen auch in seinen Unterstützungsmöglichkeiten (sprachlich) zu erfassen und entsprechend

---

[171] Das Prefix „Cyber-" bezeichnet in der vorliegenden Arbeit generell den Einfluss des Ubiquitous Computing, also der immer stärkeren, teilweise unmerklichen Durchdringung unseres Alltags durch Technik.

[172] Vgl. Deutsches PISA-Konsortium (2004), S. 103

[173] Warum die Summe der Prozentzahlen 100 v.H. übersteigt wird nicht erklärt.

[174] Vgl. Deutsches PISA-Konsortium (2004), S. 185

[175] Vgl. Deutsches PISA-Konsortium (2004), S. 189

einzusetzen. Dieser Meinung ist auch der Pädagoge Volker Ladenthin, wenn er anmerkt, dass man bei aller Freude über die neuen Medien und Initiativen à la „Schule ans Netz" wohl eines vergessen habe: damit all dies etwas bringen kann, müssen die Kinder zuvor das Lesen gelernt, also Sprachkompetenz erworben haben[176].

Wenn wir die Aspekte Computernutzung und Risiken aufgrund deutlicher sprachlicher Defizite aus dem Blickwinkel der vorliegenden Arbeit heraus zusammenfassen, so lässt sich folgende These aufgreifen:

> „Rechnerunterstützte Kommunikation wird die Menschen nie wieder in eine erfolgreiche, aber sprachlose (ggf. durch physische Gewalt bestimmte) Existenz entlassen können, sondern der Wettbewerb unter ihnen wird noch stärker als bisher von denjenigen für sich entschieden werden, die mit einer hohen Sprachkompetenz und Sprachperformanz – rechnerunterstützt oder auf natürliche Art und Weise – ausgestattet sind."[177]

Welche Rolle spielt nun die (sprachbasierte) Informatik, wenn es darum geht, dem entgegenzuwirken?

7   Informatik und Bildung

Die Informatik ist aus unserem Bildungssystem mittlerweile nicht mehr wegzudenken. Sie hat unsere Gesellschaft geprägt und verändert wie kaum eine andere Wissenschaft jemals zuvor. Doch mit diesem Tempo hat die Ausbildung nur bedingt Schritt halten können. Hartmann und Nievergelt stellen sogar fest, dass es rund um den Informatikunterricht heute mehr Fragen als Antworten gebe. Die wichtigste sei hierbei, welchen Stellenwert die Informatik als Teil der Allgemeinbildung habe[178].

Dieser Frage wollen wir uns im Folgenden schrittweise annähern, um in Teil 3 schlussendlich eine Antwort anzubieten. Doch zunächst gilt unsere Aufmerksamkeit dem Werden und dem Sein des Informatikunterrichts.

7.1   Ein kleine Historie informatischer Bildung

Der Informatikunterricht wurde in den letzten vier Jahrzehnten durch zahlreiche Aspekte beeinflusst, die ihn zum Teil heute noch prägen. Hartmann und Nievergelt

---

[176] Vgl. Ladenthin (2004), S. 105

[177] Vgl. Ortner und Wedekind (2004), S. 436

[178] Vgl. Hartmann und Nievergelt (2002), S. 465

nennen diesbezüglich folgende[179]:

- *Computernutzung durch Programmierung*:
  Computer wurden in den 60er Jahren des 19. Jahrhunderts in erster Linie als Nutzungsobjekt für Rechenoperationen und Datenverarbeitung angesehen. Der Fokus, bezogen auf zunächst nur universitäre Unterrichtsinhalte, lag auf der Programmierung bzw. der zu verwendenden Programmiersprache.

- *Computer als Gegenstand gesellschaftlicher Diskussionen*:
  Mit dem „Eindringen" des Rechners in unseren Alltag wurde auch die kritische Beurteilung seiner sozialen, kulturellen und ökonomischen Auswirkungen zu einem Thema des Schulunterrichts.

- *Computer als Arbeitswerkzeug*:
  Textverarbeitung, Tabellenkalkulation, etc. feierten ihren Siegeszug in den 1980er Jahren. Für ihre Bedienung waren keine Programmierkenntnisse mehr nötig, sondern „nur" das Erlernen der Bedienung. Demzufolge hießen nun die Unterrichtsthemen z.B. „Wir erstellen eine Schülerzeitung mit MS Word" oder „Schallplattenverwaltung mit dBase". Dieser nunmehr „informationstechnische Grundbildung" genannte Unterricht wurde allerdings bald hinterfragt, als die Exklusivität der Computerbereitstellung nicht mehr allein den Schulen zustand, sondern auch Privathaushalte begannen, entsprechend ausgerüstet zu sein.

- *Computer als Unterrichtsmedium*:
  Im Folgejahrzehnt verbreitete sich der Computer mehr und mehr im heimischen Bereich. Billige Speichermedien, Unterhaltungs- und Heimsoftware für Jedermann taten das ihrige zur Verbreitung des Mediums. Das war die Zeit, in der Multimedia und Mediendidaktik zu Schlagworten und der Computer zum Unterrichtsmedium wurde, ergänzt um zahlreiche Lernprogramme für alle Fächer und Altersstufen[180].

- *Internet als Informationsmedium*:
  Internet und Word Wide Web traten ihren Siegeszug im Anschluss an die Multimediawelle an. Heute spricht man von Informations- und Kommunikationstechnologien und postuliert die Fähigkeit, die „richtigen Informationen zur richtigen Zeit" von der weltweiten Datenautobahn holen zu können.

---

[179] Vgl. Hartmann und Nievergelt (2002), S. 465f

[180] Vgl. z.B. Martial und Ladenthin (2002)

- *Computer und Internet als Lehrer:*
  E-Learning, Computer-based und Web-based Training, Blended Learning
  und andere Schlagworte prägen den bisher letzten Trend in Sachen „Informatik und Bildung"[181].

Gerade der letztgenannte Punkt offenbart die Interpretationsbreite des Begriffs „Informatikunterricht", der vom Einsatz altersgerechter Lernsoftware in der Grundschule[182] bis hin zur Durchführung kompletter (simulierter) IT-Projekte an den Gymnasien reicht[183]. Im Folgenden werden wir uns zunächst zwei Aspekten der oben genannten Aufzählung widmen[184], bevor wir zu einem in Teil 3 überleitenden Vorschlag kommen, wie Informatik und Grundbildung miteinander in Einklang gebracht werden können[185].

7.2 Informatik und Pädagogik

Informatik in der Pädagogik umschreibt den Einsatz von *Informations- und Kommunikationstechnologien* (IuK) im Unterricht mit all seinen seinen Vor- und Nachteilen. Pädagogik in der Informatik wollen wir schlicht als den Einsatz didaktischer Konzepte zur Vermittlung informatischer Inhalte verstehen und somit die Finger davon lassen, denn die Tür zu Pädagogik und Didaktik sollte mit der vorliegenden Arbeit – zumindest wissenschaftlich fundiert – gewiss nicht aufgestoßen werden.

7.2.1 Die „Laptop-Schule"

Der *multimediale* Einsatz von IuK[186] hat zur Aufgabe, didaktische und pädagogische Konzepte zu unterstützen[187], was freilich den Lehrern einen gewissen Grad an

---

[181] Vgl. z.B. Niegemann (2004)

[182] Vgl. z.B. Feibel (2002)

[183] Vgl. Schubert und Schwill (2004), S. 300ff

[184] Vgl. Kap. 7.2

[185] Vgl. Kap. 7.3

[186] *Multimedial* bezeichnet hierbei die Möglichkeit, Informationen nicht nur visuell, sondern ebenso als Audiosignale oder Bewegtbilder darstellen zu können. Vgl. z.B. Steinmetz (2000), S. 1

[187] An dieser Stelle sei betont, dass der große Themenkomplex E-Learning mit seinen Ausläufern Blended Learning, Computer-based und Web-based Training, etc., hierbei nur „in Nebensätzen" gestreift werden wird, sofern dies für den zu erläuternden Zusammenhang sinnvoll erscheint. In dieser Arbeit liegt der entsprechende Teil-Schwerpunkt auf der Vorbereitung junger Menschen, gut gerüstet in das Cyber-Zeitalter zu gehen und somit auf der schulischen Bildung, zu der als Mittel zum Zweck sicherlich auch gelegentlich E-Learning Konzepte zum Einsatz kommen.

entsprechender (Medien-)Kompetenz abverlangt. Der Fokus liegt hierbei auf folgenden Aspekten[188]:

- der Nutzung von IuK zum Zwecke der Unterstützung des Präsenzunterrichts (z.B. der Einsatz des World Wide Webs zu Recherchezwecken),

- der Fähigkeit konkrete Anwendungssysteme bedienen zu können (z.B. der geschickte Umgang mit einem Textverarbeitungsprogramm) und

- dem Verständnis für aus der Informatik kommende und in ihr eingesetzte Prinzipien, Strategien und Konzepte (z.B. Modellierung von Datenstrukturen in einem unternehmerischen Anwendungsbereich).

Beispiele für die genannten Schwerpunkte lassen sich mittlerweile zahlreiche finden. Sei es die Französischklasse, die mittels des Internets französische Web-Seiten besucht, Informationen für Referate sammelt und auf diese Art ihre Sprachkenntnisse multimedial einsetzt. Oder die Mountainbike-AG, die interessante Ziele des nächsten Ausflugs im Netz recherchiert, um sie im Vorfeld der Gruppe vorzustellen. Während des Ausflugs selbst werden sodann – dank Laptop, Digitalkamera und Handy (zwecks „Online-Gehens") – die Daheimgebliebenen per Weblogs auf dem Laufenden gehalten.

7.2.2 Das Für und Wider rechnerunterstützten Unterrichts

Die Vorteile von IuK und vor allem die Nutzung des World Wide Webs liegen – insbesondere angesichts der offenkundigen Bildungskrise – auf der Hand[189]:

- Kinder lernen vielseitig, denn Multimedialität bietet Bild, Text, Ton und Animation.

- Die „Geduld eines Computers" beim Wiederholen von Erklärungen und Aufgaben wird kein Lehrer je erreichen.

- Durch den Einsatz von E-Learning sind Schwierigkeitsgrad und Themen gemäß dem Leistungsniveau und der spezifischen Ausgangssituation des Kindes anpassbar (z.B. Legastheniker).

- Der Kontakt mit Gleichgesinnten überall auf der Welt z.B. per E-Mail oder das Basteln der eigenen Homepage fördern die Kreativität und sind Motivation „pur".

---

[188] Vgl. Hubwieser (2001), S. 44ff

[189] Vgl. Doerry und Andresen (2003), S. 179

- Sofern die Schule entsprechend ausgestattet ist, haben alle Kinder gleiche Chancen in punkto Umgang mit dem Computer, denn sie sind nicht darauf angewiesen, zuhause einen eigenen PC haben zu müssen.

Die Möglichkeiten scheinen unermesslich[190]. Doch wo sind die Grenzen oder gar Probleme? Mancher Lehrer sieht sich schon seit Beginn der multimedialen Welle, die die Schulen zu überrennen begonnen hat, in der „Hard- und Software-Falle" gefangen. Mit Beginn der 70er Jahre des vorigen Jahrhunderts hatte der vorher hauptsächlich in den Hochschulen stattfindende Informatik-Unterricht auch die Schulen erreicht, jedoch ohne dass dafür entsprechend methodisch ausgebildete Lehrer zur Verfügung gestanden hätten[191]. Mancher Mathematik-Lehrer mit Home-PC avancierte da plötzlich zum Informatik-Experten der Schule oder die technisch vielleicht bereits gut ausgestatteten Eltern spielten Nachhilfelehrer. Auch heute noch scheint ein großer Teil der Verantwortung wieder auf die Schultern der Eltern übertragen zu werden[192]. Zum anderen kostet selbst von der Industrie gesponserte Hardware meist mehr Geld als den Schulen in Zeiten knapper Budgets zur Verfügung steht. So zahlt eine Schule durchschnittlich 34 Cent Wartungs-, Betriebs- und Personalkosten für jeden in Form von Hardware geschenkten Euro[193]. Darüber hinaus „erfreut" sich die Informatik im Schulunterricht einer durchaus großen Auslegungsbreite, die wahrscheinlich teils aus Mangel an ausgebildetem Lehrpersonal seltsame Blüten treibt, teils aber wohl auch aus einem begrifflichen Missverständnis von Multimedia resultiert, unter das bisweilen alles gefasst wird, was auch nur im Ansatz mit den neuen Medien zu tun hat.

> „Leider wird im schulischen Umfeld der Begriff *Informatik* häufig für jede Art der Beschäftigung mit dem Computer missbraucht. Das Spektrum reicht dabei vom computergestützten Videokurs bis zu Fingerübungen auf der Tastatur."[194]

---

[190] Auf evtl. psycho-soziale Nachteile einer übertriebenen Computernutzung einzugehen, würde den Rahmen dieser Arbeit sprengen.

[191] Vgl. Humbert (2003), S. 3

[192] Eine kleine Anekdote aus dem „wahren Leben" sei an dieser Stelle gestattet. Der im Flugzeug neben mir sitzende Vater einer 12-jährigen Gymnasiastin erzählte mir kürzlich (18.03.2005), dass seine Tochter eine Powerpoint Präsentation im Geschichtsunterricht halten sollte, ohne jedoch jemals zuvor eine entsprechende Einführung in das Programm erhalten zu haben. Man zähle da, so der Lehrer, auch in Sachen Internet auf die Eltern. Als die Tochter dann einmal mit einer Hausaufgabe nach Hause kam, die zur Voraussetzung den Download einer Datei aus dem Internet hatte, der heimische PC aber auch nach zwei Stunden väterlichen Zutuns noch nicht willig war, dieser Aufgabe nachzukommen, schrieb der entnervte Erziehungsberechtigte folgende Entschuldigung: „Unsere Tochter war leider nicht in der Lage, die Hausaufgaben zu machen: unser PC ist abgestürzt"... o tempora, o mores.

[193] Stand 2003, vgl. Doerry und Andresen (2003), S. 181

[194] Vgl. Hubwieser (2001), S. 48

Diesem „Missbrauch" entgegen zu wirken, ist Auftrag des im nächsten Kapitel vor-gestellten Ansatzes.

7.3 Informatik und Grundbildung

Gemäß der PISA-Studie werden drei Grundbildungsarten unterschieden[195]:

- eine *sprachliche* Grundbildung (Lesekompetenz),

- eine *mathematische* Grundbildung (Grundrechnungsarten) und

- eine *naturwissenschaftliche* Grundbildung (Erklärung von Naturphänome-nen).

Eine *informatische Grundbildung*[196] war bis dato zwar kein direkter Untersuchungs-gegenstand, doch insofern in den Kriterien der PISA-Studien enthalten, als dass nach dem kompetenten Umgang mit dem Computer gefragt wurde[197].

Zweifelsohne haben sich in den letzten Dekaden aus dem Aspekt der rechnerun-terstützten Informationsverarbeitung (z.b. der immer stärker gewordenen Nutzung des World Wide Webs durch „Menschen wie Du und ich") *besondere* Erfordernisse herausgebildet, welche die Frage aufkommen lassen, ob die Informatik nicht eine größere Rolle in der Grundbildung an unseren Schulen spielen sollte. Hierbei kön-nen wir nun unterscheiden in

- Informatik *als* Grundbildung und

- Informatik *in der* Grundbildung.

Ersteres hieße, die Informatik als Grundbildungsart zu etablieren, sie also unter Berücksichtigung der oben vorgestellten Grundbildungsarten von selbigen zu tren-nen. Um zu entscheiden, ob dies der richtige Weg ist, sollten wir uns anschauen, von welcher Informatik hier eigentlich die Rede ist. In Kapitel 3.2.3 haben wir in den Ausführungen über die sprachbasierte Informatik die Erweiterung der Informatik um eine Sprachsäule kennen gelernt. Nun gilt es den Aspekt zu untersuchen, welchen *Einfluss* dieses Fach inzwischen auf jeden Einzelnen von uns, auf die Erwachsenen ebenso wie auf die Heranwachsenden in einer Gesellschaft, erwirken konnte? Da-bei ist die Annahme, dass sich die Informatik bis in unsere Grundbildungen hinein

---

[195] Vgl. Deutsches PISA-Konsortium (2001), S. 23

[196] Die Informationstechnologische Grundbildung wird bei PISA 2006 den vierten Untersuchungsbe-reich darstellen.

[197] Vgl. Friedrich (2003), S. 133 und Ausführungen in Kap. 0.

verändernd auswirken oder sogar eine *eigene Grundbildung* abgeben könnte, mit großer Sorgfalt und Verstand zu prüfen.

Das Ziel sollte heißen, den Unterricht um den Aspekt „Informatik *in der* Grundbildung" zu erweitern, denn für den grundbildnerischen Einsatz bietet sich eine Orientierung am Menschen bzw. seiner Sprache im Sinne einer *human symbol manipulation*, wie wir sie in Kap. 3.3 bereits kennen gelernt haben, an. Und das lässt sich wiederum am besten dadurch realisieren, dass rationalsprachliche Aspekte der Informatik in die vorhandene Grundbildung einfließen. In Abb. 7-1 sehen wir einen Vorschlag, wie Aspekte der Informatik grundbildnerisch Einfluss auf unseren Schulunterricht nehmen könnten.

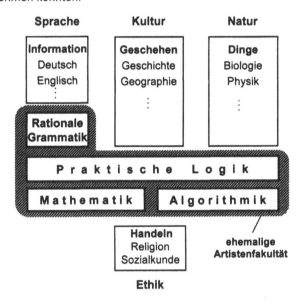

Abb. 7-1: Aspekte der Informatik *in der* Grundbildung der Schulen

Eine herausragende Rolle spielt hierbei die *sprachliche Grundbildung*. Die Sprache ist zwar nicht alles, aber ohne Sprache gäbe es den modernen Menschen nicht. Diese Behauptung können wir heute paläoanthropologisch gesehen unbesorgt aufstellen. Denn die Sprachorientierung des Menschen ist einzigartig:

„Die Leistungskraft der Sprache ist evident: Wir können anderen Menschen
sprachliche Beschreibungen liefern, die sie nie gesehene Dinge auffinden lassen.
Wir können mit Hilfe der Sprache Fremden nie betretene Wege weisen, die sie
tatsächlich an das erstrebte Ziel führen. [...]. Wir können mit Sprache planvoll Er-
lebniswelten in fremde Seelen zaubern, die nie geschehen sind." [198]

Da der Sprachaspekt natürlich auch bei einer das „Werden der empirischen Sprachen" erklärenden rationalen Grammatik im Vordergrund steht, liegt ein Integrieren
in die sprachlich orientierten Fächer nahe. Konkret bietet sich hier freilich der
Deutschunterricht in Zusammenspiel mit einer praktischen Logik[199] an, wie sie heute explizit fast nur noch Bestandteil eines Philosophieunterrichts ist oder „versteckt"
innerhalb der Fächer Mathematik- oder auch Physik (Schaltlogik) behandelt wird.

In der *mathematischen Grundbildung* gilt es, das Thema „Algorithmik" als ein
Grundlagenfach *möglicher* Programmiersprachen und der *möglichen* Programmierung von Rechenmaschinen besser zu verankern. Was Algorithmik nun eigentlich
ist, finden wir z.B. bei Hans Hermes folgendermaßen beschrieben:

„Der Begriff eines Algorithmus, d.h. eines „allgemeinen Verfahrens", ist jedem
Mathematiker mehr oder weniger bekannt. [...] Wenn hier von einem allgemeinen
Verfahren die Rede ist, so soll darunter stets ein Prozess verstanden werden,
dessen Ausführung bis in die letzten Einzelheiten hinein eindeutig vorgeschrie-
ben ist. [...] Für die Betätigung der schöpferischen Phantasie des Ausführenden
bleibt dabei kein Platz. Er muss sklavisch nach den ihm gegebenen Vorschriften
arbeiten, die alles bis ins kleinste regeln." [200]

Hier von „sklavisch" zu sprechen, wenn der „Ausführende" ein Rechnersystem sein
sollte, ist natürlich im Dijkstraschen Sinne[201] genau so eine „Grausamkeit", wie die
metaphorische Rede von „information hiding", „kapseln" oder „Transaktionen" in der
Informatik. Die Algorithmik in Abb. 7-1 ist eindeutig ein Fall für eine *mechanical
symbol manipulation* auf einem Rechner und nicht für die *human symbol manipulation* von Menschen oder Anwendern. So ganz neu ist diese Facettierung möglicher
Bildungsinhalte freilich nicht. Die klassische Aufteilung universitärer Fakultäten bestand im Mittelalter aus der so genannten *Artistenfakultät* als Grundlagendisziplin,
der *Theologischen Fakultät*, der *Juristenfakultät* und der *Medizinischen Fakultät*.
Einzig das erfolgreiche Absolvieren der Artistenfakultät ermöglichte die Fortsetzung
des Studiums an einer der drei höheren Fakultäten. Sie selbst umfasste die folgenden sieben freien Künste (*artes liberales*):

---

[198] Vgl. Fried (2004), S. 132

[199] Vgl. Kap. 12

[200] Vgl. Hermes (1978), S. 1f

[201] Vgl. Kap. 3.3

- drei *sprachliche* Fächer, das so genannte *Trivum*:
  Grammatik, Dialektik und Rhetorik

- vier *mathematisch-reale* Fächer, das so genannte *Quadrivium*:
  Arithmetik, Geometrie, Musik und Astronomie.

Entscheidend für die gesamte Lehre der Artistenfakultät waren die Schriften des Aristoteles zu Erkenntnistheorie, Logik, Wissenschaftstheorie, Naturphilosophie, Metaphysik, Ethik, Rhetorik und Kunsttheorie (Poetik)[202].

Das, was den hier vorgestellten Ansatz mit der *artes liberales* eint, ist das Zugrundelegen einer propädeutischen Fundamentierung, auf der eine Lehre weiterer Fächer beliebigen Kanons aufbauen kann.

8   Der Brückenschlag: Versuch einer „Rettung"

Doch warum sollten wir auf die Rekonstruktion einer *Rationalsprache* überhaupt eingehen, lernen doch die Kinder in der Schule durchaus ihre eigene Muttersprache nebst einer bis mehreren Fremdsprachen?[203] Und sind wir nicht auch als Erwachsene – mit gewissem Abstand zu unserer Schulzeit – in der Lage sprachlich zu kommunizieren? Diese Fragen können wir mit einem „klaren Jein" beantworten. Unsere Kommunikationsmittel beherrschen wir, doch der Vorteil des Vertrautseins mit der eigenen Sprache wird wettgemacht durch eine gewisse Betriebsblindheit, die uns allmählich zu Eigen geworden ist:

> „[...] wir beherrschen unsere Muttersprache so gut, daß wir auf die zugrunde-
> liegenden Prozesse und Fähigkeiten kaum achten und wenig über sie wissen." [204]

Der Sprachforscher Steven Pinker bringt es noch deutlicher auf den Punkt[205]:

> „Die Umgangsprache ist – genau wie das Farbensehen oder das Gehen – eine
> technische Meisterleistung, die so reibungslos funktioniert, daß der Anwender
> ihre Beherrschung als selbstverständlich annimmt und sich der komplizierten
> Maschinerie, die sich hinter der unauffälligen Oberfläche verbirgt, gar nicht
> bewußt wird."

---

[202] Vgl. „artes liberales" unter dem Eintrag „ars" in Mittelstraß (2004a), S. 185f

[203] Die durch die PISA-Studien dokumentierte „Qualität" der Ergebnisse dieses Unterrichts sei hier einmal außer Acht gelassen und ohnehin nicht verallgemeinert, denn nebst aller berechtigten Kritik sollte nicht vergessen werden, dass auch sehr gute Bildungseinrichtungen existieren, in denen hervorragende Arbeit geleistet wird, ebenso wie es auch hervorragende Schüler gibt.

[204] Vgl. Golecki (2000), S. 8

[205] Vgl. Pinker (1996), S. 32

Wie können wir diesem „l'art pour l'art", also dem unreflektierten Gebrauch der eigenen Sprache und der ihr immanenten Logik entgegenwirken? Es bietet sich die Informatik an, die unsere Lebensbereiche – privat wie beruflich – jeden Tag ein wenig mehr durchdringt, langsam aber stetig. Deren Möglichkeiten, eine Sprache zu rekonstruieren und somit für die weitere Verarbeitung durch einen Rechner modellierbar zu machen, bietet auch dem Benutzer entsprechender Anwendungssysteme die Chance, die seiner Sprache zugrunde liegenden Prozesse und Fähigkeiten zu erkennen, zu durchschauen und möglicherweise auch qualitativ besser einzusetzen. Um das Sprachverstehen zu fördern, ist es also offensichtlich hilfreich, die (normative) Genese einer Sprache zu verstehen, d.h. wie sie prinzipiell entsteht. Wir haben Latein als eine Art Universalsprache der Neuzeit kennen gelernt, die diesem Anspruch zwar nicht ganz gerecht wird, ihm jedoch mit ihrem strukturellen Aufbau schon sehr nahe kommt. Lorenzen formuliert die der ganzen Arbeit vorherrschende Intention diesbezüglich sehr treffend:

> „Es geht nicht darum – wie in der Kinderpsychologie – jemanden eine schon vorhandene Sprache zu lehren, sondern es geht darum, wie eine Menschengruppe die noch keine Sprache hat, sich schrittweise eine Sprache erarbeiten sollte."[206]

Nun ist es Beileibe nicht so, dass wir in unserem Kulturkreis – gemäß des obigen Zitats – keine Sprache hätten, aber sie scheint, wenn man sich die PISA-Ergebnisse anschaut, erheblich an Qualität einzubüßen. Was aber noch viel schwerer wiegt ist die Zukunft derer, die sie sprechen. Aber das haben wir ja bereits ausreichend erörtert. Freilich können sich Menschen in einer Rationalsprache nicht unterhalten, dazu ist sie auch nicht angedacht. Sie ist vielmehr als eine Art *Praxis-* oder *Lehrsprache* mit einer rationalen Syntax und Semantik aufzufassen, die ihren Sitz in der Pragmatik, also im Handeln hat und Verständnis für die empirische Sprache schaffen soll[207]. Denn Menschen können mittels einer Rationalsprache leichter eine methodische Rekonstruktion unserer gesprochenen Sprachen und der mit ihnen formulierten Sprachartefakte vornehmen. Und das wiederum schafft auch Verständnis und Fähigkeit im Umgang mit den Medien des Cyber-Zeitalters. Um dies zu verdeutlichen, sei erneut Wittgenstein bemüht:

> „Eine Sprache erfinden könnte heißen, auf Grund von Naturgesetzen (oder in Übereinstimmung mit ihnen) eine Vorrichtung zu bestimmtem Zweck erfinden; [...] Ich sage hier damit etwas über die Grammatik des Worts »Sprache« aus, indem ich sie mit der des Wortes »Erfinden« in Verbindung bringe."[208]

---

[206] Vgl. Lorenzen (1973), S. 234

[207] Vgl. Wedekind (2003), S. 251

[208] Vgl. Wittgenstein (1973), Nr. 140, S. 192

Wir erschließen uns unsere Welt mit Sprache, indem wir diese instrumentalisieren. Das „How-to-specify-the-world" gilt es deshalb – bezogen auf den Spracheinsatz – von frühester Jugend an zu erlernen. Denn wenn *wir* in der Lage sind, unsere Welt auf diese Weise zu erschließen, dann kann es auch eine von Menschen gebaute und mit sprachlichen „Weltsichten" gefütterte Maschine. Computerspiele hingegen erziehen – Spielpädagogen mögen mir diese ketzerische Bemerkung gestatten – in erster Linie zum „Knöpfedrücken". Fantasie, Reaktionsschnelligkeit & Co., aber auch Zunahme von Gewaltbereitschaft und Vereinsamung aufgrund mangelnder sozialer Kontakte seien an dieser Stelle bewusst außer Acht gelassen[209].

Im Folgenden beschäftigen wir uns daher mit den Möglichkeiten der Informatik, die Sprachbildung der Menschen hinsichtlich eines Lebens in einer Cyber-Welt zu verbessern, ihren Umgang mit den ihnen zur Verfügung stehenden Mitteln zu optimieren und sie von konsumierenden „Mausklickern" zu einer denkenden, die Möglichkeiten des weltweiten Netzes bestmöglich benutzenden Gemeinschaft heranzubilden. Denn dass die heute 6- bis 14-jährigen im Jahre 2020 andere Lebensumstände vorfinden werden als die Erwachsenen unserer Tage, wird niemanden ernsthaft bezweifeln können[210]. Die sprachbasierte Informatik sollte hierbei nicht (nur) – wie schon ausgeführt – unbedingt als eigenes Fach, sondern viel eher als roter Faden durch die Lehrinhalte des existierenden Fächerkanons laufen. Wünschenswert wäre eine Ergänzung um Aspekte der praktischen Logik und das möglichst früh. Ziel ist es, zu verstehen, was geschieht, wenn wir eine Sprache in die Welt setzen. Wir werden uns diesem „Geburtsvorgang" in Kapitel 11 (Rationale Grammatik) sprachbildnerisch, d.h. aus Sicht der Sprachkompetenz im Sinne Chomskys, die es noch zu erläutern gilt, und in Kapitel 12 (Praktische Logik) methodologisch, also von Seiten der Sprachperformanz annähern.

Wer die Forderung stellt, solcherlei Inhalte in den Schulunterricht aufzunehmen, der sollte zumindest einen Vorschlag zur Diskussion stellen, wie dies konkret vonstatten gehen könnte. Deswegen wird am Ende von Teil 3 ein Vorschlag zur Gestaltung einer Unterrichtsstunde zum Thema *Namensgebung und Kennzeichnung* unterbreitet[211].

---

[209] Als einführende Literatur zum Thema vgl. z.B. Kraft (2003)

[210] Vgl. Netzwerkkinder (2005); Abruf am 15.04.2005

[211] Dies ist insbesondere vor dem Hintergrund und als Ergänzung zu der von 04/2004 bis 02/2005 im Informatik-Spektrum erschienen Artikelserie *Informatik als Grundbildung* zu sehen (Wedekind, Ortner und Inhetveen (2004a) bis (2005)).

Teil 3
Theorie und Praxis
einer Rationalsprache

Keiner kann begreifen, was es mit dem Wort
»Käse« auf sich hat, wenn er nicht zuvor auf
nicht-verbale Weise mit Käse Bekanntschaft
gemacht hat

Bertrand Arthur W. Russell (1847-1970)

9 Der Werkzeugkasten einer rationalen Grammatik

Eine Sprache, der eine rationale Grammatik zugrunde liegt, ist von den Unzulänglichkeiten der Umgangssprache befreit bzw. kann diese im Bedarfsfalle während
eines Rekonstruktionsprozesses auffangen. Diese Anmerkungen finden wir schon
bei Leibniz[212], aber auch sehr schön pointiert in folgender Anmerkung:

> „[...] sondern zimmert sich passende Kunstsprachen zurecht, die genau den An-
> forderungen genügen, die man an sie stellt. Solche Sprachen sind von allen
> Zufälligkeiten und Mehrdeutigkeiten der Umgangssprachen gereinigt. Der
> Sprachgebrauch ist bei Kunstsprachen klar geregelt."[213]

Die *sprachliche Grundbildung* sollte um Elemente einer rationalen Grammatik als
gemeinsame Basis für die zahlreichen empirischen Grammatiken ergänzt werden.
Da wir im Folgenden eine mögliche Ergänzung des muttersprachlichen Unterrichts
behandeln werden, sei noch einmal betont, um was es in den nächsten Kapiteln
geht, aber auch, um was es eben nicht geht:

- Es geht darum
  - vermittels der vorgestellten Aspekte einer rationalen Grammatik, also
    des gemeinsamen Grundbestands sprachlicher Mittel, die eigene
    Sprache besser zu verstehen und

---

[212] Vgl. Kap. 1.4

[213] Vgl. Fuchs (1971), S. 43

- eine in der (Grund-)Bildung verankerte Basis für die Wettbewerbsfähigkeit der Bürger der nächsten, bereits begonnenen Epoche (Cyber-
  Zeit) zu legen. Dies kann durch einen geklärten, disziplinierten
  Gebrauch von (Fach-)Sprachen geschehen bzw. durch das Bewusst-
  sein, wie ein solcher theoretisch und praktisch möglich wäre[214].

- Es geht weder darum

  - unsere heutige Bildungssprache zu kritisieren (i.s.v. fundieren) oder
    gar verbessern zu wollen, noch

  - eine neue Sprache einzuführen, die zum Scheitern ebenso verurteilt
    wäre, wie andere diesbezügliche Versuche in der Vergangenheit (Es-
    peranto, etc), noch

  - rhetorische Finessen (wie z.B. rhetorische Fragen oder ...), wissentlich
    falsch getroffene Aussagen (im Volksmund „Lüge" genannt) oder
    „stimmliche Semantik" (Botschaften, die wir in erster Linie über die
    Nuancierungen unserer Stimmlage vermitteln), sprich Psychologisie-
    rungen zu thematisieren[215].

Bevor wir uns nun mit der Bildung einer Rationalsprache bzw. der rationalen Grammatik beschäftigen, sollten wir zunächst der Frage nachgehen, was denn eigentlich
ein *Begriff* ist bzw. uns – wie Lorenzen es formulierte – „aus dem Sumpf des Durch-
einanderredens über Begriffe"[216] ziehen.

10 Begriffstheorie

Den *Begriff* „Begriff" verwenden wir nahezu täglich völlig selbstverständlich ohne
uns wahrscheinlich nur im Entferntesten zu fragen, ob wir ihn gerade „richtig"
gebrauchen. Formulierungen wie die folgenden veranschaulichen diese Behauptung:

- Du bist aber schwer von Begriff *oder* du bist aber begriffsstutzig.

- Du kannst Dir keinen Begriff davon machen, wie gut das Eis schmeckt.

- Ich war gerade im Begriff dich anzurufen.

---

[214] Vgl. Ortner (1993), S. 7

[215] Obgleich dies auch im Konstruktivismus aus Sicht der Rekonstruierbarkeit bis zu einem gewissen Punkt durchaus für nötig befunden und angedacht wird. Siehe hierzu Lorenzen (2000),
S. 254ff

[216] Vgl. Lorenzen (1985), S. 14

Doch was ist nun ein Begriff? Nach Kant ist er die allgemeinste Vorstellung von etwas oder die Vorstellung davon, was für viele Gegenstände gemein ist[217]. Und im
Duden finden wir unter dem Eintrag „Begriff" den Vermerk, dass es sich hierbei um
den Umfang und Inhalt einer Vorstellung handele[218]. Wir scheinen der Sache immer
näher zu kommen. Gottlob Frege (1848-1925) schenkte uns eine der beiden für die
vorliegende Arbeit relevanten Definitionen:

> „[...] ein Begriff ist eine Funktion, deren Wert immer ein Wahrheitswert ist."[219]

Den pragmatischen Anteil einer Begriffsdefinition liefert uns Peirce mit seiner *pragmatischen Maxime*:

> „Überlege, welche Wirkungen, die denkbarerweise praktische Relevanz haben
> könnten, wir dem Gegenstand unseres Begriffs in unserer Vorstellung zuschrei-
> ben. Dann ist unser Begriff dieser Wirkungen (Handlungen, Operationen, Fähig-
> keiten) das Ganze (Intension) unseres Begriffs des Gegenstandes." [220]

Die Definition eines Begriffs, also eines abstrakten Gegenstands, wird dadurch voll-
zogen, dass seine Wirkungen erfasst werden. Doch auch ohne eine genaue
Erklärung davon zu haben, ist diese Position verstehbar. Nehmen wir das Beispiel
Kugelschreiber. Eine mögliche Wirkung seiner Benutzung liegt im unlöschbaren
Erzeugen von alphanumerischen Zeichen auf einem Blatt Papier. Die praktische
Relevanz dieser Handlung ist wohl nicht bestreitbar, also dient die potenziell durch
den Kugelschreiber erzeugbare Wirkung durchaus dazu, uns „ein Bild dieses Ge-
genstands" zu machen.

Von Rudolf Carnap (1891-1970) ergänzen wir *Begriffswort, Intension* und *Extension*[221]. Das Begriffswort ist der sprachliche Bezeichner für den Begriff. Die
Intension (der Begriffsinhalt) eines Begriffs bezeichnet alle Merkmale und Beziehungen, die ihn charakteristisch spezifizieren. Die *Extension* eines Begriffs oder
auch der Begriffsumfang beschreibt hingegen die Klasse aller Gegenstände, die
durch eben diesen Begriff wieder gespiegelt werden, d.h. für die alle Eigenschaften
und Beziehungen zutreffen, die durch die Intension des betreffenden Begriffs charakterisiert wurden[222].

---

[217] Vgl. Mittelstraß (2004b), S. 265

[218] Vgl. Drosdowski (1993), S. 441

[219] Vgl. Frege (2002), S. 11

[220] Vgl. Peirce (1991), S. 315

[221] Vgl. Carnap, (1960), 41f. Eine sehr schöne Beschreibung der Bestimmung von Intension und
Extension findet sich in Carnap (1972), S. 148ff.

[222] Zu Extension und Intension siehe z.B. Seiler (2001), S.69

Orthogonal dazu kann die Sicht *nach außen* und *nach innen* wie folgt definiert werden:

- *Intension nach außen*: Beziehungen des Begriffs zu anderen Begriffen

- *Intension nach innen*: die Merkmale und Charakteristika des Begriffs

- *Extension nach außen*: die Menge der Gegenstände, die unter den betreffenden Begriff fallen

- *Extension nach innen*: die Menge der singulären Beschreibungen der Gegenstände, die unter den Begriff fallen

Wir wollen uns diese Aussagen am Beispiel „Auto" verdeutlichen:

	nach außen	nach innen			
Intension	Der Begriff „Hersteller" ist ein Kontextbegriff des Begriffs „Auto".[223]	Typ	Marke	Getriebe	...
Extension	In diesem Fall alle Autos, deren Existenz wir sinnlich[224] wahrnehmen können.	3er	BMW	Automatik	...
		5er	BMW	5-Gang	
		986	Porsche	6-Gang	
		...	...	...	

Tab. 10-1: Intension und Extension am Beispiel des Begriffs *Auto*

Um des Pudels Kern in diesem Kapitel noch einmal herauszuarbeiten, sei folgender, fiktiver Dialog zwischen Kant und der Studentin Sophie zur Hilfe genommen[225]:

Kant: *Jede Erkenntnis besteht aus Sinnlichkeit und Verstand, denn die Sinnlichkeit ist auf den Verstand angewiesen, und der Verstand ist auf unsere fünf Sinne angewiesen. Daher: Gedanken ohne Inhalt sind leer. Anschauungen ohne Begriffe sind blind.*

Sophie: *Gedanken ohne Inhalte sind leer?*

---

[223] Zur Erläuterung sein hier das Relationenmodell herangezogen: Die unterstrichenen Attribute sind wegen ihrer Eindeutigkeit so genannte Schlüsselattribute und die kursiv geschriebenen identische Attribute. Um sie geht es in o.g. Beschreibung vorrangig: Hersteller (*H'Name*, Ort, Mitarbeiterzahl, ...); Auto(AutoNr., Typ, PS, *H'Name*, ...).

[224] Die sinnliche Wahrnehmung erfolgt entweder visuell (ich sehe das parkende Auto), auditiv (ich höre, wie der Porsche beschleunigt), haptisch (ich spüre, wie der Schaltknüppel in meiner Hand ruht), gustatorisch (ich schmecke ... nun, hier sollten wir ein nicht-autobezogenes Beispiel wählen: ich schmecke das Hustenbonbon) oder olfaktorisch (ich rieche das Leder der neuen Sitze).

[225] Vgl. alpha/br-online (2004); Abruf am 13.02.2005

Kant: *Sprechen Sie Russisch?*

Sophie: *Nein. Leider nicht.*

Kant: *Gut. Nehmen wir den Begriff "kniga". Sagt Ihnen das Wort etwas?*

Sophie: *Nichts.*

Kant: *Es entsteht kein Bild in Ihrer Vorstellung?*
             (Sofie schüttelt den Kopf.)

Kant: *"Kniga" heißt Buch auf Russisch. Erst dieser Hinweis füllt den Begriff mit der Vorstellung eines Buches aus, das Sie aufschlagen, umblättern und lesen können.*

Sophie: *Und Anschauungen ohne Begriffe sind blind?*

Kant: *Was halten Sie in Ihrer rechten Hand?*

Sophie: *Einen Kugelschreiber.*

Kant: *Eine Kugel, die schreibt? Faselei! Das gibt es nicht.*

Sophie: *Äh dann ... ein Schreibgerät.*

Kant: *Jetzt verstehe ich. Die Anschauung dieses Dings ist für mich ein undefinierbarer Gegenstand, eine blinde Anschauung. Just, da Sie sagen, das sei zum Schreiben, obgleich keine Feder drin ist, just, da Sie den Begriff Schreibgerät einführen, ergibt die Anschauung dieses Dings für mich einen Sinn.*

Sophie: *Ich verstehe: Anschauungen ohne Begriffe sind blind.*

Kant: *Exakt. Die Anschauungen, die wir täglich machen, sind voller Zufälligkeiten. Deshalb müssen wir in der Anschauung nach reinen Formen suchen.*

Der Diskussionsgegenstand obigen Dialogs findet sich in folgendem *Tetraeder der Begriffstheorie* wieder (Abb. 10-1). Sofie hat keine *Vorstellung* (Konkretum) zum *Begriff* „kniga" (Abstraktum[226]), denn sie kann mit ihm weder die sinnliche Wahr-

---

[226] Mit dem Begriff „Abstraktum" werden wir uns noch einmal in Kap. 11.2.2 auseinandersetzen. Doch sei an dieser Stelle bereits folgendes Zitat aus Fried (2004), S. 18, dem Leser untermauernd zur Verfügung gestellt: „Die Wahrnehmung selbst sieht sich auf das Gedächtnis verwiesen. Gegenwart pur zu erfassen, ist uns schlechthin unmöglich. Sie ist genau genommen eine Fiktion – es sei denn, wir betrachten das Feuern der Neuronen im Hirn, das Aufleuchten eines Gefühls oder Gedankens, einer bildhaften Vorstellung, den Erinnerungsblitz als Gegenwart. Denn unsere Augen, Ohren, der Geruchs-, Geschmacks-, Wärme- und Tastsinn, unser gesamter Wahrnehmungsapparat registrieren nur Geschehenes, nicht Geschehendes. Nur die Reaktion darauf und unser Bewußtsein davon sind gegenwärtig. Gleichwohl suggeriert uns unser Bewußtsein die Gleichzeitigkeit unserer Wahrnehmung mit einem Geschehen und damit Gegenwart. Diese entpuppt sich als eine Projektion des Wahrnehmenden in das von ihm Wahrgenommene, als eine unbewußte Verrechnung des eben Erlebten gemäß den gerade dominierenden Parametern mit dem für sogleich Erwarteten durch das Hirn und eine daraus resultierende façon de parler."

nehmung eines *Gegenstands* (Konkretum) verbinden, noch kennt sie das *(Begriffs-) Wort* (Konkretum). Erst als Kant ihr die Übersetzung „Buch" liefert[227], ist sie in der Lage, das ihr bereits bekannte Schema zum Einsatz zu bringen.

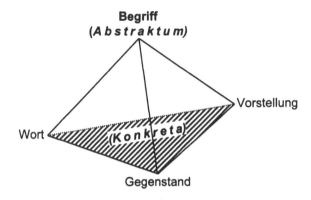

Abb. 10-1: Begriffstetraeder nach Lorenzen[228]

Der „echte" Immanuel Kant (1724-1804) formulierte es so:

> „Diese Vorstellung nun von einem allgemeinen Verfahren der Einbildungskraft, einem Begriff [z.B. „Buch"; Anm. d. A.] sein Bild zu verschaffen, nenne ich das Schema zu diesem Begriffe".[229]

Sofie kennt hingegen das Wort „Buch", weiß es mit einem konkreten Gegenstand in Verbindung zu setzen und hat demnach nun auch eine Vorstellung davon, was das Wort „kniga" bezeichnet. Es ist somit zum Begriff geworden. Dem fiktiven Kant geht es mit dem Kugelschreiber ebenso. Denn auch die reine Vorstellung bzw. das Reden darüber dient dem Lernen von Begriffen.

> „Man nehme die Mitteilung von Erinnerungen durch Wörter und Sätze. Bloße Neukombination dieser Wörter und Sätze liefert neue Vorstellungen. So entstehen Phantasievorstellungen − und auch über diese kann man reden, man kann sie mitteilen."[230]

Allerdings ist dieses kreative Moment nur dann begründet, wenn zumindest für den Augenblick der Kommunikation allen Beteiligten eine entsprechende Begriffsdefini-

---

[227] Die deutsche Übersetzung „Buch" ist quasi ein Synonym für das russische Wort „kniga".

[228] Vgl. Lorenzen (1985), S. 14

[229] Vgl. Kant (1976), B 180, S. 199

[230] Vgl. Lorenzen (1985), S. 30

tion zur Verfügung steht und von ihnen als solche akzeptiert wird. Eine Aussage kann nämlich ein wenig später mit „so habe ich das aber nicht gemeint" relativiert werden, wenn zuvor keine gemeinsame Begriffsdefinition erfolgt ist. Das ist im Übrigen die Crux jeder Alltagsrhetorik, der Politik und manch anderer Bereiche. Aber das wurde ja bereits im Rahmen der sprachbasierten Informatik in Teil 1 erörtert.

Abschließend können wir festhalten, dass Begriffe weder „im Menschen" noch „im Rechner" vorhanden sind, Repräsentanten (Darstellungen) derselben jedoch in beiden.

11 Die Bildung einer Rationalsprache

Wie wir spätestens seit den Erläuterungen zur Universalsprache wissen (vgl. Kap. 1.4), gibt es nicht *die* Rationalsprache als solche. Aber was ist eigentlich so rational an einer so genannten *Rationalsprache*? Die Antwort ist so schlüssig wie überzeugend:

> Eine Rationalsprache entsteht durch das Ersetzen der *empirischen Genese* einer Sprache durch eine praktisch hergeleitete und vernünftig begründete, *normative Genese*.

Die bereits vorgestellten Bestandteile einer Rationalsprache, nämlich *Gegenstandseinteilung* (kategorialer Ansatz), *Grammatik* und *Terminologie*[231], wollen wir nun zunächst hinsichtlich der Gegenstandseinteilung vertiefen. Hierbei sind uns Kamlah und Lorenzen behilflich:

> „Vielmehr nur wo menschliche Rede ist, werden Gegenstände von anderen Gegenständen unterschieden."[232]

Wenn Gegenstände von Gegenständen sprachlich unterschieden werden können, so muss es möglich sein, diese auch einzuteilen, was in Abb. 11-1 sowohl aus rationalsprachlicher als auch aus sprachwissenschaftlicher Sicht dargestellt ist. Letzteres wird durch die geklammerten Bezeichner gekennzeichnet.

---

[231] Vgl. Kap. 3.2.1

[232] Vgl. Kamlah und Lorenzen (1990), S. 44

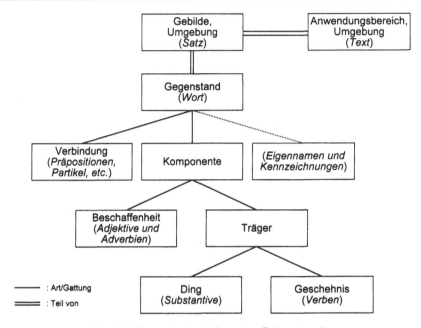

Abb. 11-1: Gegenstandseinteilung einer Rationalsprache

Ausgangspunkt ist das reale Leben aus Sicht der Informatik, „festgehalten" durch einen *Anwendungsbereich* und seine *Umgebung* oder – sprachwissenschaftlich interpretiert – durch einen Text. Ein *Gebilde* ist Teil dieses Anwendungsbereichs, das ebenso eine Umgebung aufweist. Linguistisch gesehen lässt sich diese „Teil_von"-Beziehung durch den *Satz*, der Teil eines Textes ist, charakterisieren. Noch einen Schritt weiter betrachtet, befinden wir uns rationalsprachlich beim *Gegenstand*, auf den Satz gerichtet gesehen beim *Wort*, das Teil desselben ist. Ein Beispiel soll uns das bis hierher hergeleitete aus Abb. 11-1 verdeutlichen:

Die Vertriebsabteilung eines Unternehmens ist beispielsweise ein Anwendungsbereich, zu deren Umgebung u.a. die Kunden gerechnet werden können. Die Zusammenhänge lassen sich sprachlich in Form eines Textes i.S. eines Aussagenkomplex beschreiben. Ein Artikel des Unternehmens hingegen ist ein Gebilde, das als Teil der Vertriebsabteilung verstanden und mit Hilfe des Satzes „0815 ist das beliebteste Produkt der Firma XYZ und deswegen zurzeit nicht am Lager" beispielhaft in seiner Umgebung dargestellt werden kann.

Gegenstände, sprachlich vertreten durch *Wörter*, werden weiter in *Komponenten* und *Verbindungen* eingeteilt (Art-Gattungs-Beziehung). Den Verbindungen werden sprachlich die *Strukturwörter* (z.B. Kopulae und Präpositionen) zugeteilt. Die Komponenten führen aufgrund unserer weiteren Wortarten einer Normalsprache zu *Beschaffenheiten* und zu *Trägern* derselben, die wiederum in *Dinge* und *Geschehnisse* eingeteilt werden. Den *Adjektiven* und *Adverbien* werden die Beschaffenheiten, den *Substantiven* die Dinge und den *Verben* die Geschehnisse zugewiesen. Weil jeder (singuläre) Gegenstand einen Namen haben kann, muss diese Möglichkeit sprachlich durch die Wortart *Eigennamen und Kennzeichnungen* (Nominatoren) verwirklicht werden.

Ausgerüstet mit diesem Vorwissen und dem der vorherigen Kapitel können wir uns nun einer Konzeptualisierung des Sprachaufbaus im Sinne einer wissenschaftlich begründeten Metatheorie (Kap. 11.1-11.5) zuwenden.

11.1 Das Konzeptpaar „Schema und Ausprägung"

Das Charakteristische eines *Schemas* ist seine universelle Geltung, wohingegen *Ausprägungen* einen singulären, also einen speziellen Aspekt repräsentieren. Etwas salopper, dennoch treffend formuliert, sprechen wir also genau dann von einem Schema, wenn es uns quasi „Vorlagen" für zu treffende Aussagen liefert. Sehen wir uns das an folgendem Beispiel näher an:

Die Aussage „0815 ist am Lager" wird – für sich allein genommen – eher Stirnrunzeln erzeugen als auf Verständnis stoßen. Kennt man aber das darüber liegende Schema „Ein Artikel hat eine Artikelnummer und einen Lieferstatus", so erschließt sich augenblicklich deren Bedeutung.

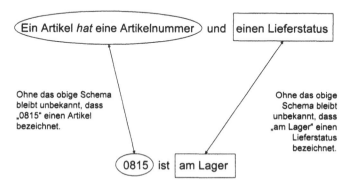

Abb. 11-2: Von der singulären Ausprägung zum universellen Schema

Welchem Zwecke dienen uns nun aber Schemata? Eine erste allgemeine, jedoch sehr grundlegende Antwort auf diese Frage liefern uns die Autoren der *Logischen Propädeutik* mit den Worten:

„[...] der Erkenntnis ein zuverlässiges Fundament besorgen [...]."[233]

Offensichtlich helfen uns Schemata dabei, Aussagen (Ausprägungen) zu verstehen, und umgekehrt liefern uns Ausprägungen freilich auch „Daten", um daraus ein Schema abzuleiten. Es scheint angebracht, sich mit dem Konzeptpaar *Schema und Ausprägung* weiter zu beschäftigen, was wir im Folgenden mit einem nicht nur historischen Blick auf dessen Ahnen bzw. Verwandte tun werden.

11.1.1 Ein historischer Exkurs

Die Idee des Konzepts "Schema und Ausprägung" ist durchaus nicht neu. Viel eher entwickelte es sich im Laufe der Jahre mit Hilfe verschiedener nuancierter Ansätze, die sich teilweise ergänzen oder gar bedingen, was in den folgenden Ausführungen noch deutlich werden wird. Tab. 11-1 gibt einen entsprechenden Überblick der wichtigsten Vertreter ähnlicher Ansätze.

Jahr	Schema (Sprache als System)	Ausprägung (Sprache als Handlung)	Autor/Vertreter	Zentraler Aspekt
1878	Type	Token	Charles S. Peirce (1839-1914)	Semiotik, Pragmatik
1891	Begriff	Ein Gegenstand fällt unter einen Begriff	Gottlob Frege (1848-1925)	Formale Logik Sprachwissenschaft
1916	Langue	Parole	Ferdinand de Saussure (1857-1914)	Linguistik: Einführung einer Systematik
1965	Competence	Performance	Noam Chomsky (*1928)	Linguistik: Generative Grammatik
1980	Wissen	Information	Hartmut Wedekind (*1935) Erich Ortner (*1948)	In•schema•tik
1990	Universales	Singuläres	Kuno Lorenz (*1932)	Dialog

Tab. 11-1: Genesis des Konzeptpaars „Schema und Ausprägung"[234]

---

[233] Vgl. Kamlah und Lorenzen (1990), S. 18

Zwar ohne ihm einen Platz in obiger Tabelle einzuräumen, so kommen wir doch bei der Betrachtung der Ahnengalerie an Immanuel Kant nicht vorbei, obwohl er bekanntermaßen weder eine Sprachphilosophie verfasst, noch selbige in seinen Kritiken thematisiert hat[235]. Wir erinnern uns an das bereits in Kapitel 10 vorgestellte Zitat, mit dem er bereits 1787 in seiner *Kritik der reinen Vernunft* in folgender Weise ein Schema beschrieb:

> „Die Vorstellung von einem allgemeinen Verfahren der Einbildungskraft, einem Begriff (z.B. Dreieck, Quadrat, etc.) sein Bild zu verschaffen, nenne ich das Schema zu diesem Begriff." [236]

Kant nimmt hier mit seinem beschriebenen Verfahren die heutige Verwendung des Wortes *Algorithmus* vorweg, also das Vermögen, einzig nur mittels formaler Parameter etwas zu konstruieren wie z.B. das von ihm erwähnte Dreieck oder Quadrat. Wir können auch sagen: Ein Algorithmus definiert sich als Schema solange er untätig ist, d.h. nicht mit aktuellen Parametern durchlaufen wird. Geschieht selbiges, so liegt eine *Aktualisierung* des Algorithmus mittels Aktual-Parametern vor. Wenn Kant also von „Bild" spricht, so könnte man meinen, er spräche von eben genau dieser Aktualisierung.

Der Erste jedoch, der auch in der Benennung unserem Paar „Schema und Ausprägung" schon sehr nahe kommt, ist Charles S. Peirce, der Begründer der Lehre der Zeichen (*Semiotik*), insbesondere der Sprachzeichen (*Symbole*). Er erkennt die doppelte Bedeutung von Zeichen und klassifizierte sie in solche, die einen allgemeinen Aspekt behandeln (*type*) und in jene, die für eine besondere Realisierung, ein spezifisches Vorkommen stehen (*token*).

Gottlob Frege haben wir bereits anlässlich der Definition von „Begriff" kennen gelernt. Das Konzeptpaar „Schema und Ausprägung" spiegelt im Grunde wider, was sich heute in der berühmten Gruppe drei seiner Aufsätze („Funktion und Begriff", „Begriff und Gegenstand" sowie „Sinn und Bedeutung"[237]) als Fundament einer jeden Logik- und Sprachtheorie finden lässt.

---

[234] In Anlehnung an Ortner und Wedekind (2004), S. 437

[235] Vgl. Gipper (1987), S. 96

[236] Vgl. Kant (1976), B 180, S. 199

[237] Vgl. Frege (2002)

Vom *Strukturalismus*[238] herkommend, nähert sich dessen Begründer, der Schweizer Linguist Ferdinand de Saussure, unserem Konzeptpaar „Schema und Ausprägung" mit seiner Einteilung in *langue* und *parole*, die er beide unter dem Oberbegriff *langage*, also der menschlichen Rede zusammenfasst. Während *langue* eine Sprache als solche bezeichnet (Schema), meint er mit *parole* das tatsächliche, aktive Sprechen (Aktualisierung des Schemas, also eine Ausprägung).

Nun zu Noam Chomsky. Dessen *generative Grammatik* schaffte das Kunststück neben der modernen Linguistik auch die Informatik zu bereichern, denn an seinen Chomsky-Hierarchien einer vierstufigen Grammatik kommt kaum ein Informatik-Student im Grundstudium vorbei. Chomsky stellt fest:

> „Wir machen somit eine grundlegende Unterscheidung zwischen Sprachkompetenz (competence; die Kenntnis des Sprecher-Hörers von seiner Sprache) und Sprachverwendung (performance; der aktuelle Gebrauch der Sprache in konkreten Situationen) [...]."[239]

Die Sprachkenntnis eines Individuums, also seine *Sprachkompetenz* liegt jeder seiner aktuellen, sprachlichen Handlungen, seiner *Sprachperformanz*, zugrunde. Bezüglich der Sprachkompetenz spricht Chomsky auch von einer einzelsprachlichen Ausprägung einer allgemeinen Sprachfähigkeit im Sinne einer *universellen Grammatik*[240]. Bei genauerem Hinsehen drängen sich die Parallelen zu de Saussure auf und tatsächlich lassen sich folgende Entsprechungen in Form von Pärchen aufzeigen:

* langage ↔ universelle Grammatik,
* langue ↔ Sprachkompetenz und
* parole ↔ Sprachperformanz.

Dies zu vertiefen, spränge allerdings den hier zugedachten Rahmen und so sei der interessierte Leser z.B. auf den Sprachwissenschaftler John Lyons verwiesen, der sich sehr intensiv mit diesen beiden Grossen (nicht nur) der Linguistik beschäftigt hat[241]. Nur eines sei in diesem Zusammenhang noch bemerkt. De Saussures,

---

[238] Der Strukturalismus vertritt die Grundthese, dass Phänomene nicht für sich allein auftreten, sondern immer mit anderen Phänomenen in Verbindung stehen. Dieser Umstand ist das Objekt des Interesses, denn die so verbundenen Phänomene bilden eine Struktur, die allerdings als (subjektives) Modells beim Betrachter entsteht. Sie ist somit nicht in der Praxis existent, sondern lediglich auf Modellebene.

[239] Vgl. Chomsky (1978), S. 14

[240] Vgl. Chomsky und Mitsou (1981), S. 200ff

[241] Vgl. z.B. Lyons (1973) und Lyons (1968)

Begriff der *langue* ist eher als ein systemisches Inventar von Einheiten zu betrachten, daher lohnt es sich zurückzugehen auf das Humboldtsche Verständnis der zugrunde liegenden Kompetenz als einem System generativer, d.h. „erzeugender" Prozesse „mit generativen Regeln". Diese Gedanken waren den Strukturalisten noch völlig fremd. Dabei ist gerade heute das Generierende der Sprache bzw. die Theorie des Generierens im Sinne Chomskys auch durch Humboldts Auffassung, nämlich dass die Sprache unendlichen Gebrauch von endlichen Mitteln mache, trefflich belegt[242].

Erinnern wir uns der Einteilung einer natürlichen Sprache in Grammatik und Vokabular, so ist letzteres in seiner lexikalisierten Form, um mit Chomsky zu reden, eindeutig der Sprachkompetenz zuzuordnen. Aktuelle Vertreter dieser Denkrichtung, wie Wedekind und Ortner, haben das Konzept *Schema und Ausprägung* um die Dimension *Wissen und Information* erweitert. Schemata akkumulieren Wissen, wohingegen Ausprägungen Informationen vermitteln. Bei dieser Erläuterung wollen wir es hier zunächst bewenden lassen, denn dieser fundamentale Gedanke wird in Kap. 11.1.5 noch einmal detailliert aufgegriffen werden.

Zum Schluss dieser historischen Betrachtung sei noch Kuno Lorenz erwähnt, der zwar vom *singulären* und *universellen Aspekt* eines Objekts spricht, aber doch auch Schema und Ausprägung meint.[243]

11.1.2 Das Eine nicht ohne das Andere

In Abb. 11-2 (S. 83) wurde bereits deutlich, dass ein Schema und seine Ausprägungen ohne den jeweils anderen fast schon zur Bedeutungslosigkeit verdammt sind. Ferdinand de Saussure kleidet diesen Umstand in seinem *Cours de linguistique générale* markant in die folgenden Worte:

> „[...] la langue est à la fois l'instrument et le produit de la parole."[244]
> („[...] die *langue* ist gleichzeitig das Instrument und das Produkt der *parole*"; Anm. d. A.)

Das Sprachvermögen des Einzelnen oder wie Chomsky es nennt, die Sprachkompetenz ist nicht nur der in Farbe getränkte Pinsel mittels dem das aktiv gesprochene Wort (die Sprachperformanz) sein Bild malt. Das im Entstehen befindliche oder fertige Werk erschafft auch wiederum neue Instrumente oder modifiziert die diejenigen, derer es sich bedient. Um in der blumigen Sprache der Kunstschaffen-

---

[242] Vgl. Egli und Egli-Gerber (1991), S. 30

[243] Vgl. hierzu S. 88

[244] Vgl. Saussure (1972), S. 37

den zu bleiben, wurde schon so manche auf der Leinwand gemischte Farbe als Standard ins Programm des Herstellers aufgenommen oder beeinflusste auch der eine oder andere Bedarf nach Pinselformen die neusten Angebote namhafter Anbieter. Ein Schema ermöglicht uns die Generierung einer Ausprägung. Doch auch umgekehrt kann eine Ausprägung, wenn man sie keinem bereits bekannten Schema zuzuordnen vermag, uns veranlassen, ein neues Schema zu konstruieren bzw. ein vorhandenes zu modifizieren.

Auch bei Lorenz finden wir eine geeignete Beschreibung von Schema und Ausprägungen unter dem Aspekt der soeben beschriebenen gegenseitigen Abhängigkeit:

> „Im Kennen wird deutlich, daß [...] Einzelnes und Allgemeines jeweils aufeinander bezogen und unabhängig voneinander unbestimmbar sind: Jedes Singulare ist nur als Aktualisierung eines Schemas verständlich, so wie jedes Universale nur als aktualisiertes Schema vorhanden ist."[245]

Wenn das eine nicht ohne das andere erfassbar und das andere nicht ohne das eine generierbar ist, so liegt der Vergleich mit Kommunikation nahe. Denn ohne grundlegende Kenntnisse der englischen Sprache (Schema) kann ich beispielsweise den von einer Besucherin aus England inbrünstig geäußerten Satz „I am so hungry" (Ausprägung) nicht verstehen, geschweige denn helfen, den Missstand zu beheben. Wir haben es bei unserem Konzeptpaar Schema und Ausprägungen im Grunde genommen also mit Sprachhandlungen zu tun, was wir im Folgenden näher beleuchten wollen.

11.1.3 Sprachhandlungstypen

Auf die nun bekannte Weise eingeführte, sprachliche Mittel nennen wir allgemein Schemata. Dabei ist Schema eine Exemplifizierung des abgenutzten Begriffs Form und basiert nicht auf einer Trennung zwischen Form und Inhalt, sondern auf der Komplementarität der Begriffe „Schema" und „Ausprägungen". Denn unter einem Schema kann man sich geformte „Inhalte" eines bestimmten Anwendungsgebiets vorstellen.

Mit dem Philosophen Jürgen Mittelstraß gesprochen bringen die Schemata oder auch Sprachartefakte zur Darstellung von Zwecken *Orientierungswissen* und solche zur Darstellung von Mitteln *Verfügungswissen* zum Ausdruck[246]. Normen beispielsweise sind „schärfer" als Schemata, weil ihnen – semantisch gesehen – ein Impe-

---

[245] Vgl. Lorenz (1992), S. 114.

[246] Vgl. Kap. 4.2 oder auch Mittelstraß (2002), S. 164.

rativ innewohnt. Ein Schema i.S.v. Orientierungswissen impliziert „du kannst", wohingegen die Norm „du sollst" deklariert, also zwar auch Orientierung gibt, aber
quasi „mit dem erhobenen Zeigefinger".

Das Zweck-/Mittelwissen muss orthogonal zu einer Unterscheidung zwischen
Objektwissen (Objektsprache) und Metawissen (Metasprache) aufgefasst wer-
den[247]. Man kann aber auch bei der Verwendung bzw. beim Gebrauch von
Schemata das Schema als ein Mittel und seine Ausprägungen als Zwecke (von
Sprachhandlungen) interpretieren (s. Tab. 11-2).

Performanz (*benutzen*) ╲ Kompetenz (*aufbauen*)	Verfügungswissen (*können*)	Orientierungswissen (*wollen*)
Metawissen (*entscheiden*)	Reflexion über Mittel	Reflexion über Zwecke
Objektwissen (*tun*)	Mitteleinsatz	Zweckverfolgung

Tab. 11-2: Orientierungs- und Verfügungswissen[248]

Als Objektsprachen fungieren bei uns beispielsweise Schemata, nach denen in einem Anwendungsbereich gehandelt wird oder mit deren Hilfe auf der objektsprachlichen Ebene Aussagen über Objekte eines Anwendungsbereichs getroffen
werden. Mit Metasprachen oder Metaschemata lassen sich hingegen von der meta-
sprachlichen Ebene aus Sprachhandlungen (auch Operationen auf einem Rechner)
an (Sprach-)Objekten der objektsprachlichen Ebene ausführen oder aber Aussagen
über Sprachobjekte (z.B. Schemata) der Objektsprachebene formulieren[249].

Das Sprachhandeln – wie in Abb. 11-3 gezeigt – geschieht nun konkret durch
das Äußern eines Schemas (Ausprägung) und durch das Verstehen einer Ausprägung eben aufgrund eines bekannten Schemas. Sehen wir uns dazu die folgenden
Beispiele an:

• Ein ARTIKEL hat eine ARTIKELNUMMER.

• Ein ARTIKEL hat einen LIEFERSTATUS

---

[247] Vgl. 11.5

[248] In Anlehnung an Heinemann und Ortner (2004), S. 444

[249] Vgl. Kap. 11.5

Sprachhandlungstyp   Beispiel

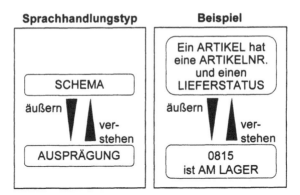

Abb. 11-3: Das Konzeptpaar *Schema und Ausprägung* als Sprachhandlungstyp[250]

Diese allgemeinen Aussagen sind zweifelsfrei der Seite der Schemata zuzurech-
nen. Sie liefern uns zwar explizites Wissen über Artikel, doch tatsächliche,
verständliche Informationen erhalten wir erst, wenn wir uns mit den singulären Aussagen beschäftigen, die dann beispielsweise folgendermaßen lauten können:

• 0815 ist AM LAGER.

• 777 ist AUSVERKAUFT.

Es leuchtet nun ein, dass zwei Kommunikationspartner (Mensch-Mensch, Mensch-
Maschine, Maschine-Maschine) einander nicht verstehen können, wenn der Emp-
fänger nicht über dasjenige Schema verfügt, mittels dessen der Sender seine
Ausprägung erzeugt und geäußert hat. Daraus leitet sich ein sprachlogisches
Kommunikationsmodell ab, dass im folgenden Kapitel vorgestellt wird.

11.1.4 Der Sprachlogische Kommunikationsbegriff

Im Unterschied zum passiven Wissen in den Büchern, kann heute das Wissen – als
Schemata verstanden – durch die Computertechnologie nicht nur bei seinen
menschlichen Besitzern, sondern auch auf einem Rechner in Form von Software in
größerem Umfang „selbsttätig" eingesetzt werden. Auf dem Gebiet der *geistigen
Arbeit*, die wir als *sprachliche Arbeit*, als *Sprachhandeln* (dessen Ergebnis eine
Sprachhandlung darstellt) begreifen wollen, stehen wir ebenso wie im Hinblick auf
das menschliche Denken generell (z.B. bei der Kommunikation über das Internet)
mit der Rechnerunterstützung noch ziemlich am Anfang. Dazu müssen wir den in

---

[250] In Anlehnung an Ortner (2005), S. 77

Kapitel 1.2 vorgestellten nachrichtentechnischen Kommunikationsbegriff zunächst um einen *sprachlogischen Kommunikationsbegriff* (s. Abb. 11-4) ergänzen, mit dessen Hilfe Kommunikation „inhaltlich" modelliert werden kann, bevor darüber entschieden wird, wie sie durch Rechner zu unterstützen ist.

Das Konzeptpaar „Schema und Ausprägung", das wir in Kapitel 11.1 kennen gelernt haben, eignet sich hervorragend für die Einführung eines sprachlogischen Kommunikationsbegriffs. Verständnis schaffende Kommunikation wird hier durch die Kenntnis gemeinsam genutzter Schemata möglich: auf Seiten des Senders als *Mittel des Äußerns* und auf Seiten des Empfängers als *Mittel des Verstehens*. Der sprachliche Austausch von Informationen, die mit vorhandenen Schemata abgeglichen werden, kann freilich nur auf Ebene der Ausprägungen stattfinden (vgl. Abb. 11-4).

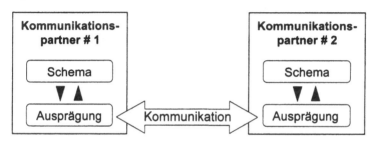

Abb. 11-4: Das sprachlogische Kommunikationsmodell[251]

Uns steht nun also eine Basis zur Modellierung von Kommunikationsprozessen zur Verfügung, die man mit folgender Definition für eine – wie Ortner sie nennt – *dialogische Elementarsituation* treffend charakterisieren kann:

„[...] von demjenigen, für den es die Handlung aktiv gibt – der sie „tut" -, sagt man auch, dass er [...] eine „Aktualisierung", die Handlung als etwas Einzelnes (Singulares; single act) erzeugt habe; von demjenigen, für die es die Handlung passiv gibt – die sie „erleidet" –, sagt man hingegen, dass sie ein [...] „Schema", die Handlung als etwas Allgemeines (Universales; generic action) erkannt habe." [252]

Im Augenblick des Verständigens ist eine *temporäre Normierung* im Sinne von Schema und Ausprägung nötig. Sprache ist Konvention – Kinder sollten daher schon früh lernen, dass wir uns zum Zwecke der Verständigung für gewisse Zeit an Konventionen halten müssen, um zu einer Übereinstimmung zu gelangen.

---

[251] Vgl. Ortner (2005), S. 156

[252] Vgl. Lorenz (1992), S. 113

Kommunikation enthält das lateinische Wort *communis*, was so viel wie „mehreren oder allen gemeinsam, gemeinschaftlich" bedeutet. Diese Gemeinsamkeit bzw. noch stärker formuliert, diese Mitverpflichtung in sprachlicher Hinsicht beschreibt – wieder einmal – Wittgenstein sehr treffend mit den Worten:

> „Beim Gebrauch des Wortes »Bedeutung« ist es wesentlich, daß man innerhalb eines Spiels [Sprachspiels, Anm. d. A.] stets dieselbe Bedeutung beibehält." [253]

Sehen wir jetzt einmal von der nahe liegenden Annahme ab, dass Begriffe innerhalb einer Sprach*gemein*schaft einhellig definiert sind, so müssen wir uns dennoch eingestehen, dass sie gelegentlich eben doch ein Eigenleben zu führen scheinen. Ein Wort führt per se oftmals, aber eben nicht immer zu der Bedeutung, die ihm sein Sprecher ursprünglich zugedacht hat, wie folgendes Beispiel anschaulich und mit Augenzwinkern belegt:

> „So könnte man etwa meinen, Erdbeeren seien Beeren, weil sie (Erd-)Beeren heissen. Unter biologischem Gesichtspunkt sind Erdbeeren aber keine Beeren, sondern gehören zu den Rosaceen und tragen als Früchte kleine Nüsschen auf einem süssen, roten Fruchtboden. Biologisch wirkliche Beeren, etwa Himbeeren, haben Kerne in saftigem Fruchtfleisch. Erdbeeren teilen mit wirklichen Beeren lediglich, dass sie mit Vanille-Eis gute Desserts abgeben. [...] Gerade daran, dass viele Wörter – scheinbar – falsch gewählt wurden, kann man sehr gut erkennen, dass sie auf Vereinbarungen beruhen." [254]

Vereinbarung bzw. Normierung bedeutet jedoch nicht Festlegung auf ewig, sondern sie kann nach vollendetem Verständigungsvorgang wieder aufgelöst werden. Im Falle obiger, fest in unseren Wortschatz eingebrannten Erdbeeren freilich nicht. Schematisierung ist also flüchtig. Und sie ist dynamisch, denn wenn sich Menschen und/oder deren Umgebung ändern, dann ändern sich gegebenenfalls auch die verwendeten bzw. notwendigen Schemata. Dann ist es unsere Aufgabe

> „[...] die elementaren Schemata unserer Wirklichkeitsorientierung, durch die wir in wissenschaftlicher und sonstiger Praxis geleitet sind, an veränderte Lagen anzupasssen." [255]

Mit dem sprachbasierten Kommunizieren[256] verhält es sich im Übrigen „wie im richtigen Leben", denn es läuft leider nicht immer so problemlos ab, wie es die

---

[253] Vgl. Wittgenstein (1989), S. 64

[254] Vgl. Todesco (1992), S. 42

[255] Vgl. Hanns Martin Schleyer-Stiftung (1995), S. 19

[256] Der mittlerweile fortgeschrittene Leser verzeihe die offensichtliche Tautologie „sprachbasierte Kommunikation", denn worauf sollte Kommunikation sonst basieren, wenn nicht auf Sprache, gleich welcher Materialität. Dennoch erbitte ich hier Verständnis, denn es gilt den sprachlogischen vom üblichen Kommunikationsbegriff abzugrenzen.

Darstellung in Abb. 11-4 hoffen lässt. Um Kommunikationsprozesse wie beispielsweise die über das Internet abgewickelten möglichst reibungslos organisieren zu
können, müssen Heterogenitäten beachtet und gegebenenfalls beseitigt werden[257]:

1. *Synonyme* sind Wörter, die intensional und extensional dieselbe Bedeutung
   haben und gegeneinander ausgetauscht werden können, wie z.B. die Wörter
   „Trottoir" und „Bürgersteig". Man muss sie „im Griff haben", also wissen,
   dass sie existieren, kann sie aber ansonsten unangetastet lassen[258].

2. Bei *Homonymen* handelt es sich um Wörter, die gleich geschrieben und gesprochen werden, aber sowohl extensional als auch intensional verschiedene Bedeutungen haben. Als Beispiel diene hier der „Jaguar", bei dem
   der eine vielleicht sofort an das gleichnamige Auto denkt, der andere an die
   elegante Raubkatze. Homonyme behindern Kommunikation, weil sie zu
   Missverständnissen führen können, sofern durch den Kontext, in dem sie
   auftauchen nicht klar wird, welche Bedeutung sie genau haben. Ist dies nicht
   der Fall, sind sie zu vermeiden oder durch andere Wortwahl zu beseitigen.

3. *Äquipollenzen* definieren sich wie folgt: Dieselben Objekte (Extension) werden aus verschiedenen Blickwinkeln (Begriffe, Intension) gesehen und
   entsprechend unterschiedlich bezeichnet. So ist z.B. „Morgenstern" eine auf
   das Erscheinen am Morgen und „Abendstern" eine auf das Erscheinen desselben Sterns am Abend bezogene Betrachtung. Solche Fälle müssen
   aufgedeckt werden.

4. Bei *Vagheiten* erfolgt inhaltlich (intensional) keine klare Definition der Begriffe, weshalb hinsichtlich der Objekte, die unter die Begriffe fallen (Extension),
   Unklarheiten und Unsicherheiten bei den verwendeten Wörtern auftreten.
   Z.B. muss geklärt werden, ob mit „Gehalt" das „Brutto-„ oder das „Nettoge-
   halt" gemeint ist.

5. *Falsche Bezeichner* sollten unbedingt ersetzt werden. Bei ihnen handelt es
   sich um Abweichungen der tatsächlichen Wortbedeutung von der zunächst
   „suggerierten" bzw. angenommenen, d.h. vielleicht allgemein üblichen Wortbedeutung (extensional und intensional). So gibt es in vielen Unternehmen
   höchst auseinander gehende Ansichten darüber, was unter einem Pflichten-
   heft zu verstehen ist. Ein Problem, mit dem sich insbesondere IT-
   Unternehmensberatungen oftmals konfrontiert sehen.

---

[257] Vgl. Ortner (2005), S. 68f

[258] Gelegentlich sind Synonyme aufgrund ihrer Historie oder innerhalb verschiedener Kulturkreise
(Sprachgemeinschaften) gar nicht so gleich wie es auf den ersten Blick scheint. Es schwingt
dann meist ein semantischer Beigeschmack mit wie im Falle der Synonyme „Frau" (der weibliche
Mensch) und „Weib" (von seinem Ursprung her ebenfalls der weibliche Mensch; wird heute aber
mit einem eher negativen Unterton verwendet).

Den empraktischen Bezug unserer Sprache können wir nun vermittels unserer
Kenntnis von Schema und Ausprägung und hinsichtlich der bereits behandelten
Themen noch einmal deutlich hervorheben (s. Abb. 11-5).

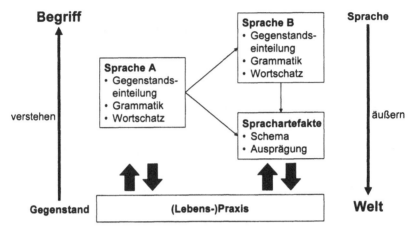

Abb. 11-5: Sprachaufbau und Sprachbenutzung (Übersicht)

Unsere Welt erschließen wir uns sprachlich durch gemachte Äußerungen, wobei
die in ihr existierenden Gegenstände (Dinge und Geschehnisse) verstanden werden können, sobald wir in der Lage sind, diese begrifflich zu erfassen. Die Sprache
eines Kommunikationspartners A ist ebenso aus der Praxis begründet, wie die eines anderen Kommunikationspartners B. Die Sprachartefakte i. S. eines sprachlich
verfassten „Etwas" können ein einzelnes Wort sein, aber ebenso gut ein Satz, ein
Buch oder ein Computerprogramm. Sie basieren auf dem Konzept von Schema und
Ausprägung.

11.1.5 Schema und Ausprägung Teil II: Wissen und Information

In Kapitel 4.3 wurde definiert, was Wissen ist. Nun soll es im Folgenden nicht um
eine neue Definitionsvariante gehen, sondern um die Frage, wie Wissen aus Sicht
der vorliegenden Arbeit repräsentiert werden kann.

> „Die klare Antwort darauf lautet: mit *allgemeinen Aussagen*, die in Rekonstrukti-
> onsprozessen in Schemata überführt werden. Dabei wird der Terminus „Aussage"
> als Oberbegriff für *Behauptungen, Fragen, Aufforderungen*, etc., die zur Unter-
> scheidung von Sprachhandlungstypen [...] verwendet werden und den generellen
> Zweck (Pragmatik) sprachlicher Äußerungen kennzeichnen, eingeführt."[259]

---

[259] Vgl. Ortner (2005), S. 338

Demzufolge können Schemata als „Regeln", als Orientierungen oder – im Sinne einer neu zu definierenden Form des Wissensmanagements – als Darstellungen eines Könnens zur Erzeugung ihrer Ausprägungen aufgefasst werden.

> „Im Pragmatismus und Konstruktivismus müssen sich die ein begriffliches Denken ermöglichenden Aussagen stets auf *Handlungsbereiche* beziehen, d.h. Wissen muß hier stets ein Handlungsvermögen konkretisieren oder Einstellungen und Haltungen prägen." [260]

Beispielsweise kann ein Geschehnis wie das Kochen von Pasta auf ein vereinbartes Schema wie z.B. die Beschreibung des Verfahrens gebracht werden. Es ist somit verfügbar als eine „leistbare Arbeit" quasi als ein verwendetes Werkzeug (z.B. Redeinstrument). Die zu einem Schema erzeugbaren Ausprägungen sind wiederum als zumeist vielfältige und voneinander verschiedene Informationen zu interpretieren. In der Anwendungsentwicklung wird diese Vorgehensweise bzw. das Sammeln von Aussagen und das Bringen derselben auf ein von allen Beteiligten (zukünftige Benutzer, Analysten und Entwickler) vereinbartes Schema im so genannten *Fachentwurf* durchgeführt[261].

Unser neues Verständnis von Wissen und Information können wir nun wie folgt auf den Punkt bringen[262].

> *Schemata* akkumulieren *Wissen*, und *Ausprägungen* verkörpern bzw. übermitteln *Informationen*.

Der in Kapitel 4.3 eingeführte Wissenslebenszyklus nach Ortner (vgl. Abb. 4-2) wird vor diesem Hintergrund noch klarer. Neues Wissen bzw. neue Schemata können durch Rekonstruktion neu entstehen, vorhandenes Wissen bzw. vorhandene Schemata werden aktualisiert, durch die Organisation administriert und durch Bereitschaft „aktiviert" bzw. aktiv nutzbar gemacht.

11.2 Gleichheit und Abstraktion

In Kap. 10 sind wir im Zusammenhang mit dem Tetraeder der Begriffstheorie bereits auf abstrakte Objekte zu sprechen gekommen. Das war ein Vorgriff auf einen Begriff, der noch nicht konkret eingeführt wurde. Dem Verständnis hat es sicherlich keinen Abbruch getan, doch sollten wir eine Erläuterung in Verbindung mit der Einführung des dazugehörenden Begriffs *Gleichheit* nun nachholen.

---

[260] Vgl. Luft (1994), S. 66.

[261] Vgl. Kap. 17.3

[262] Vgl. Ortner (2005), S. 167

11.2.1 „Gleich" ist nicht gleich „gleich"

Stellen wir uns folgendes Gedankenexperiment vor: Ihre Freundin und Sie sitzen beim Italiener. Sie bestellen einen Salat mit gegrillten Putenbruststreifen. Ihre Freundin wiederum antwortet auf die Frage des Kellners, was sie denn essen wolle, mit den Worten „Für mich bitte denselben Salat." Ein Ober mit korrektem Sprachempfinden und darüber hinaus einer kräftigen Portion Humor würde ihnen nun einen Salat bringen, ihn in die Mitte stellen und zwei Bestecke dazu auflegen. Merken Sie etwas? Ihre Freundin hatte aber sicherlich nicht den von ihnen bestellten Salat im Sinne, sondern nur den *gleichen*, also einen geschmacksidentischen, weiteren seiner Art. Woher kommt nun aber diese latente Gefahr des Missverstehens?

Die Demonstrativpronomina *derselbe*, *dieselbe* und *dasselbe* drücken ebenso wie *der gleiche*, *die gleiche* und *das gleiche* eine Identität, eine Übereinstimmung aus. Vordergründig scheinen sie also einem gemeinsamen Zwecke zu dienen. Streng genommen ist dem aber nicht so, denn wir können in diesem Fall zwischen zwei Identitäten unterscheiden:

1. die Identität des *einzelnen* Wesens oder Gegenstands
   „Ich gehe zu demselben Zahnarzt wie mein Kollege."

   und

2. eine Identität der *Art oder Gattung*
   „Dieser Hund dort hat das gleiche schwarze Fell wie meiner."

Selbstverständlich können sie nun einwenden, dass unser Salatbeispiel doch sicherlich aus dem Kontext heraus klar ist und es auch auf Grund des intuitiven Teils unseres Sprachverständnisses daher nicht zu Situationen wie der beschriebenen kommen kann. Das ist prinzipiell richtig. Und doch gibt es Aussagen, die nicht in der gewünschten Klarheit vorliegen und bei denen daher auf eine unmissverständlich Beschreibung der *Identität* geachtet werden muss. „Mein Nachbar und ich fahren denselben Wagen". Fahren wir nun physisch gesehen EIN Auto im ökologisch begrüßenswerten, wöchentlichen Wechsel oder haben wir ZWEI Fahrzeuge, die lediglich vom selben Fabrikat sind? Nun, da haben wir den Salat. Im ersten Fall wäre unser Beispielsatz korrekt, im zweiten schon nicht mehr. Denn der zutreffende Fall, das nämlich jeder von uns ein eigenes Auto fährt, das zufälliger Weise von derselben süddeutschen Firma produziert wurde, erzwingt die sprachliche Korrektur unseres Beispielsatzes: „Mein Nachbar und ich fahren den gleichen Wagen".

Bringen wir nun also die *Identität* und *Gleichheit* bezüglich ihrer Charakteristika noch einmal auf den berühmten Punkt[263]:

- Die *Identität* im Sinne einer *Gleichheit in jeder Hinsicht* genügt dem Leibnizschen *Prinzip der Identität des Ununterscheidbaren*. Dieses besagt, dass zwei Gegenstände identisch genannt werden können, wenn es unmöglich ist, sie sprachlich durch einen Satz zu unterscheiden, der für den einen der beiden wahr ist, für den anderen aber nicht. Identität ist somit Einmaligkeit, wobei je zwei oder mehrere als identisch identifizierte Objekte immer nur ein Individuum sind. Ausnahme: identische Objekte können durchaus intensional verschieden sein, wie das berühmte Fregesche Beispiel vom Abend- und Morgenstern zeigt[264].

- Bei der *Gleichheit* müssen wir nicht mit der gleichen (oder derselben?) Entschiedenheit vorgehen wie bei der Identität, denn wir wissen selbstverständlich, dass hier eine *Gleichheit in gewisser Hinsicht* vorliegt. Und diese sollten wir tunlichst immer mit angeben. Denn zwar gleicht beispielsweise ein Schmuckstück optisch und auf den materiellen Wert bezogen einem anderen, aber die damit verbundenen romantischen Erinnerungen wiegen bei dem einen hoch, bei dem anderen sind solche quasi nicht existent. Ein eventueller, durch Diebesaktivität begründeter Verlust würde also – obwohl bei der Versicherung mit gleichem Wert veranschlagt – ungleich höher im einen als im anderen Falle sein.

11.2.2 Abstraktion: weglassen oder konstruieren?

Abstrakte Kunst, diese gegenstandslose, nicht-figürliche Kunstform, die den einen Betrachter zu ratlosem Stirnrunzeln verleitet, während der andere entzückt darüber philosophiert, was sich der Maler wohl dabei gedacht haben mag, ist wohl das, was wir im Alltag spontan mit *Abstraktion* in Zusammenhang bringen. Und der typische, umgangssprachliche Ausspruch „das ist mir zu abstrakt" findet zumeist dann Verwendung, wenn dem, der ihn ausspricht, das Konkrete fehlt, die tatsächliche, sich sofort erschließende Information oder Aussage seines Betrachtungsobjekts. Diese umgangssprachliche Abstraktion lässt sich am besten mit der etymologischen Defi-

---

[263] Vgl. Wedekind, Ortner und Inhetveen (2004c), S. 337ff

[264] Abendstern, Morgenstern und Venus bezeichnen freilich alle denselben sinnlich am Himmelsfirmament wahrnehmbaren Stern. Dennoch sind sie zwecks unterschiedlichen Gebrauchs eingeführt worden, wie der vordere Teil des jeweiligen Kompositums leicht einsehen lässt. Die verwendeten Eigennamen sind also intensional verschieden. Unsere Identitätsüberlegungen stört dies aber nicht.

nition des Begriffs erklären. Der lateinische Ursprung liegt im Wort *abstrahere*, was so viel heißt wie *trennen* oder *wegziehen*[265]. Der abstrakt malende Künstler reduziert also offensichtlich das von ihm zu verewigende Objekt, den konkreten Gegenstand, indem er ihn von einer gewissen Anzahl der ihn charakterisierenden Eigenschaften trennt, sie von ihm „wegzieht".

> „Das »abstrahierende Denken« ist »nicht als bloßes Auf-die-Seite-stellen des sinnlichen Stoffes zu betrachten [...], sondern es ist vielmehr das Aufheben der Reduction desselben als bloßer Erscheinung auf das Wesentliche, welches nur im Begriff sich manifestiert«"[266]

Einer wissenschaftlichen Definition von Abstraktion ist der Rückgriff auf die Etymologie allerdings wenig hilfreich, denn wer ist schon in der Lage komplett aufzuzählen, welche konkreten Eigenschaften eines Gegenstands er weglässt, um infolgedessen von etwas Abstraktem und nicht mehr von etwas Konkretem zu reden. Wenn wir allerdings mit abstrakten Gegenständen operieren wollen, so müssen wir freilich zuvor klären, was selbige sind. In Kap. 10 waren wir bei der Einführung des Begriffs „Begriff" bereits das erste Mal auf vorsichtiger Tuchfühlung mit der Abstraktion, denn Begriff ist ja – wie wir nun wissen – ein Abstraktum, wohingegen Wörter als konkrete Gegenstände aufgefasst werden.

Lorenzen hat aufbauend auf Frege hierzu eine Abstraktionstheorie entwickelt, die sich des so genannten *Invarianzkriteriums* bedient, um eine Rede über abstrakte Gegenstände zu begründen. Letztere wird als eine besondere, bezüglich eines Kriteriums invariante Rede über konkrete Objekte aufgefasst. Wir nähern uns hier wiederum einem konstruierenden Aspekt, nämlich der *Abstraktion durch Konstruktion*.

> „An die Stelle der Eigenschaft, die lediglich aus dem Gegebenen herausgehoben werden soll, tritt das identische Resultat einer konstruktiven Operation, die bezüglich verschiedener Objekte vorgenommen wird."[267]

Ein Abstraktionsverfahren, um Begriffe im Sinne abstrakter Gegenstände zu rekonstruieren, besteht nun darin, die *Synonymität* von Aussagen über Begriffe zu untersuchen. Schauen wir uns hierzu zunächst Abb. 11-6 an.

---

[265] Vgl. Pertsch und Menge (1998)

[266] Vgl. Hegel (1841), Log. III, 20; Abruf am 31.03.2005

[267] Vgl. Klaus (1973), S. 36

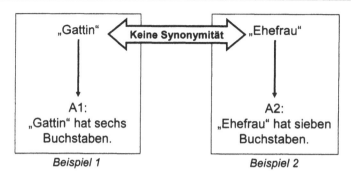

Beispiel 1   Beispiel 2

Abb. 11-6: Synonymität als Abstraktionsverfahren - Negativbeispiel

Hier liegen uns zwei Gegenstände vor, über deren synonyme Verwendung wir uns in der Umgangssprache normalerweise – leichte stilistische Nuancen einmal außer Acht gelassen – keinerlei Gedanken machen. Doch hier geht es nicht um die *Intension* der beiden Begriffe Gattin und Ehefrau, bezüglich derer auch weiterhin eine Synonymität vorliegt, sondern um die Wortgleichheit bzw. -verschiedenheit (Invarianz). Und hinsichtlich der sind die beiden gemachten Aussagen A1 und A2 nicht synonym. Das Modell der Sprachebenen vorwegnehmend, treffen wir in obigem Beispiel auf der so genannten Metasprachebene[268] die Aussage A1, dass nämlich das Begriffswort „Gattin" sechs Buchstaben hat. Diese Aussage ist korrekt für „Gattin", aber keineswegs für das Begriffswort „Ehefrau". Gleiches gilt vice versa für Aussage A2. Die gemachten Aussagen A1 und A2 sind also nicht synonymitätsinvariant und charakterisieren somit keinen abstrakten Gegenstand, sondern konkrete Gegenstände, nämlich die beiden verschiedenen konkreten Wörter „Gattin" und „Ehefrau".

Anders geartet ist der Sachverhalt des nächsten Beispiels (Abb. 11-7). Aussage A1 „Bezeichnung für eine verheiratete Frau" passt nicht nur für das ursprünglich zugeordnete Begriffswort „Gattin", sondern eben auch für „Ehefrau". Gleiches gilt für Aussage A2. Hier liegt sowohl die uns aus der Umgangssprache vertraute intensionale als auch eine extensionale Synonymität der Aussagen über die gemachten Begriffe vor. A1 und A2 sind demnach *synonymitätsinvariant* und Aussagen über abstrakte Gegenstände.

---

[268] Siehe Kap. 11.5; die Metasprachebene („mention") kümmert sich um sprachliche Erklärungen, wenn die Objektsprache nicht verstanden worden ist.

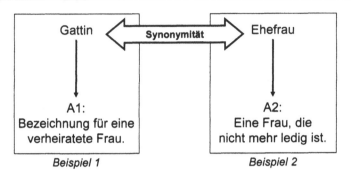

Abb. 11-7: Synonymität als Abstraktionsverfahren - Positivbeispiel

Der Abstraktionsprozess unterliegt weder einer psychischen noch einer physischen Behandlung außersprachlicher Gegenstände. Es handelt sich dabei um einen logischen Prozess hinsichtlich einer logischen Gleichheit. Diese Art der Abstraktion im Sinne eines „etwas immer wieder auf's Neue und auf die gleiche Art und Weise tun" benötigen wir zum Generieren von Schemata. Daher kann der Schemaerwerb durch Menschen als Erwerb von Wissen bzw. Können durch Abstraktion interpretiert werden[269].

11.3 Vermeintlich einfach aber wirkungsvoll: Elementarsätze

(Fremd-)Sprachenunterricht vermittelt naturgemäß einen Eindruck von der Verschiedenheit der Sprachen. Dass diese aber durchaus auch Gemeinsamkeiten haben, beschränkt sich zumeist auf die Feststellung, dass nahezu alle empirischen Sprachen – trotz ihrer verschiedenen kulturellen Wurzeln – eine Subjekt-Prädikat-Objekt-Gliederung gemeinsam haben[270]. Dass eine rationale Grammatik in der Lage ist, diesem „erklärungstechnischen Notstand" beizukommen, haben wir bereits angekündigt und bezogen auf Schema/Ausprägung und Gleichheit/Abstraktion auch schon gezeigt. Doch nun sollen auch die Liebhaber struktureller Finessen auf ihre Kosten kommen, denn es geht im Folgenden um die Rekonstruktion einfacher Elementarsätze.

---

[269] Vgl. Ortner (2005), S. 24

[270] Vgl. Wedekind, Ortner und Inhetveen (2004b), S. 265

11.3.1 Nomen est Omen: Namensgebung und Kennzeichnung

In unserem täglichen Leben werden wir permanent und in multipler Art und Weise mit *Namen* ebenso wie mit *Kennzeichnungen* konfrontiert. Eingängigstes Beispiel sind wir wohl selbst: wir haben einen Namen ohne den wir – standesamtlich festgehalten – überhaupt nicht erst auf diese Welt losgelassen werden, und es würden uns darüber hinaus bestimmt einige Kennzeichnungen einfallen, mit denen wir mehr oder weniger eindeutig identifizierbar sind. Doch der Reihe nach. Beginnen wir mit *Namen* und *Eigennamen*.

Ergänzend zu unserer bis hierher schon gediehenen Kenntnis der rationalen Grammatik, können wir die beiden Begriffe folgendermaßen definieren:

> „Name [...] ein der Benennung dienender Ausdruck, also ein Nominator."[271]

> „Eigenname [...], ein der Benennung (Referenz) dienender sprachlicher Ausdruck, der in Aussagen denjenigen konkreten oder abstrakten Gegenstand vertritt, über den, gegebenenfalls neben weiteren Gegenständen, etwas ausgesagt wird."[272]

Stellen wir uns einmal vor, wir laden alle 28 Herren Meier, Meyer, Mair, Maier und Mayer, die den Vornamen Stefan haben und im Telefonbuch der Stadt München stehen ein und bitten sie in einem Raum Platz zu nehmen[273]. Die Anwesenden kennen die Namen ihrer Mitstreiter natürlich nicht. Nun kommen wir herein und rufen „Wer von ihnen ist Herr Stefan Meier? Ich bitte um Handzeichen." Die Aussprache der Namen aller anwesenden Herren ist gleich, so dass sich mit höchster Wahrscheinlichkeit jeder von ihnen melden wird. Obwohl ein Name vorhanden ist, war es doch offensichtlich nicht möglich, durch ihn eine eindeutige Identifizierung der gesuchten Person durchzuführen. Das liegt daran, dass es sich bei unsrem Beispiel „Stefan M{ey,ei,ai,ay}(e)r" um keinen *echten Eigennamen* handelt, da er den Eigenschaften desselben nicht vollständig genügt. Erst wenn *Existenz* und *Eindeutigkeit* vorliegen, können wir von einem echten Eigennamen sprechen im Sinne von „Keine Entität ohne Identität".

> „In der rationalen Grammatik werden Benennungen auf solche Eigennamen beschränkt, die nach Vereinbarung genau einen Gegenstand sprachlich vertreten."[274]

---

[271] Vgl. Mittelstraß (2004b), S. 958

[272] Vgl. Mittelstraß (2004a), S. 521

[273] Gemäß Abfrage unter *www.teleauskunft.de* gibt es mit dem eingetragenen Vornamen Stefan in der Stadt München folgende Anzahl von Einträgen: Meyer (5), Meier (6), Maier (7), Mayer (9 und Mair (1). Die noch mögliche Schreibweise „Meir" war nicht vertreten. Abruf erfolgte am 03.03.2005.

[274] Wedekind, Ortner und Inhetveen (2004e), S. 552

Eigennamen können unabhängig von ihrer „Echtheit" in *sprechend* und *nichtspre-* · *chend* unterteilt werden. Im Beispiel „4711 ist ein Klassiker" wird „4711" für die meisten von uns einen *sprechenden Eigennamen* darstellen, bei dem wir sofort wissen, dass von dem berühmten Kölner Duftwasser die Rede ist. Wenn ich aber aussage „Der Artikel mit der Artikelnummer 4711 ist ein Klassiker", kann hinter der Artikelnummer 4711 theoretisch alles versteckt sein, denn aus dem Kontext wird nicht klar, über welchen Gegenstand hier etwas ausgesagt wird. Es handelt sich also in diesem Fall um einen *nichtsprechenden Eigennamen*. Bezogen auf das sprachliche Handeln, also die Anwendung von Sätzen können wir mit Mittelstraß sagen:

> „Eigennamen sind Wörter, die in Sätzen denjenigen Gegenstand vertreten, über den jeweils prädiziert werden soll; d.h. sie vertreten strenggenommen einen Gegenstand mitsamt jener auf ihn hinweisenden Geste, mit der man sich vor der Einführung von Eigennamen behilft."[275]

Eine *Kennzeichnung* hingegen ist so etwas Ähnliches wie eine Beschreibung. Wenn uns jemand etwas beschreibt, dann wissen wir zumeist auch, welches Objekt (Gegenstand, Mensch, et.) damit gemeint ist, ohne das es einen „echten", das heißt, einen eindeutig identifizierenden Namen hat.

Zieht man ein Elementarsatzschema als Basis heran, so ergibt sich für den Eigennamen, die Kennzeichnung und den Prädikator, den wir noch kennen lernen werden, eine Zuordnung zu den auf einen Satz bezogenen Grundeigenschaften *bezugnehmend* und *beschreibend* (s. Abb. 11-8):

	b e s c h r e i b e n d	
Eigenname	Kennzeichnung	Prädikation
b e z u g n e h m e n d		

Abb. 11-8: Eigenname, Kennzeichnung und Prädikation

Einwortige Sätze sind im Übrigen nicht Gegenstand unserer Betrachtungen, denn sie beziehen sich immer nur auf eine vorliegende Situation im Sinne einer Aufforderung oder wenn mein Gesprächspartner auf Grund der Umstände sofort in der Lage ist, den einwortigen Satz zu verstehen[276]. Setze ich z.B. den König meines Schachpartners Schachmatt und rufe „gewonnen", dann ist dieser Ausdruck meiner Freude ein einwortiger Satz, den mein geschlagener Gegner nur aufgrund unserer Spielsituation und hoffentlich des Anerkennens meines Sieges verstehen kann.

---

[275] Vgl. Mittelstraß (1974), S. 150

[276] Vgl. Snell (1952), S. 64

11.3.2 Nominatoren und Prädikatoren

In einer rationalen Grammatik stellt die so genannte *Prädikation* den Ausgangspunkt jeglicher Bemühungen zur Rekonstruktion einer Sprache dar. Genau genommen bedient sich jeder Sprachhandelnde, also alle, die eine Sprache benutzen, permanent der Prädikation, indem sie nämlich einem Gegenstand eine Eigenschaft zu- bzw. absprechen. Wir erweitern hierzu den entsprechenden Teilbereich der Gegenstandseinteilung aus Abb. 11-1 wie folgt:

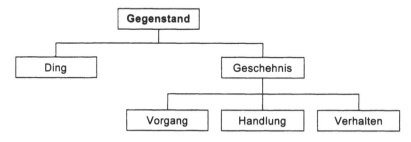

Abb. 11-9: Gegenstandseinteilung

Als Gegenstände verstehen wir künstliche oder natürliche *Dinge* und *Geschehnisse*. Letztere unterteilen sich in

- den *Vorgang* als neutralen Ablauf wie z.b. den Erwerb von einem Paar Segelschuhen auf ebay,

- die *Handlung* als absichtsvolles, bewusstes und somit ausgesprochen menschliches Geschehnis wie beispielsweise das Essen und Trinken,

- das *Verhalten*, das beobachtbar zumeist aber für die betreffende Person nicht bewusst steuerbar bzw. absichtsvoll ist, wie z.b. das Niesen.

Bei der Prädikation treten Gegenstände in folgenden Varianten auf:

- *Eigenname*
  z.B. Paul, Zürich, Technische Universität Darmstadt

- *Kennzeichnung*
  z.B. der Ehemann von Oma, der letzte deutsche Kaiser, etc.

- *Indikation*
  Personalpronomina (z.B. ich, du, er, sie, es)
  Demonstrativpronomina (z.B. dieses, jenes)
  Adverbien der Zeit (z.B. heute, gestern, jetzt) oder des Ortes (z.B. hier, dort, oben, unten)

Als Überbegriff für alle drei verwenden wir den Terminus *Nominatoren*. Die besagte Eigenschaft (Beschaffenheit), die den Dingen und Geschehnissen über einen sprachlichen Ausdruck zugeordnet werden soll, heißt *Prädikator*. Beim einfachen *Elementarsatz* wird einem oder mehreren Nominatoren genau ein Prädikator zugewiesen. Die folgenden Beispiele verdeutlichen dies:

- <u>Paul</u> ist ein Schüler.
  (Prädikation mit Bezug auf einen Eigennamen)

- <u>Der König von Schweden</u> hat Grippe.
  (Prädikation mit Bezug auf eine Kennzeichnung)

- <u>Er und ich</u> tanzen.
  (Prädikation mit Bezug auf eine mehrstellige Indikation)

Unsere Beispielsätze sind im Grunde nichts anderes als Ausprägungen eines Schemas, das es nun zu formulieren gilt. Doch dazu sollten wir noch die Prädikation ein wenig differenzierter darstellen, denn in unseren obigen Beispielsätzen haben wir schlampig gearbeitet. Nehmen wir den Beispielsatz

- Paul ist ein Schüler.

Der verwendete Eigenname „Paul" ist natürlich der Nominator, dem wir im Folgenden den schematischen Buchstaben[277] N zuordnen wollen, und „ein Schüler" die zugewiesene bzw. abgesprochene Eigenschaft, also der Prädikator, fortan mit P bezeichnet. Wäre also noch das „ist" zu klären. Hierbei handelt es sich um eine so genannte *Kopula* die wir im Falle des Zusprechens einer Eigenschaft mit ε, beim Absprechen einer solchen hingegen mit ε' schematisieren wollen.

Die Schematisierung des Elementarsatzes stellt sich also wie folgt dar:

- Bei einstelligen Nominatoren: $N \varepsilon P$

- Bei n-stelligen Nominatoren: $N_1, N_2, ..., N_n \varepsilon P$

Schauen wir uns unter diesem Gesichtspunkt noch einmal unsere obigen Beispielsätze an:

---

[277] Die Bezeichnung *Schematischer Buchstabe* geht auf David Hilbert (1862-1943) zurück.

Schema	N	ε	P
	Paul	ist	ein Schüler.
Ausprägung	Der König von Schweden	ist	Grippe habend.
	Er und ich	sind	tanzend.

Tab. 11-3: Schema der Prädikation anhand von Beispielen

Der Leser wird feststellen, dass der Prädikator in allen Sätzen, in denen die Kopula nicht durch das Wörtchen „ist" ersetzt werden konnte, so umgestellt wurde, dass zwar die Aussage die gleiche bleibt, aber die Kopula eben zu „ist" bzw. „sind" bei mehrstelligen Nominatoren wird. Denn linguistisch gesehen tritt im zweiten Satz keine Kopula auf, sondern wird von uns logisch konstruiert. Eine gute Gelegenheit, auf das kleine „ist" und seine große Bedeutung für die rationale Grammatik näher einzugehen.

11.3.3 „Ist" ist nicht gleich „ist"

In Kap.11.2.1 ist uns die Gleichheit schon einmal begegnet. Wir sind also auf das Folgende bereits eingestimmt.

Zunächst einmal verbinden wir sicherlich mit dem Wörtchen *ist* eines der am häufigsten verwendeten Worte unserer Sprache[278], nämlich die dritte Person Singular Präsenz Indikativ des Hilfszeitworts *sein*. Doch hinter dem zumeist völlig selbstverständlich genutzten *ist* steckt mehr, als man auf den ersten Blick wahrzunehmen glaubt, insbesondere wenn wir es mit den Augen einer rationalen Grammatik betrachten. Bei Mittelstraß finden wir unter dem Stichwort „ist" folgende Aussage:

> „Es handelt sich um ein Musterbeispiel dafür, dass die Grammatik der Alltags-
> sprache den Anforderungen der Logik nicht genügt, weil sie wichtige logische
> Unterschiede verdeckt."[279]

Wie bereits zu vermuten war, werden wir nun um den Aspekt der Logik nicht mehr herum kommen, auch wenn das Inhaltsverzeichnis ein entsprechendes Kapitel erst weiter hinten vorsieht.

Schauen wir uns die folgenden Beispielsätze in Tab. 11-4 an, die vom Standpunkt der deutschen Sprache gleichberechtigt einzuschätzen sind, denn sie treffen

---

[278] *Ist* liegt mit einer relativen Häufigkeit von 0,678 an 13. Stelle der häufigsten Wörter der deutschen Sprache. Quelle: http://www.ids-mannheim.de/kt/30000wordforms.dat, abgerufen am 12.04.2005

[279] Vgl. Mittelstraß (2004b), S. 301

lediglich Aussagen über Paul und ermöglichen es uns dadurch, den jungen Mann näher kennen zu lernen. Nicht mehr, aber auch nicht weniger.

Elementarsatz	Nominator	Kopula	Prädikator
1. Paul ist ein Junge.	Paul (*Eigenname*)	ist	ein Junge. (*Substantiv*)
2. Paul ist fleißig.	Paul (*Eigenname*)	ist	fleißig. (*Adjektiv*)
3. Paul liest.	Paul (*Eigenname*)	?	liest. (*Verb*)

Tab. 11-4: Schematisieren von Elementarsätzen (Teil I)

Die herkömmliche Logik ist bestrebt, das Wörtchen *ist* als das Charakteristische einer Aussage herauszuarbeiten[280]. Nun hat aber zumindest unser dritter Satz offensichtlich keine Kopula aufzuweisen. Das wollen wir ändern, in dem wir ihn zunächst auf die adjektivische Form von Satz 2 bringen. Ein ähnliches Vorgehen haben wir bereits in Kap. 11.3.2 vorwegnehmend kennen gelernt.

Elementarsatz	Nominator	Kopula	Prädikator
1. Paul ist ein Junge.	Paul (*Eigenname*)	ist	ein Junge. (*Substantiv*)
2. Paul ist fleißig.	Paul (*Eigenname*)	ist	fleißig. (*Adjektiv*)
3. Paul liest.	Paul (*Eigenname*)	ist	lesend. (*Adjektiv*)

Tab. 11-5: Schematisieren von Elementarsätzen (Teil II)

Nun werden wir im nächsten Schritt die Prädikatoren der drei Beispielsätze angleichen, das heißt, alle auf das Substantiv zurückführen. Auch das stellt uns vor keine unlösbare Aufgabe:

Elementarsatz	Nominator	Kopula	Prädikator
1. Paul ist ein Junge.	Paul (*Eigenname*)	ist	ein Junge. (*Substantiv*)
2. Paul ist fleißig.	Paul (*Eigenname*)	ist	ein Fleißiger. (*Substantiv*)
3. Paul liest.	Paul (*Eigenname*)	ist	ein Lesender. (*Substantiv*)

Tab. 11-6: Schematisieren von Elementarsätzen (Teil III)

Jetzt bestehen alle Sätze aus einem Nominator, der Kopula „ist" und einem dem Substantiv der deutschen Grammatik äquivalenten Prädikator. Doch ist dies ange-

---

[280] Vgl. Snell (1952), S. 67

bracht? Hat nicht im Gegenteil das „ist" eine sehr starke Bedeutung in Richtung „e-xistiert", „ist vorhanden", etc. Doch eigentlich wollen wir ja ausdrücken, was Paul *ist*, welche Eigenschaft er *hat* und was er *tut*.

Elementarsatz	Nominator	Kopula	Prädikator
1. Paul ist ein Junge.	Paul (*Eigenname*)	ist	ein Junge. (*Substantiv*)
2. Paul ist fleißig.	Paul (*Eigenname*)	hat	Fleiß. (*Substantiv*)
3. Paul liest.	Paul (*Eigenname*)	tut	das Lesen. (*Substantiv*)

Tab. 11-7: Schematisieren von Elementarsätzen (Teil IV)

Der Prädikator ist substantivisch geblieben, jedoch hat sich die Kopula verändert. Wir können diese neuen Kopulae nun im Sinne einer rationalen Grammatik differenzieren und entsprechende Schemata einführen.

Nominator	Kopula	Prädikator
1. Paul (*Eigenname*)	ist (ε: *Seinskopula*)	ein Junge. (*Substantiv*)
2. Paul (*Eigenname*)	hat (σ: *Besitzkopula*)	Fleiß. (*Substantiv*)
3. Paul (*Eigenname*)	tut (π: *Geschehniskopula*)	das Lesen. (*Substantiv*)

Tab. 11-8: Schematisieren von Elementarsätzen (Teil V)

Theoretisch könnten wir die Geschehniskopula gemäß Tab. 11-9 noch unterteilen, was aber aus Sicht der Informatik nicht angezeigt ist. Hier liegt das Augenmerk auf Handlungen und Vorgängen.

Kopula	Schema	Ausprägung
Seinskopula	N ε P	Paul Junge.
Besitzkopula	N σ P	Paul fleißig.
Geschehniskopula	N π P	Paul liest.

Tab. 11-9: Schemata von Elementarsätzen

Damit wollen wir es in Sachen Elementarsätze bewenden lassen, nicht jedoch ohne auf zwei Aspekte hinzuweisen, die bei einer weitergehenden Beschäftigung mit diesem Thema nicht außer Acht gelassen werden sollten. Dies ist zum einen die weitere Verwendung des Strukturwortes „ist" (z.B. die Subordination is_a und die Mengenbeziehung Element_von) und zum anderen die Existenz von Elementarsätzen mit so genannten Apprädikatoren (sprachwissenschaftlich als Adverbien oder

Adjektive zu interpretieren wie z.B. „Gala ε schwarz, Hund" oder „Auto π schnell, Fahren") nebst den Prädikatoren. Solche Sätze haben dann einen komplexen Prädikationsteil[281].

11.4 Komplexe Schemata: Klassifikation und Komposition

Aus den vorherigen Kapiteln haben wir die Erkenntnis gewonnen, dass ein Begriff ein Schema hat, das seine Anwendung regelt. Wir erinnern uns bei dieser Gelegenheit noch einmal an Kant und seinen Ausspruch, dass ein Schema ein Verfahren sei, einem Begriff sein Bild zu verschaffen. Liegen nun *komplexe Schemata* vor, so müssen diese zwangsläufig auch aus „komplexen Begriffen" resultieren. Letztere werden *Begriffsbeziehungen, Begriffssysteme* oder auch *Ontologien* genannt. Wir unterscheiden hierbei folgende Beziehungstypen, die zwischen Begriffen auftreten können:

- *statische Beziehungen* zwischen Begriffen für Dinge und/oder Geschehnisse (Aufbau); z.B. Objekttypendiagramme, funktionale Dekomposition, Arbeitspläne.

- *dynamische Beziehungen* zwischen Begriffen für Dinge und/oder Geschehnisse (Ablauf); z.B. Protokolle, Ablaufsteuerungen, Interaktionsdia-gramme.

- *Spezialfall* (dynamisch): Darstellung von (Schluss-)Folgerungen im Sinne von Denkakten beispielsweise in Graphen; z.B. Stücklisten mit Implikationsknoten.

Zu beachten gilt, dass komplexe Schemata nicht zu verwechseln sind mit Elementarsätzen, die einen komplexen Prädikatorteil besitzen. Was aber hat es nun mit Klassifikation und Komposition auf sich? Dies zu klären ist Aufgabe der folgenden Ausführungen.

Ein Hosenanzug besteht gewöhnlich aus Hose und Blazer. Eine Hose besteht aus u. a. einzelnen Schnittmusterteilen, Nähgarn, Knopf und Reißverschluss. Eine Tiffany-Lampe ist zusammengebaut aus Lampenschirm, Lampenfuß und Netzkabel. Der Lampenschirm hingegen ist zusammengelötet aus Hunderten von kleinen, verschieden geschnittenen Glasstücken. Ein Konferenzband setzt sich aus eingereichten Beiträgen (Texten) zusammen, die aus Absätzen bestehen, welche in Form von Sätzen gebildet sind, die wiederum ihre Existenzberechtigung der normierten Verbindung verschiedener Wörter verdanken. Bei diesem Erläutern,

---

[281] Für den interessierten Leser findet sich eine sehr schöne Zusammenfassung in Wedekind, Ortner und Inhetveen (2004b), S. 271f

welches Etwas ein Teil eines anderen Etwas ist, sprechen wir von *Komposition*, die sich wie folgt definiert:

> „Die Komposition fasst Gegenstände zu neuen Gegenständen zusammen, um die Eigenschaften, welche sich aus der Abhängigkeit oder Verbindung dieser (Teil-)Gegenstände ergeben, in einem Ganzen zu beschreiben."[282]

Die Kompositionsbeziehung wird auch mit Teil-Ganze-Beziehung (Teil_von) bezeichnet (s. Abb. 11-10), was deutlich die Abhängigkeit des „Ganzen" von seinen „Teilen" hervorhebt. Denn ein Hosenanzug wäre nur schwerlich ein solcher, gäbe es da nicht Hose und Blazer.

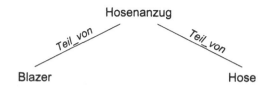

Abb. 11-10: Komposition

Es ist wichtig, die Komposition von der Klassifikation zu unterscheiden, denn im Gegensatz zu letztgenannter basiert die Zusammenfassung oder Komposition von vorhandenen Teilen zu einem (neuen) Ganzen nicht auf einer Gleichheit, sondern auf einer Abhängigkeit[283], wie die folgenden Beispiele verdeutlichen mögen:

- *Klassifikation* (Gleichheit): Ein Professor *ist* ein Mitglied der Universität.

- *Komposition* (Abhängigkeit): Eine Universität *hat* ein Auditorium Maximum.

Ein Gegenstand, der ein Professor ist, kann auch existieren, wenn er kein Mitglied der Universität ist, wohingegen eine Universität ohne ein Auditorium Maximum nicht vorstellbar ist.

Bei der Klassifikation handelt es sich um ein Verfahren, Begriffswörter oder Aussagen gemäß bestimmter Kriterien unter einem (neuen) Begriffswort zusammenzufassen. So sind z.B. „Hund", „Katze" und „Maus" unter dem Begriff „Tier" ebenso gut vereinbar, wie es denkbar ist, aus „Lebewesen" die Unterbegriffe „Tier" und „Mensch" zu generieren. Wir sprechen bei der Klassifikation daher auch von Art-Gattungs-Beziehung (ist_Art_von), wie sie in Abb. 11-11 als Erweiterung von Abb. 11-10 deutlich erkennbar ist.

---

[282] Vgl. Schienmann (1997), S. 59

[283] Vgl. Ortner (1997), S. 135

Abb. 11-11: Komposition und Klassifikation

Komplexe Sätze können wir nun – ungeachtet der Unterscheidung zwischen Klassifikation und Komposition – leicht generieren, indem wir uns der logischen Partikel
(Junktoren) „und" (*et* oder∧), „oder" (*vel* oder∨), sowie dem „wenn…, dann" (*sub*
oder →) bedienen und mittels dieser Begriffswörter Aussagen verbinden[284]. Schau-
en wir uns obige Beispielsätze, nun aber erweitert, noch einmal an.

- Wenn ein Gegenstand ein Mitglied der Universität ist, dann ist dieser Gegenstand ein Professor oder ein Student.

- Wenn ein Gegenstand eine Universität ist, dann hat (besitzt) dieser Gegenstand ein Auditorium Maximum und eine Mensa.

Wir können nun also mit Hilfe logischer Junktoren einfache Elementarsätze zu komplexen zusammensetzen. Beide, sowohl Klassifikation als auch Komposition,
werden uns noch einmal begegnen, wenn wir in Kap. 17.3 die Objekttypenmethode
kennen lernen.

11.5 Objekt- und Metasprache

Lorenzen bezeichnet die rationale Grammatik als einen Teil der Linguistik, also einen Teil der Sprachwissenschaft.[285] Da sich diese mit dem Thema Sprache aus
vielerlei Blickwinkeln auseinandersetzt, sie also zum Untersuchungsgegenstand
hat, muss es mit einer rationalen Grammatik möglich sein, ähnliches zu bewerkstel-
ligen. So sollten wir in der Lage sein, „über das Sprechen" zu sprechen, was nicht
mit allen Handlungen dergestalt möglich ist, oder haben sie schon einmal das Rie-

---

[284] Vgl. Inhetveen (2003), S. 19
[285] Vgl. Lorenzen (1985), S. 13

chen gerochen oder das Singen gesungen? Beide Tätigkeiten sind normalerweise mit einem Gegenstand verbunden: „ich rieche einen Duft" und „ich singe ein Lied". Wir können uns aber durchaus über beides, das Riechen ebenso wie das Singen sprachlich äußern. Dies gelingt uns durch einen so genannten Sprachebenenwechsel, der unter anderem Thema des nächsten Abschnitts ist.

11.5.1 Eine Sprachebenen-Architektur

Mittels unserer Sprache *referenzieren* wir nichtsprachliche Gegenstände oder einfacher ausgedrückt: mit Worten beschreiben wir unsere Umwelt, das was wir täglich erleben, sehen, hören, riechen, ertasten. Wir bedienen uns dabei auf einer ersten Sprachebene des schon hinreichend bekannten Sprachhandlungstyps „Schema und Ausprägungen", indem wir uns äußern, um verstanden zu werden, bzw. (hoffentlich) verstehen, was ein anderer äußert. Wir sprechen hier von der *Objektsprachebene* (Gebrauchen bzw. *use*), auf der wir uns einer Gebrauchssprache bzw. einer so genannten *Objektsprache* bedienen (vgl. Abb. 11-12).

Mangelt es am Verständnis, dann muss ich das objektsprachlich Geäußerte erläutern, also „über das Sprechen sprechen". Zu diesem Zwecke wechseln wir auf die zweite, die so genannte *Metasprachebene* (Erwähnen bzw. *mention*) und bedienen uns dort einer *Metasprache*, um sprachliche Gegenstände, nämlich die objektsprachlich getroffenen Aussagen zu beschreiben[286].

> „Ein Satz kann immer nur entweder über einen nichtsprachlichen Gegenstand (objektsprachlich) oder über einen anderen Satz (metasprachlich) etwas aussagen. Wenn daher ein Satz über einen Satz etwas aussagen soll, dann kann man das nicht sozusagen „in einem Arbeitsgang" erledigen, sondern dann muss man die Gesamtaussage in 2 Sätze zerlegen: in denjenigen, der etwas ausgesagt, und in denjenigen, der über (gr. meta) den anderen etwas aussagt [...]."[287]

Die dritte Sprachebene in Abb. 11-12, nämlich die der *Reflexion*, ist keine neue Ebene im hierarchischen Sinne, sondern eher eine, welche die beiden vorhergehenden als eine Art *Qualitätskontrolle* gleichermaßen beeinflusst. Denn ich muss sowohl meine, die physische Welt referenzierende Objektsprache „kontrollieren", als auch die Metasprache, die dann in Aktion tritt, wenn die Objektsprache nicht verstanden wurde.

---

[286] Vgl. Ortner (2004b), S. 2f

[287] Vgl. Wedekind, Ortner und Inhetveen (2004d), S. 465

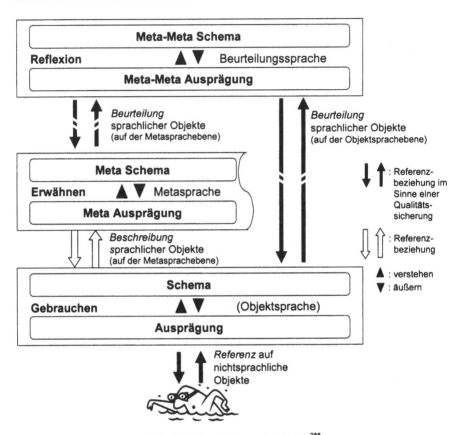

Abb. 11-12: Sprachebenen-Architektur[288]

Der Reflexionsbegriff in diesem Kontext sollte im Kantschen Sinne verstanden werden, nämlich als das Reflektieren über Gegenstände mittels eines Vergleichs mit gegebenen (Beurteilungs-)Begriffen eines logischen *Überlegens*[289]. Die hier benötigte *Beurteilungssprache* muss daher auf dieser dritten Ebene, der *Meta-Meta-sprachebene* (Reflexion bzw. *reflection*) eingeführt werden. Dann sind wir in der Lage, sprachliche Gegenstände hinsichtlich ihrer Güte sowohl auf der Objekt- als auch auf der Metasprachebene zu beurteilen. Das wiederum bedeutet, eine Kontrollmöglichkeit aller Sprachhandlungen auf diesen Ebenen zu haben. In der

---

[288] In Anlehnung an Heinemann (2005a)

[289] Vgl. Mittelstraß (2004c), S. 527

Die Bildung einer Rationalsprache   113

Informatik sprechen wir von *Validierung* (i.S.v. Plausibilisierung von Eingabewerten) oder *Verifikation* (i.S.v. Korrektheit des Programms). Die (praktische) Logik findet hierfür ein treffenderes Wort, nämlich *Geltungssicherung*. Auf diesen Begriff werden wir in Kapitel 12.3 noch zu sprechen kommen.

11.5.2 Objekt- und Metasprache am Beispiel einer Lehr-Lern-Situation

Nehmen wir einmal an, wir befinden uns in einer *Lehr-Lern-Situation* und wollen jemandem das Schwimmen beibringen. Ein ausgesprochen pragmatischer Weg ist es nun, unseren Schüler (geben wir ihm den Namen Paul) ans Wasser zu führen und auf jemanden zu deuten, der gerade schwimmt. Sie - wir haben sie soeben zum Schwimmlehrer erhoben – zeigen nun auf den sportlich Aktiven und sagen:

Das ist Schwimmen.

Bei dieser Aussage handelt es sich um eine so genannte *deiktische* oder *Zeigehandlung*, die immer eine Ausprägung zu einem Schema identifiziert[290] und dem gesprochenen Wort gleichberechtigt gegenüber steht.

> „Es stimmt, das Spiel »Zeigen oder sagen, was man sieht« gehört zu den fundamentalsten Sprachspielen, was wiederum heißt, daß das, was wir im Alltag als Sprachgebrauch bezeichnen, größtenteils dieses Spiel voraussetzt."[291]

Normalerweise ist der mittels der bereits eingeführten Objektsprache beschriebene Gegenstand – i.S. eines Erfassens der realen Welt – von nichtsprachlicher Natur, wie unser Beispiel vom fleißigen Schwimmer zeigt. Denn dass selbiger schwimmt, ist zunächst einmal eine physische und keine sprachliche Handlung. Indem wir uns aber darüber äußern, auf welche Weise wir die Handlung des Schwimmens sprachlich erfasst haben, begeben wir uns auf die nächste, die Metasprachebene, deren Gegenstand des Interesses immer sprachlicher Natur ist.

An dieser Stelle sei eine wichtige Anmerkung gemacht. In manchen Fällen muss die Unterscheidung zwischen einer Gebrauchssprache (Objektsprache) und einer Erwähnungssprache (Metasprache) relativ gesehen werden. Das liegt daran, dass eine Aussage, die in einer Objektsprache gemacht wurde, auf die Metasprachebene wechseln kann, indem wir uns sprachlich über sie äußern. Machen wir dann wiederum Aussagen über diese Ebene, so sind wir erneut „höher" gestiegen und so

---

[290] Vgl. Kamlah und Lorenzen (1990), S. 97ff

[291] Vgl. Wittgenstein (1989), S. 56. Ein Sprachspiel im Wittgensteinschen Sinne bezeichnet die mannigfaltigen Arten von Zeichen-, Wort- und Satzgebrauch wie Behauptungen, Fragen oder auch Befehle. „Sprechen ist ein Teil einer Tätigkeit, oder einer Lebensform". Vgl. PU, § 23 in Wittgenstein (1984), S. 250.

weiter und so fort. Es scheint sich eine ins Unendliche gehende „Metaisierung" anzukündigen[292]. Doch schiebt hier dankenswerter Weise die praktische Umsetzbarkeit der theoretischen Machbarkeit einen Riegel vor. Denn irgendwann ist der Punkt erreicht, an dem wir hinsichtlich der Fähigkeit, Aussagen über Aussagen über Aussagen zu machen mit unserem Latein am Ende sind. Doch kommen wir zurück zu unserem Beispiel. Wenn sie Paul nach ihrer durch einen visuellen Eindruck ergänzten Aussage „Das ist Schwimmen." ratlos ansieht, so ist das spätestens der Moment, in dem sie erklären müssen, was sie da gesagt haben, denn offensichtlich hat er sie nicht verstanden bzw. verfügt er über kein geeignetes Schema. Also erklären sie Paul, was sie soeben objektsprachlich geäußert haben. Der aufmerksame Leser bemerkt: wir begeben uns auf die Metasprachebene.

Der Satz „Das ist Schwimmen." ist bzw. enthält eine Zeigehandlung.

Ein anderes, sehr eingängiges Beispiel für die Verwendung von Objekt- und Metasprache und vor allem den Wechsel von der einen zur anderen, ist folgende Lehrsituation. Ein deutscher Muttersprachler unterrichtet englische Schulkinder in der deutschen Sprache. In diesem Fall ist Deutsch die verwendete Objektsprache, um Dinge des alltäglichen Lebens zu erklären. Gelangt dieses Unterfangen an seine natürlichen Grenzen, so tritt die Muttersprache der Kinder (hier Englisch) als Metasprache zum Zwecke notwendiger Erläuterungen auf. Stellen wir uns folgende Bemerkung des fiktiven Lehrers vor: "The German sentence »Das ist ein Hund.« means in English »This is a dog.«". Er wechselt also auf eine Metasprachebene.

Kommen wir zurück zu Paul und ihrem – nicht vergessen, sie sind der Lehrer – Wechsel auf die Metasprachebene. Was wir nun noch nicht getan haben, ist eine metametasprachliche Überprüfung ihrer Worte vorzunehmen. Dies holen wir umgehend nach.

Der Satz „»Das ist Schwimmen.« ist bzw. enthält eine Zeigehandlung." ist wahr.

Nun liegen uns drei verschiedene, ineinander verschachtelte Aussagen vor, die wir aber anhand des unterschiedlichen Gebrauchs von Anführungszeichen leicht objekt- und metasprachlich zuordnen können[293]. In Abb. 11-12 haben wir aber gesehen, dass die Beurteilungssprache auch über objektsprachliche Äußerungen urteilen kann. Also erinnern wir uns noch einmal ihres Anfangssatzes „Das ist

---

[292] Ortner gebraucht hierfür auch den Begriff „Metaisierungsfalle". Vgl. Ortner (1999a), S. 240

[293] Vgl. Ortner (2004b), S. 3

Schwimmen.", so könnte die sprachliche Qualitätskontrolle folgendes Ergebnis bringen.

Der Satz »Das ist Schwimmen.« ist korrekt.

An dieser Stelle sind wir einfach nur „meta", denn ob wir jetzt auf der Meta- oder auf der Meta-Metasprachebene sind, ist hier nicht relevant und nur aufgrund der verwendeten Beurteilungskriterien (hier: „korrekt") unterscheidbar.

Die Beschreibung sprachlicher Objekte, die wir in der Informatik auch als Modellierung beschreiben, ist eine Verwirrungen verhindernde und Klarheit schaffende Angelegenheit, denn stellen wir uns einmal folgende Aussage gesprochen vor (die Gänsefüßchen hören wir ja nicht):

Liz ist kurz.

Uncharmanterweise könnte hier der Verdacht aufkommen, wir würden eine Person namens Liz als kurz im Sinne von kleinwüchsig bezeichnen. Erst durch den Sprachebenenwechsel wird das tatsächliche Gemeinte offenkundig.

„Liz" ist kurz.

Freilich haben wir den Namen „Liz" gemeint, dem wir die Eigenschaft „kurz" (schon wieder Metasprache) zuordnen. Aber hören sie das mal in der täglichen Umgangssprache heraus! „Kurz" ist hier übrigens ein metasprachlich verwendeter Prädikator, der auch etwas über nichtsprachliche Objekte aussagen kann, wie im vorliegenden Falle über die Person namens Liz. Originäre Metaprädikatoren nennt man übrigens solche, die nur von Sprachobjekten ausgesagt werden können, wie etwa „Substantiv" im folgenden Beispielsatz.

„Liz" ist ein Substantiv.

Soweit unsere Ausführungen zu den Kernpunkten einer rationalen Grammatik. Nun gilt es, noch einen Blick auf Aspekte einer praktischen Logik zu werfen, bevor wir uns einem konkreten Vorschlag widmen, wie diese Themen in den Deutschunterricht integriert werden könnten.

12 Elemente praktischer Logik

Warum sollte man sich heute in den Schulen mehr um *Logik* kümmern, geschweige
denn auf den dort seit langem nicht mehr anzutreffenden Logikunterricht zurückbe-
sinnen? Nun, ein erster Grund könnte die Formellastigkeit dieses Faches sein. Ein
Blick in einschlägige Literatur kauft auch dem mutigsten und in Sachen Mathematik
durchaus vorgebildeten Interessenten schnell den Schneid ab. So sind ja auch bereits Goethes berühmte, dem Mephistopheles in den teuflischen Mund gelegten
Worte durchaus mit einem kritischen Augenzwinkern versehen:

> „Gebraucht der Zeit, sie geht so schnell von hinnen,
> Doch Ordnung lehrt Euch Zeit gewinnen.
> Mein teurer Freund, ich rat Euch drum
> Zuerst Collegium Logicum.
> Da wird der Geist Euch wohl dressiert,
> In spanische Stiefeln eingeschnürt,
> Daß er bedächtiger so fortan,
> Hinschleiche die Gedankenbahn
> Und nicht etwa, die Kreuz und Quer,
> Irrlichteliere hin und her." [294]

Man mag den Worten des großen Dichters hinsichtlich der Logik entnehmen, was
immer man mag, – und da sind wir nun bei dem eigentlich geplanten Plädoyer *für*
eine Aufwertung der Logik im Unterricht – ihr wohnt ein *Ordnungsgedanke* inne und
den können wir in Sachen Grundbildung gut gebrauchen, wie sich im Laufe der
nächsten Kapitel zeigen wird[295].

Logik und natürliche Sprache als Untersuchungsobjekte haben eines gemeinsam: wir lernen sie zunächst als Kinder mehr oder minder „on-the-fly", also quasi
nebenher und beiläufig. Im Fall der natürlichen Sprache geschieht dies solange, bis
sich der Deutschunterricht der Sache annimmt und versucht, dem „Wildwuchs eine
Form zu verpassen". Im Falle der Logik wiederum bleibt es bei dem „en passant".
Logik begegnet uns im Deutschunterricht ebenso wie in der Mathematik oder später
auch in der Informatik in ihren verschiedensten Ausprägungen wie Argumentations-
logik, Aussagenlogik, Fuzzylogik, etc., doch mit Ausnahme von letzterer eher
zufällig, weil sich Logik allgemein eben nun mal nicht aus unserem Alltag wegden-
ken oder etwa herauslöschen lässt[296].

---

[294] Vgl. Goethe (1982), Studierzimmer, S. 60

[295] Vgl. Wedekind, Ortner und Inhetveen (2005), S. 49

[296] Vgl. Wedekind, Ortner und Inhetveen (2005), S. 49

Das Thema Logik wurde auch in der vorliegenden Arbeit zwar vielfach aufgegriffen, allerdings ward ihm bislang noch kein eigenes Kapitel bewilligt. Dies gilt es nun sozusagen a posteriori im Folgenden nachzuholen.

12.1 Eine Frage der Wahrheit

Wie in der vorliegenden Arbeit durchgängig so gehalten, ist die logische Betrachtung von der Psychologisierung der Dinge zu trennen, denn – und das darf nicht vergessen werden – wir kommen aus der Informatik und das Modellieren von Gefühlen ist kein Gegenstand unserer Betrachtungen. Uns interessiert die Wahrheit. Und nichts als die Wahrheit.

> „Man wünscht ein Ziel zu sehen, [...] das die Richtung gibt, in der man fortschreiten will. Für die Logik kann das Wort »wahr« dazu dienen, ein solches kenntlich zu machen, in ähnlicher Weise wie »gut« für die Ethik und »schön« für die Ästhetik."[297]

Die klassische bzw. formale Logik lässt sich, bezogen auf die Sprache in folgender Weise definieren:

> „Logik ist die Wissenschaft von der Wahrheit von Aussagen auf Grund der Form allein."[298]

Diese Definition können wir mit folgendem Beispiel hinlänglich belegen:

Wenn das Licht an oder aus ist, und es ist gerade nicht an, dann ist es aus.

Es sollte ein Leichtes sein, Richtigkeit bzw. Gültigkeit dieser Aussage nachzuvollziehen. Das hat allerdings nichts mit dem Lichtschalter an sich zu tun, sondern liegt in der Struktur der Aussage begründet, die wir auch durchaus mit jedem beliebigen „Inhalt füllen" könnten, weil sie logisch-wahr ist, wie die folgende Darstellung zeigt.

Wenn a oder b und wenn nicht a, dann b.

Auch Aristoteles brachte die Frage nach „wahr" oder „falsch" bereits mit beeindruckender Klarheit auf den Punkt:

> „Nicht jede sprachliche Kundgebung [hat] die Eigenschaft, etwas zu behaupten, sondern diese Eigenschaft hat sie nur dann, wenn ihr das Wahr- oder Falschsein innewohnt."[299]

---

[297] Vgl. Frege (1978), S. 38
[298] Vgl. Lorenzen (1969), S. 60
[299] Vgl. Zitation in Fuchs (1971), S. 28

Gehen wir also davon aus, dass logische Strukturen keine syntaktischen Konventionen der Sprache sind, so sollten wir uns auf den Weg machen, hierzu eine Begründung zu liefern. Dabei sind zwei Aspekte hilfreich, die bereits in Kapitel 11 vorgestellt wurden: *Elementarsätze* und *komplexe Schemata*.

Um Wissen zu produzieren, d.h. also, um Schemata zu erzeugen sind wir auf die Wahrheit angewiesen, denn zum logischen Schließen wie wir es in Kapitel 12.2 noch kennen lernen werden, benötigt man idealerweise wahre Prämissen (i.d.R. Elementarsätze). Nehmen wir einmal an, in einer Datenbank, die uns Wissen zur Verfügung stellen soll, stehen folgende Sätze:

    a. „Der Papst ist ein Junggeselle."

    und

    b. „Alle Junggesellen dürfen heiraten."

Auch ohne das Kapitel über logisches Schließen gelesen zu haben, sollten wir nun den Schluss ziehen können, dass es dem Pabst gestattet ist, zu heiraten[300]. Allerdings müssen wir im selben Moment - mit der Kenntnis des katholischen Zölibats im Hinterkopf – stutzig werden und Veto einlegen. Was ist passiert? Nun, die Antwort ist so einfach wie (sprachlogisch) bedenklich. In unserer Gebrauchssprache gibt es so genannte *Allsätze*, von denen man nicht beweisen kann, dass sie *material wahr* sind und die wir nur dank unseres kreativen Umgangs mit Sprache trotzdem „guten Gewissens" verwenden (dürfen)[301]. So wird aus „Alle Junggesellen dürfen heiraten." z.B. ein „*Fast* alle Junggesellen dürfen heiraten." und schon sind wir auf der sicheren Seite. Für unsere anvisierte Datenbank hat dies allerdings zur Konsequenz, dass sie nur material wahre Aussagen enthalten sollte, weil wir sonst in Sachen Konsistenz in Teufels Küche geraten.

Doch was heißt nun „wahr"? In der *dialogischen* oder auch *intuitionistischen Logik* ist eine Aussage dann *material wahr*, wenn sie – vereinfachend gesagt – auf keine Weise widerlegbar ist. Jemand, der diese Aussage in einem Dialog verwendet, hat eine *Gewinnstrategie*[302]. Hierbei ist es jedoch unerlässlich, dass sich die Dialogpartner zuvor über die Geltungskriterien der Aussage geeinigt haben.

---

[300] Formal gesprochen werden a) und b) einfach durch ein logisches „und" (Konjunktion) zu einem komplexen Schema verbunden.

[301] Vgl. Wedekind, Ortner und Inhetveen (2005), S. 50

[302] Vgl. Inhetveen (2003), S. 60ff

„[..] eine logisch zusammengesetzte Behauptung [wird] im Hinblick auf ihre Geltung dadurch überprüft, daß die Geltung der elementaren Teilaussagen, aus denen sie besteht, von beiden Dialogpartner [...] nachgewiesen wird."[303]

Ein Dialog lässt sich im engeren Sinne als eine sprachlich geführte Auseinandersetzung zwischen zwei oder mehreren Personen definieren. Er zeichnet sich insbesondere durch Rede und Gegenrede bzw. folgende Sprachhandlungen aus:

• *fragen* und *antworten* zum Zwecke der Klärung von *Begriffen*,

• beweisen und widerlegen zum Zwecke des der Urteilssicherung und

• *behaupten* und *bestreiten* zum Zwecke des Ziehens korrekter *Schlüsse*.

Mit der *dialogischen Logik*[304] wurde nun ein probates Mittel kurz vorgestellt, mittels dem wir die materiale Wahrheit einer Aussage durch beweisen und widerlegen überprüfen und somit Urteile fällen können. Damit ist gleichzeitig der Grundstock für die „hohe Kunst" des logischen Schließens gelegt, um die es im nächsten Abschnitt geht[305].

12.2 Das Schließen: Deduktion, Induktion und Abduktion

Wir sind mit Kant in der Lage einen Bogen von unseren Überlegungen hinsichtlich des Denkens bis hin zum Urteilen zu schlagen.

„Die Sache der Sinne ist, anzuschauen; die des Verstandes, zu denken. Denken aber ist Vorstellungen in einem Bewußtsein vereinigen [...]. Die Vereinigung der Vorstellung in einem Bewußtsein ist das Urteil. Also ist Denken so viel, als Urteilen, oder Vorstellungen auf Urteile überhaupt beziehen."[306]

Was uns noch fehlt ist ein Blick auf das für unser praktisches Leben so relevanten Aspekt des *Schließens*. Denn unser Alltag ist geprägt von Annahmen und Überzeugungen, die wir einzig aus (vermeintlichen) Tatsachen geschlossen, aber nicht direkt erfahren haben[307]. Vor allem Gerüchte und Vorurteile nähren sich aus dieser „Fähigkeit"[308]. Wenn wir eine in Schwarz gekleidete, ältere Dame auf der Strasse

---

[303] Vgl. Inhetveen (2003), S. 60

[304] Für eine Einführung sei Wedekind, Ortner und Inhetveen (2005) empfohlen, für ein vertiefendes Studium der Thematik Inhetveen (2003).

[305] Vgl. Kap. 12.2

[306] Vgl. Kant (1989), S. 68

[307] Vgl. Bayer (1999), S 15 ff.

[308] Es gibt Menschen, die diese Fähigkeit des Schließens aus gehörten Halbsätzen zur Kunst erhoben haben, was nicht in jedem Fall und nicht in jeder Beziehung eine dankenswerte Gabe ist. Doch dieses Phänomen gehört eher in die Verhaltenspsychologie, nicht aber hierher.

erblicken, dann ziehen wir daraus den Schluss, dass sie wohl Witwe ist. Ein immer lauter werdendes Bellen in der Ferne sagt uns, dass mit hoher Wahrscheinlichkeit ein Hund auf uns zugelaufen kommt. Und ein dunkles Haus lässt uns schließen, dass offensichtlich niemand zuhause ist. Ein kritischer Geist könnte hier nun anmerken, dass solche Schlüsse sehr oft doch auch durch Erfahrungen und/oder Intuition motiviert sind. Das ist richtig. Doch konzentrieren wir uns hier „nur" auf den logischen Aspekt unseres Betrachtungsgegenstands oder anders ausgedrückt, indem noch einmal Kant bemüht sei:

> „Erfahrung besteht aus Anschauungen, die der Sinnlichkeit angehören, und aus Urteilen, die lediglich ein Geschäfte des Verstandes sind. Diejenige Urteile aber, die der Verstand lediglich aus sinnlichen Anschauungen macht, sind noch bei weitem nicht Erfahrungsurteile."[309]

Wir legen im Folgenden unser Augenmerk auf die Konstruktion zusammengesetzter und aus allgemeinen Aussagen resultierender Schemata, wie sie beim Schließen verwendet werden und dessen Ergebnis sie vor allem darstellen. Denn für das logische Schließen bevorzugen wir wahre Prämissen wie wir spätestens seit dem vorangegangenen Kapitel wissen.

Die *Deduktion,* das Schließen von wahren Aussagen auf weitere wahre Aussagen, ist die bekannteste Art des Schließens. Mathematik und freilich auch (klassische) Logik hätten ohne sie nahezu keine Existenzgrundlage. Der Deduktionsschluss ist Wahrheit bewahrend, um nicht zu sagen *zwingend wahr* und daher eher konservativ einzuschätzen, denn er besagt eigentlich nichts Neues bzw. nichts, was nicht auch schon in den Prämissen, also den Ausgangssätzen ausgesagt war. Bisweilen können wir aus ihm einen Erkenntnis*gewinn* dahingehend erhalten, als dass uns Gewusstes wieder oder noch klarer als zuvor wird. Aber eine Erkenntnis*erweiterung* wird durch eine Deduktion i.d.R. nicht erreicht. Sie lässt sich wie folgt darstellen:

> Aus $\mathcal{A}$ (praemissa maior) und $\mathcal{B}$ (praemissa minor) folgt *zwingend* C (conclusio).

Wir können hierbei $\mathcal{A}$ als Maßgabe oder auch Voraussetzung interpretieren, $\mathcal{B}$ als betrachteten (Einzel-)Fall und C als die aus der Gültigkeit von $\mathcal{A}$ und $\mathcal{B}$ erwachsene Feststellung. Als konkretes Beispiel diene uns an dieser Stelle das folgende (vgl. Abb. 12-1): Weil bekanntermaßen alle Hündinnen gefräßig sind ($\mathcal{A}$) und Gala eine Hündin ist ($\mathcal{B}$), schließen wir zweifelsfrei, dass auch Gala gefräßig ist (C).

Ein wenig anders verhält es sich bei der *Induktion,* mittels derer wir regelhaftes Wissen aus einzelnen, gegebenen Sachverhalten schließen können. Allerdings ist

---

[309] Vgl. Kant (1989), S. 67

der Induktionsschluss nicht notwendigerweise allgemein zutreffend, sondern wo-
möglich nur für den betrachteten Einzelfall (vgl. Abb. 12-1): Weil bekanntermaßen
alle Hündinnen gefräßig sind ($\mathcal{A}$) und die uns bekannte Gala eine Hündin ist ($\mathcal{B}$),
schließen wir zweifelsfrei, dass auch Gala gefräßig ist (C). Anders ausgedrückt
können wir sagen: Wir *wissen*, dass Gala gefräßig ist (C), denn es steht fest, quasi
als *Hinweis*, dass Gala eine Hündin ist ($\mathcal{B}$) und daraus ziehen wir den *Befund*, dass
alle Hündinnen gefräßig sind ($\mathcal{A}$).

Aus C (conclusio) und $\mathcal{B}$ (praemissa minor) folgt *wahrscheinlich* $\mathcal{A}$ (praemissa maior).

Hier begegnet uns im Übrigen das „Ur-Problem" der Empiristen[310]. Unseren speziellen Einzelfall (die uns bekannte Hündin Gala) haben wir damit wahrheitsgemäß in
unsere Schlussfolgerungen eingebunden, doch können wir möglicherweise weitere
Beispiele finden, für die dieser Befund falsch ist. Um also als Erkenntnis erweiternd
eingestuft zu werden, bedarf es im Falle der Induktion einer Überprüfung ihrer (All-
gemein-)Gültigkeit, was Aufgabe der *vollständigen Induktion* ist.

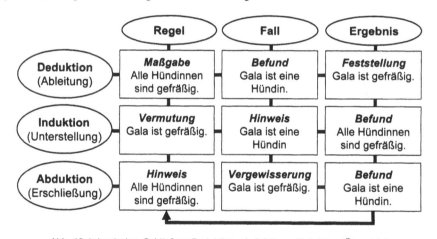

Abb. 12-1: Logisches Schließen: Deduktion – Induktion – Abduktion (Übersicht)

Wenn unser Hinweis, nämlich dass alle Hündinnen gefräßig sind ($\mathcal{A}$) stimmt, ebenso wie der betrachtete Fall der gefräßigen Gala (C), dann schließen wir daraus,
dass Gala eine Hündin ist. Dieser sehr unsichere Schluss wird nach dem Logiker
Charles S. Peirce *Abduktion* genannt[311] und dient in erster Linie dazu, Erklärungen

---

[310] Vgl. Kap. 1.1

[311] Vgl. Wirth (1995), S. 405

für Beobachtungen zu finden, also Hypothesen aufzustellen. Dies ist eher nicht als (formal) logisch einzustufen und fällt mehr unter die Kategorie „Mutmaßungen" bzw. Empirie.

Aus $\mathcal{A}$ (praemissa maior) und $\mathcal{C}$ (conclusio) folgt *vielleicht* $\mathcal{B}$ (praemissa minor).

In unserem Beispiel (vgl. auch Abb. 12-1) ist es sehr einfach Gegenbeispiele zu finden. Möglichweise reicht der Zusammenhang zwischen der Gefräßigkeit von Hündinnen im Allgemeinen und der Gefräßigkeit der uns nun schon bekannten Gala, um auf deren Artzugehörigkeit zu schließen, doch was ist z.B. mit der Ehegattin des berühmten Malers Dali? Vielleicht war auch sie permanent von Hungergefühlen geplagt. Zumindest heißt oder besser hieß sie Gala und könnte somit durchaus gemeint sein. Der Abduktionsschluss ist also ziemlich unsicher und möglicherweise ein Zufallsprodukt, so er stimmt. Er spekuliert, ohne einen tatsächlichen Belegfall zu haben und baut zunächst nur auf Indizien. Das unterscheidet ihn nicht nur quantitativ, sondern auch qualitativ von der Induktion.

Aus wissenschaftlicher Sicht jedoch ist die Abduktion die kreativste Form des logischen Schließens, denn auf die besonders originellen und innovativen Hypothesen gerade in den empirischen Wissenschaften kommt man nur durch Abduktion. Ohne sie wären Kriminologen beim Suchen nach Indizien ebenso verloren wie der Arzt bei seiner akribischen Suche nach den Ursachen bestimmter Krankheitssymptome. Freilich wird keine der beiden Berufsgruppen detaillierte logische Formeln aufstellen. Der Abduktionsschluss ist kein Schluss im strengen Sinne, sondern eher rhetorischer Art und ein potenzieller Aufdecker von „Wahrheit". Eine vortreffliche Erläuterung des Prozesses, eine erklärende Hypothese zu bilden, hat der Semiotiker Umberto Eco seinem mittelalterlichen Meisterdetektiv William von Baskerville in den Mund gelegt:

> „Angesichts einiger unerklärlicher Tatsachen mußt du dir viele allgemeine Gesetze vorzustellen versuchen, ohne dass du ihren Zusammenhang mit den Tatsachen, die dich beschäftigen, gleich zu erkennen vermagst. Auf einmal, wenn sich unversehens ein Zusammenhang zwischen einem Ergebnis, einem Fall und einem Gesetz abzeichnet, nimmt ein Gedankengang in dir Gestalt an, der dir überzeugender als die anderen erscheint. Du versuchst, ihn auf alle ähnlichen Fälle anzuwenden, Prognosen daraus abzuleiten, und erkennst schließlich, daß du richtig geraten hast."[312]

Die Geltungssicherung habe wir bereits erwähnt, deshalb sollte nun geklärt werden, inwieweit die Logik dem Auftrag der Geltungssicherung gerecht werden kann.

---

[312] Vgl. Eco (1982), S. 390f

12.3 Logik als Geltungssicherung

Logik dient insbesondere in der Anwendungsentwicklung auch dazu, für eine Geltungssicherung zu sorgen. Diese haben wir, in einer vordergründig auf gegenseitige Einigung angelegten Form bereits in Kapitel 12.1 kennen gelernt. Mit einem Rechner können wir allerdings schwerlich auf diese Art und Weise über die Geltung einer zu treffenden Aussage „verhandeln". Hier muss eine andere Vorgehensweise herangezogen werden. Es stehen folgende Maßnahmen zur Debatte:

- konstruktive Maßnahmen:

  - Vorgabe von Standards, die einzuhalten sind

  - ein Verfahren, nach dem vorzugehen ist,

  etc.

- analytische Maßnahmen:

  - Resultate werden mit gewissen Vorgaben verglichen
    (z.B. hinsichtlich begrifflicher Konformität)

  - innere Widersprüche werden gesucht (z.B. well-formed-formula)

  - die korrekte Ausführung wird an Beispielen durch Tests überprüft

Die *pragmatische Rechtfertigung* solcher Schritte ergibt sich aus der effizienten Erreichung vorgegebener Ziele sowohl in *technologischer* (Rechner) als auch in ergonomischer Hinsicht (Anwender).

Zur Verdeutlichung einer solchen Geltungssicherung, bei der es sich im Grunde um eine Qualitätssicherungsmaßnahme handelt, sei nun die begriffliche Konformität herangezogen. Als Beispiel dient hierbei der Aufbau eines Lexikons in folgenden Schritten:

a. Zunächst werden Beobachtungen bzw. Erkenntnisse aus der Praxis zusammengetragen[313] wie z.B.

- Das ist ein Apfel.

- Jenes hier ist keine Birne, sondern ein anderes Obst.

- Der Rosenkohl ist ein grünes Gemüse.

- Ein Apfel schmeckt entweder süß oder sauer.

- etc.

---

[313] In der Anwendungssystementwicklung finden wir dieses Prinzip unter der Bezeichnung *Aussagensammlung* wieder. Vgl. Kap. 17.3

b. Anschließend werden diese Aussagen mit Prädikatorenregeln „belegt"[314]:

⇒ : Regelpfeil im Sinne eines erlaubten Übergangs.

ε : ist ein;

ε' : ist kein (ist nicht ein); etc.

- x ε Apfel ⇒ x ε Obst
- x ε Birne ⇒ x ε Obst
- x ε Rosenkohl ⇒ x ε' Obst

etc.

c. Nun führen wir eine explizite Definition (=$_{DF}$) ein wie z.B.

- Apfel =$_{DF}$ eine rund geformte Obstsorte, mit süß, sauer oder süßsauer schmeckendem, festem oder auch mehligem Fruchtfleisch.

d. Überprüfung einer gemachten Aussage auf ihre Richtigkeit hin mittels des für das Lexikon rekonstruierten Eintrags:

- Peter kocht sich aus Äpfeln eine leckere, scharfe Gemüsebrühe.

Gemäß c. kann o.g. Aussage nicht stimmen, denn weder ist ein Apfel ein Gemüse, noch hat er einen scharfen Geschmack[315]. Dass wir dieses Wissen in den meisten Fällen aus sinnlicher Erfahrung bezogen haben, spielt hier keine Rolle mehr, denn aufgrund unseres aus der Praxis heraus aufgebauten Lexikons können wir uns auf die Logik im klassischen Sinne von Begriff, Urteil und Schluss verlassen.

13 Der Brückenschlag: Anregungen für den Unterricht

Nun haben wir uns mit vereinter Kraft durch die wichtigsten Aspekte einer rationalen Grammatik gearbeitet, immer im Hinterkopf behaltend, dass diese – vernünftig in den Schulunterricht integriert – den desaströsen Ergebnissen zweier PISA-Studien bzgl. der sprachlichen Fähigkeiten der Jugendlichen kurativ und präventiv entgegenwirken könnte. An dieser Stelle sollen nun einige Hinweise hinsichtlich einer „Realisierung im Unterricht" kommen. Gegenstand meiner Anregungen als Nicht-Pädagogin[316] für Pädagogen sei der (gymnasiale) Deutschunterricht.

---

[314] Vgl. Kap. 11.3

[315] Das mögliche Erzeugen von Schärfe durch entsprechende Gewürze sei an dieser Stelle nicht berücksichtigt.

[316] Zwar bin ich keine Pädagogin im klassischen Sinne, dennoch in Sachen Unterricht ein „alter Hase". Bereits seit 1987 arbeite ich in der Erwachsenenbildung und habe überdies eine langjährige, kommunikationspsychologische Ausbildung absolviert.

13.1 Der Richtlinienbezug

Im *Lehrplan Deutsch* für hessische Gymnasien ist folgende Bemerkung zu lesen:

> „Druckmedien wie Zeitungen und Zeitschriften und audio-visuelle Medien (Radio, Fernsehen, Video und Film) gehören ebenso wie die elektronischen Medien (Computer, Internet usw.) zum Alltag der Schülerinnen und Schüler. Die Medien prägen ihr Wissen, Denken und Fühlen."[317]

Mit dem Fühlen hat sich diese Arbeit bewusst und begründet nicht auseinander gesetzt, aber in punkto Wissen und Denken in einem rationalgrammatischen Sinne, sollte der Leser nun schon ausreichende Grundkenntnisse vorweisen, um dem letzten Satz des obigen Kommentars aus sprachkritischer Sicht weitestgehend beipflichten zu können. Dennoch drängt sich bisweilen der Eindruck auf, dass hier von den die Lehrpläne verantwortlich Umsetzenden das Medium als „Message" interpretiert wird und nicht als das Mittel zum Zweck. Lesen wir also weiter.

> „Die Schülerinnen und Schüler sollen lernen, sich bewusst als sprachliche Wesen zu erfahren, über ihre eigene Sprache reflektiert zu verfügen und durch Sprachwahl und Sprachkritik ihre Handlungsmöglichkeiten zu erweitern. Sprachreflexion dient auch dazu, den Mitmenschen besser wahrzunehmen und Sprache als Instrument der Verständigung wirksamer zu gebrauchen."[318]

„Die Sprache als Instrument" dient auch der Verständigung mit einem Rechner, was hier zwar nicht gemeint ist, aber ergänzend beigefügt werden könnte. Die angesprochene „Sprachwahl" hingegen haben wir in den vorherigen Kapiteln bereits von rhetorischen und psychologischen Aspekten losgelöst betrachtet und auf das sprachliche Handeln konzentriert, also u.a. auf das sprachliche Erfassen (Rekonstruieren) unserer physischen Welt.

Auch die Reflexion, die erfreulicher Weise auch Berücksichtigung im vorliegenden Lehrplan findet, ist für uns mittlerweile keine unbekannte Größe mehr. Der „Arbeitsbereich „Reflexion über Sprache" definiert Reflexion in seinen weiteren Ausführungen wie folgt, wobei wir uns hierbei aus erkennbarem Grund auf zwei Aspekte konzentrieren werden[319]:

* *Reflexion über sprachliches Handeln* (Kommunikationsanalyse):
  - Kommunikation wird als ein Handeln begriffen,
  - [...], linguistische, [...], situative und normative Faktoren in der Kommunikation finden Berücksichtigung,

---

[317] Vgl. Hessisches Kultusministerium (2005), S. 11

[318] Vgl. Hessisches Kultusministerium (2005), S. 12

[319] Vgl. Hessisches Kultusministerium (2005), S. 12

- Kommunikation wird mittels den Möglichkeiten einer pragmatisch orientierten Sprachwissenschaft reflektiert, etc.

- *Reflexion über das eigene sprachliche Handeln in konkreten Situationen*
  (Metakommunikation):

  - Analyse von Kommunikationsprozessen und

  - Weiterentwicklung sprachlichen Handelns durch „Sprechen über die
    eigene Sprache".

Unter diesen Zielsetzungen, die nicht weiter kommentiert werden müssen, sollte für
unsere Rationalsprache, quasi verstanden als „Lehre vom Entstehen einer jeden
empirischen Sprache", der Richtlinienbezug trefflich hergestellt sein. Doch um ihr
bei der Kandidatur um Aufnahme in den ehrwürdigen Kreis deutscher Lehrinhalte
hilfreich unter die Arme zu greifen, wollen wir ihr im Folgenden einen der Aufgabe
angemesseneren Namen geben.

13.2 Praxissprache mit Lehrauftrag

Aus der Sicht der Anwendungsentwicklung, die sich der rationalen Grammatik als
Basis für eine Konstruktionssprache bedient, wollen wir den neuen Namen *Praxissprache* einführen. Dies ist – wie wir mittlerweile wissen – durch den Umstand
begründet, dass die Hauptaufgabe der sprachbasierten Informatik darin liegt, „aus
der Praxis für die Praxis" zu entwickeln und das auf der Grundlage sprachlicher
Aussagen, die einen realen Weltausschnitt beschreiben.

Der kleine begriffliche Exkurs in die Anwendungsentwicklung sei verziehen, steht
er doch in direktem Zusammenhang mit der neuen Benennung der rationalen
Grammatik, wenn sie Kindern bzw. Jugendlichen näher gebracht werden soll. Die
Rekonstruktion einer Praxissprache bzw. die Erkenntnisse, die diese vermitteln will,
erlernen sich leichter im spielerischen Umgang mit derselben. Aus diesem Grund
sei eine in unserem Sinne rekonstruierte Rationalsprache im schulischen Kontext
von nun an mit *Spielsprache* bezeichnet. Und deren Lehrauftrag wollen wir jetzt
näher beleuchten.

13.2.1 Ziele

Mit Hilfe einer Spielsprache können Kinder lernen, wie eine Sprache generell entsteht und welchen Gefahren diese – beispielsweise durch Heterogenitäten –
ausgesetzt sein kann.

> „Die Aufgabe eines Kindes beim Erlernen einer Sprache besteht darin, aus den
> durch die Prinzipien der universellen Grammatik [Spielsprache; Anm. d. A.] zur
> Verfügung gestellten Grammatiken diejenige auszuwählen, die mit den begrenz-
> ten und mangelhaften Daten, die ihm präsentiert werden, vereinbar ist".[320]

Noch einmal: Es geht hier nicht darum, Schönheit und die Palette der facettenrei-
chen Ausdrucksmöglichkeiten unserer Sprache aufzuzeigen, denn das ist dankens-
werterweise Inhalt aller Lehrpläne betreffend das Fach Deutsch und findet praktische Anwendung beispielsweise in Literaturbesprechungen. Was jedoch Ziel sein
muss, ist eine Heranführung der Jugendlichen an eine sprachliche Disziplin wie sie
immer mehr verloren geht[321]. Das Primärziel eines entsprechend gestalteten Unterrichts heißt nun also:

Wir *entwickeln eine Spielsprache* für das Räuber-und-Gendarm-Spielen,
das Kochen, das Musikmachen, etc.

Damit versuchen wir folgendes Sekundärziel zu erreichen, das sich als eigentlich
wichtigstes Anliegen recht schlau in dem erstgenannten, unterrichtstechnisch deutlich „bunter" und interessanter zu gestaltenden Primärziel versteckt:

Wir *verstehen, wie Sprache entsteht*, wie wir mit ihr auf unsere Welt
schrittweise, zirkelfrei und Alles explizit machend Einfluss nehmen können und bereiten uns hinsichtlich unserer *Sprachkompetenz* und *Sprachperformanz* auf ein erfolgreiches Leben in der „Cyber-Welt" vor.

13.2.2 Die Lehreinheiten

Die nun folgende Reihenfolge der vorzuschlagenden Lehreinheiten ist eine Gestal-
tungsmöglichkeit von vielen und kann aus hier nicht zu diskutierenden, pädago-
gisch-didaktischen Überlegungen durchaus eine andere sein.

Die Kinder können hinsichtlich der Rekonstruktion einer solchen Spielsprache
mit dem Verweis „wir wollen das, was wir jetzt gleich *sprachlich tun*, also z.B. Ball-
spielen, anderen Kindern *sprachlich beibringen*" motiviert werden. Denn als fortgeschrittene Rational- bzw. jetzt Spielsprachler wissen wir natürlich:

> „Eine Sprache lernen heißt jetzt im wesentlichen, das eigene Sprechen nach ei-
> nem schon überlieferten Sprechen ausrichten, sie lehren hingegen heißt,
> wiederum im wesentlichen, anderen das eigene Sprechen vermitteln. Zwischen
> beiden Tätigkeiten aber hat jeder Mensch und haben Gruppen von Menschen ei-
> nen Spielraum für spontane Schöpfung neuer Sprechweisen zur Verfügung."[322]

---

[320] Vgl. Chomsky und Mitsou (1981), S. 200.

[321] Vgl. Kap. 0.1 und Kap. 6

[322] Vgl. Lorenz (1970), S. 15

Doch nun zu den Inhalten:

1. Sprache ist ein Medium zwischen mir und den Eindrücken, die meine Sinne bzw. meine Erfahrungen und/oder mein Denken bzw. meine Vorstellungen betreffen. Um die Sprache als diesbezügliches „Konservierungsmittel" zu begreifen, ist das Erlernen der Konzepte *Begriff*[323], *Schema und Ausprägung*[324] sowie *Abstraktion*[325] hilfreich.

2. Ausgehend von betrachtetem physischen Handeln (z.b. das Spielen von „Räuber und Gendarm") und dem damit verbundenen Zweck des Spracheinsatzes bzw. der Sprachbenutzung wird eine *Elementarsatzlehre*[326] rekonstruiert.

3. Das planerische und konstruktive Denken wird sodann am Beispiel von allgemeinen (*Schemata*) bzw. komplexen Aussagen (*Klassifikation und Komposition*[327]) behandelt und eingeübt. Beispielsweise sammeln wir mittels Brainstormings die Ideen der Kinder, wie das Räuber-und-Gendarm-Spiel sprachlich zu beschreiben ist. Dies sind i.d.r. singuläre Aussagen, die dann als allgemeine (*Schematisierungen*) festgehalten werden. Wird eine dieser „Spielregeln" später von einem anderen Kindern konkret angewendet, so liegt eine Aktualisierung derselben vor (*Ausprägung*).

4. Um über die Richtigkeit und Verständlichkeit von Sprache reflektieren und diese bezüglich ihrer Geltungssicherheit beurteilen zu können, bedarf es der Kenntnis über die Voraussetzung von Kommunikation (*Objekt- und Metasprache*[328]). Beispielsweise könnte eine Textstelle eines bekannten Comedian, der für eine drastische Jugendsprache bekannt ist, analysiert werden: Was wird gesagt? Würde das eure 75-jährige Großmutter verstehen? Euer 4-jähriger Bruder? Wie können wir den Satz sprachlich so umgestalten, dass sich die verschiedenen Sprachgemeinschaften im Sinne einer *communis* verstehen?

---

[323] Vgl. Kap. 10

[324] Vgl. Kap. 11.1

[325] Vgl. Kap. 11.2.2

[326] Vgl. Kap. 11.3

[327] Vgl. Kap. 11.4

[328] Vgl. Kap. 11.5

13.2.3 Ein Übungsbeispiel: Namensgebung und Kennzeichnung

Das Thema der Unterrichtsstunde könnte markant *Nomen est Omen* heißen, was den Kindern natürlich übersetzt werden muss, sofern es nicht bekannt ist. Die Schülerinnen und Schüler sollen

- den Unterschied zwischen Namen, Kennzeichnungen und Erklärungen verstehen,

- erkennen, wie wichtig Bezeichnungen im täglichen Leben sind bzw. auch welche Gefahren möglicherweise in einem nicht korrekten oder exakten sprachlichen Umgang mit Namen und Kennzeichnungen liegen,

- und diese Erkenntnisse auf den Umgang mit Rechnern und insbesondere den mit dem Internet übertragen.

Der folgende Ablauf zeigt eine mögliche Übung zum Thema auf, wie sie sowohl mit Grundschulkindern als auch älteren Schülern gut vorstellbar ist.

1. *Vorbereitungsphase*: Zur Vorbereitung werden so viele Namenskarten erstellt wie Schüler am Unterricht teilnehmen. Auf den Kärtchen steht jeweils einer der folgenden Namen: Maier, Meyer, Meier, Mayer, Meir und Mair. Je nach Schülerzahl können die einzelnen Namen natürlich mehrfach auftreten. Die Namenskärtchen werden mit einem Klebestreifen unter den Stühlen der Schüler befestigt, bevor diese das Klassenzimmer betreten.

2. *Einstieg („Warm-up")*: Nachdem die Kinder eingetreten sind, sich gesetzt haben und die allgemeine Begrüßung erfolgt ist, gibt die Lehrerin folgende Anweisung: „Ihr findet auf der Unterseite eurer Stühle Namenskärtchen. Nehmt es euch, aber lest es so, dass kein anderer den Namen darauf lesen kann. Ich rufe euch dann einzeln auf, und wer „seinen" Namen von dem Kärtchen hört, der meldet sich bitte und ruft „Hier".

   Die Schüler erkennen noch keinen Sinn in der Aktion. Erst nachdem die Lehrerin irgendeinen der Namen, die phonetisch alle gleich klingen, aufruft und sich daraufhin alle Schüler melden, gibt es Verwirrung. Vermutlich werden die Kinder anfangen, die eigenen Kärtchen mit denen der Mitschüler zu vergleichen und selbsttätig „zu des Rätsels Lösung gelangen".

3. *Erklärung (Lehrervortrag)*: Es erfolgt eine Beschreibung echter und potenzieller Kennzeichnungen und eine Erläuterung von Eigennamen. Jeder Begriff wird mit Beispiel und Gegenbeispiel eingeführt und jeweils erfragt, warum das so sinnvoll ist.

4. *Gruppenarbeit*: es werden Zweiergruppen gebildet, die zusammen folgende Arbeitsaufgaben bearbeiten:

- Beispiele finden für echte und potenzielle Kennzeichnungen.

- Was sind deren Nachteile, was die Vorteile?

Anschließend nennt jede Gruppe je zwei Beispiele vor der gesamten Klasse, welche beurteilen soll, ob diese korrekt sind oder nicht. Eine kleine Einführung bzw. Erinnerung an den respektvollen Umgang miteinander ist hierbei sicherlich von Vorteil (Feedbackregeln). Die Kinder üben im Team, zu einer gemeinsamen Lösung zu kommen und vertiefen zusammen ihr Verständnis des gelernten Stoffs[329]. Darüber hinaus wird die Aufmerksamkeit erhöht, wenn die Gruppen ihre Ergebnisse vorstellen und die Beurteilung der Klasse gefordert ist. Die daraus entstehende Diskussion unterstützt den Verständnisprozess.

Mit dieser Anregung verabschieden wir uns von den Grundlagen einer Praxis- oder Lehrsprache auf Basis einer rationalen Grammatik und wenden uns dem zu, was man aus Sicht der Informatik Sinnvolles damit machen kann, nämlich einem sprachlogisch entwickelten Marktplatz für Wissens- bzw. Könnenskomponenten.

---

[329] Vgl. zum Thema Gruppenarbeit z.B. Mattes (2002), S. 32f

Teil 4
Rechnerunterstützung auf neuem Wege

*Wollen hätten wir schon gekonnt, nur
dürfen haben wir uns nicht getraut.*

Karl Valentin (1882-1948)

14 Das Management von Wissen und Können

In den vorangegangenen Kapiteln haben wir uns nun ausgiebig damit beschäftigt, wie Konzepte der sprachbasierten Informatik die Bildung der Menschen bereichern können. Der rote Faden, den wir dabei immer wieder haben mitlaufen lassen, heißt Sprache und so kann es nicht verwundern, wenn wir auch in diesem letzten Themenblock selbigen zum Zwecke der Hinleitung zur Rechnerunterstützung wieder aufnehmen.

14.1 Eine begriffliche Abgrenzung

Stellen wir uns die Welt oder genauer gesagt, die sprachlich erfasste Welt einmal aus Sicht des Internets vor. Dann müsste sich vor unserem geistigen Auge ein unermesslich großer Raum auftun, der permanent durch digitalisiertes Wissen wie z.B. Software und durch Äußerungen erfüllt ist. Wir haben letztere aus Sicht ihrer medialen Träger ja bereits als Sprachhandlungen definiert. Diese Äußerungen beeinflussen nicht nur das Handeln derer, die bereits über Wissen verfügen, sondern eben auch das Operieren mit Daten auf Rechnersystemen, wo das Wissen in geeigneter Form ebenfalls vorhanden sein muss. Als Beispiel bieten sich hierfür elektronische Marktplätze an, auf denen sich Menschen sowohl sprachlich als auch rechnerunterstützt begegnen[330].

Es erscheint sinnvoll, sich im Vorfeld mit seinem eigenen Sprachhandeln zum Zwecke absichtsvoller Äußerungen auseinanderzusetzen und es hernach zielgerichtet und nicht willkürlich einzusetzen. Diese Herausforderung erkannte bereits Wittgenstein.

---

[330] Vgl. Merz (2002), S. 22ff

„Die Verwirrungen, die uns beschäftigen, entstehen gleichsam, wenn die Sprache leer läuft, nicht wenn sie arbeitet." [331]

Beide Blickwinkel, das technische Operieren ebenso wie das menschliche (Sprach-)Handeln, erlauben es uns, das sprachliche Vorbereiten, also das Planen von Äußerungen durch die Kombination und Bereitstellung von Schemata, *Modellieren* zu nennen. Genau dieses Modellieren von Äußerungen durch Schemaerwerb oder, anders umschrieben, das *How-to-specify-the-world* ist im Zeitalter des rekonstruierbaren und damit durch den Rechner unterstützbaren Denkens, Redens und Handelns ein Können, das jeder Bürger in einer globalen Wissensgesellschaft von frühester Jugend an erlernen sollte. Dies gilt freilich nur, wenn er auch ein lebhaftes Interesse daran hat, in den „Wettbewerb des Lebens" mit all seinen von Wissen geprägten Facetten in beruflichem und privatem Bereich einzutreten. Informatik hat von diesem Standpunkt aus gesehen unzweifelhaft Grundbildungscharakter. Zu verstehen, wie Sprache prinzipiell entsteht – betrachtet aus dem Blickwinkel einer rationalen Grammatik, könnte helfen, die dringend „renovierungsbedürftigen" sprachlichen Fähigkeiten der heutigen Jugend zu verbessern.

Wissen ist die eine Seite der Medaille, *Können* die andere. Doch damit diese Bemerkung hilfreich für das Verständnis weiterer Gedanken ist, sollten wir beide Begriffe noch einmal zum Zwecke einer für uns brauchbaren Definition anschauen. Die enge Beziehung zwischen Wissen und Können lässt sich mit Wittgenstein wie folgt auf den Punkt bringen:

„Die Grammatik des Wortes 'wissen' ist offenbar eng verwandt der Grammatik der Worte 'können', ' imstande sein'. Aber auch eng verwandt der des Wortes 'verstehen'. (Eine Technik 'beherrschen'.)" [332]

Und mit Bezug zur Sprache:

„Einen Satz verstehen, heißt, eine Sprache verstehen. Eine Sprache verstehen, heißt, eine Technik beherrschen." [333]

Wir erinnern uns bei dieser Gelegenheit an Chomskys Einteilung in Sprachkompetenz und -performanz, die Wittgenstein mit Sicherheit gut gefallen hätte und an die Ausführungen zum Konzeptpaar „Schema und Ausprägung". Insbesondere letzteres hat in Sachen Wissensdefinition bereits gute Dienste geleistet. In der direkten Auseinandersetzung mit *Können* und mit Kenntnis der bereits in Kapitel 4.2 aufge-

---

[331] Vgl. PU, §132 in Wittgenstein (1984), S. 305

[332] Vgl. PU §150, in Wittgenstein (1984), S. 315

[333] Vgl. PU §199, in Wittgenstein (1984), S. 344

führten Klassifikationen von Wissen, wollen wir uns für die nachfolgenden Ausführungen auf folgende Definition dieser beiden „Seelenverwandten" einigen:

> *Können* ist als ein „wissen wie" zu verstehen, als das zur Verfügung haben von Schemata, die uns zu konkretem Handeln anleiten. *Wissen* hingegen ist ein „wissen dass", ein Verfügbarhaben von Schemata, die uns Kenntnis verschaffen und unseren Horizont erweitern.

Gemäß obiger Definition hat *Können* also einen deutlich aktiveren Charakter im Sinne eines Anstoßens zu tatsächlichem Handeln als dies für das *Wissen* gilt.

14.2 Zu Grunde liegende Gedankenlogik

Um die in den Teilen 2 und 3 behandelten Themen noch einmal zusammenzuführen, schauen wir uns eine *Gedankenlogik* an, die zur Grundlage Freges berühmte drei Aufsätze („Der Gedanke", „Die Verneinung" und „Gedankengefüge")[334] nimmt und eine Klammer um die bisherigen Erkenntnisse bildet (s. Abb. 14-1).

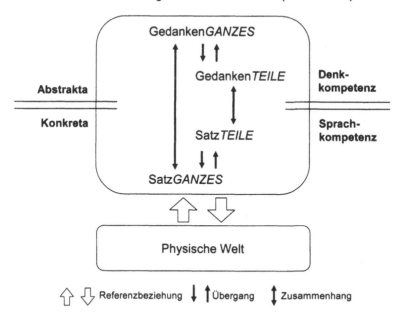

Abb. 14-1: Eine Gedankenlogik nach Frege

---

[334] Die Aufsätze finden sich z.B. in Frege (1993).

Unsere physische Welt erfassen wir dank unserer Sprachkompetenz mit konkreten Äußerungen, also Sätzen. Man nennt dies auch *Referenzbeziehung*. Dabei gehen die *Satzteile* in ein *Satzganzes* über, ebenso wie umgekehrt das Satzganze natürlich in seine Teile überführt werden kann. Wir erkennen das in den Ausführungen zur rationalen Grammatik Gelernte. Dieses im konkreten Bereich anwendbare Modell lässt sich nun auch auf den abstrakten Prozess des Denkens, also unsere *Denkkompetenz* erweitern. Auch hier haben wir ein *Gedankenganzes*, das aus *Gedankenteilen* besteht, welche umgekehrt auch wieder zu einem Ganzen zusammengefasst werden können. Und selbstverständlich besteht ein Zusammenhang zwischen dem Satz- und dem Gedankenganzen, wie in Kapitel 1.3 zu lesen ist.

Mit dieser Darstellung ist es uns ein Leichtes, abstrakte Gedanken ebenso wie konkrete Äußerungen als Komponenten zu modellieren. Und das werden wir in kommenden Kapiteln auch tun, jedoch nicht ohne uns zuvor mit dem Grad der rechnerunterstützten Selbsttätigkeit befasst zu haben, die aufgrund eines solchen Ansatzes möglich, notwendig bzw. seitens des – nun entsprechend vorgebildeten[335] – Anwenders gewünscht ist.

14.3 Stufen der rechnerunterstützten Selbsttätigkeit

Rechnerunterstützte Selbsttätigkeit meint nichts anderes als die Unterstützung des Menschen durch den Rechner beim (selbsttätigen) Bewältigen einer Aufgabe. Dabei sollte der Benutzer solcher Systeme frei entscheiden können, in welchem Maße er sich „helfen" lassen möchte oder in welchem Maße eine Hilfe tatsächlich notwendig ist[336]. Vom Standpunkt des Rechners aus sind folgende Stufen des Schemaeinsatzes bzw. Teilschritte hinsichtlich eines wachsenden Grads der „Selbsttätigkeit" zu unterscheiden:

- *Physische Mechanik oder Elektronik* (keine Sprache): Anweisungen werden von Außen gegeben, d.h. es liegt keine über ein Medium vermittelte „Selbsttätigkeit" vor.

- *Steuerung über ein gespeichertes Programm* als Medium mit bedingten Anweisungen (1:1).

---

[335] „Vorgebildet" meint hierbei Kenntnisse der Rationalen Grammatik im Sinne einer Grundbildung habend.

[336] Vgl. hierzu auch Tab. 14-1

- *Steuerung über Schemata*, die nach dem Konzept „ein Schema → mehrere gültige Ausprägungen, „die dann die Verarbeitung steuern", entwickelt werden (1:n).

- *Sprachebenen, bestehend aus „Schema/Ausprägungs-Paaren" und Reflexion* (Überlegung) als Verbindung/Übergang von einer Sprachebene auf die andere; höherer Grad an über ein Medium vermittelter Selbsttätigkeit[337].

Ausgehend von der Automation, Informationsbereitstellung, Rechnerunterstützung und der Erkenntnis, dass Denken ein auf Sprache aufbauendes Geschehnis beim Menschen darstellt, das in Reden und/oder Handeln münden kann, liegt es nahe, unser Augenmerk auf die *Denkunterstützung* zu lenken. Diese erfolgt zum einen

- *auf natürlichem Wege* in Form der Verbesserung der menschlichen (Sprach-)Bildung und

- *auf künstlichem Wege* in Form der konkreten Rechnerunterstützung von Menschen, die sich in Mangelsituationen befinden.

Wichtig ist hierbei, sich noch einmal folgenden grundlegende Erkenntnisse und Definitionen ins Gedächtnis zu rufen:

- Denken heißt u.a. einem Schema folgen zu können,

- Schemata akkumulieren Wissen und

- Können ist ein aktives Wissen.

Nehmen wir beispielsweise an, Paul überlegt, wie er von der Hier-wohne-ich-Strasse in die Hier-wohnt-Paula-Strasse kommt. Setzen wir überdies voraus, dass diese Aufgabe für ihn lösbar ist, so stellt er sich quasi durch den von ihm eingeleiteten Denkprozess selbst ein *Schema* bzw. *Wissen* bzw. *tatsächliches Können* bereit. Letzteres versetzt ihn *theoretisch* in die Lage, Paula zu besuchen[338]. Ob er dieses Können dann auch *praktisch* nutzt, ist eine Frage des freien Willens und der Selbsttätigkeit. Ist er zu diesem Denkprozess im Sinne einer Schemabereitstellung nicht in der Lage, so kann er die ihm zur Verfügung stehende Rechnerunterstützung nutzen wie beispielsweise das Navigationssystem seines Autos. Zusammenfassend können wir also festhalten:

> Rechnerunterstützung setzt beim Erwerb und beim Befolgen von Schemata, also beim Denken, ein.

---

[337] Vgl. auch Kap. 11.5

[338] In Anlehnung an Heinemann (2005b)

Dies scheint auf den ersten Blick den Weg für eine große Zahl möglicher Anwendungssysteme zu ebnen. Ob dem tatsächlich so ist, lässt sich mit Tab. 14-1 näher untersuchen.

Spezifizierbarkeit eines Schemas /von Wissen Grad der in Anspruch genommenen Automation	gar nicht	teilweise	komplett
gar nicht	unwissend selbst tun	teilweise wissend selbst tun	wissend selbst tun
teilweise	–	*lösbare Unterstützung*	*selbst gewählte Unterstützung*
komplett		–	*selbst gewählte komplette Automation*

Tab. 14-1: Automatisierungsgrad der Rechnerunterstützung

Gehen wir nun Tab. 14-1 zeilenweise durch. Im Falle eines nicht modellierbaren Wissens und somit auch einer nicht gegebenen Automatisierbarkeit des entsprechenden Schemas, kann ich meine zu erledigende Aufgabe ggf. dennoch lösen. Dieses „richtige Verhalten im richtigen Moment" erfolgt unbewusst und ist somit ein implizites Wissen[339]. Als Beispiel möge ein Bildhauer dienen, der es nach jahrelangem Bearbeiten verschiedener Holzsorten einfach „in den Fingern" hat, wie er mit einem bestimmten Material umgehen muss, ohne dies einem Anderen erklären zu können.

Im Falle der teilweisen Spezifizierbarkeit ist eben nur ein Teil des zur Bewältigung der gestellten Aufgabe nötigen Wissens sprachlich erfassbar und somit modellierbar. Eine Rechnerunterstützung wird aber nicht angestrebt. Das bereits eingeführte explizite Wissen findet sich in Tab. 14-1 durch die komplette Spezifizierbarkeit der entsprechenden Schemata wieder. Auch hier wünscht sich der Wissensarbeiter keine Rechnerunterstützung beim Folgen von Schemata.

---

[339] Vgl. Kap. 4.2

Schauen wir nun auf die zweite Zeile, in welcher das Augenmerk auf einer teilweise in Anspruch genommenen Automatisierung durch den Anwender und „Löser" einer Aufgabe liegt. Dies macht natürlich nur Sinn, wenn das zu automatisierende Wissen zumindest teilweise auch spezifizierbar ist. Eine Unterstützung ist partiell möglich, also – und das ist wichtig festzuhalten – nutze ich sie auch. Ein schönes Beispiel stellt ein Navigationssystem im Auto dar. Es unterstützt mich zwar bei meinen Bemühungen von einem Ort zu einem anderen zu gelangen, aber das Auto lenken muss ich immer noch selbst. Bei einer kompletten Spezifizierbarkeit der benötigten Schemata kann ich bewusst die Entscheidung treffen, nur einen Teil an Automatisierung in Anspruch zu nehmen, weil mir das Befolgen der restlichen Schemata beispielsweise Freude bereitet.

Die letzte Zeile von Tab. 14-1 stellt eine komplette Automatisierung zur Diskussion, die natürlich nur in einem Fall Sinn macht, nämlich dann, wenn das benötigte Wissen vollständig sprachlich erfassbar, also modellierbar ist. Ich kann nun die Bewältigung einer Aufgabe vollständig „in die Hände" des die Automatisierung anbietenden Rechners legen. Ansonsten müsste ich eventuell eine mühevolle Tätigkeit selbst erledigen. Als triviales Beispiel können wir hier einen Aufzug anführen. Um in den 8. Stock eines Hochhauses zu gelangen, kann ich mich entweder sportlich betätigen oder einen Fahrstuhl nehmen.

Bei den in Tab. 14-1 kursiv geschriebenen Fällen handelt es sich klassischerweise um solche, bei denen eine Unterstützung durch Rechner möglich und sinnvoll ist. Sie stellen das Einsatzgebiet für so genannte *Epistemische Anwendungssysteme* dar, die in Kap. 16 vorgestellt werden. Doch zunächst wollen wir uns ein Konzept bzw. eine Architektur ansehen, die dem Benutzer in verschiedenen Bereichen Unterstützung anbietet.

15 DarWin – Das Darmstädter Wissensmanagement Konzept

Wie Wissen und Können aus sprachbasierter Sicht aufzufassen sind, wissen wir nun. Worum es jetzt geht, ist das Vorstellen eines geeigneten Konzepts zur Integration Epistemischer Anwendungssysteme in ein „Management-System zur Unterstützung menschlicher Selbsttätigkeit" auf der Basis von Schemata, wie wir es in Kap. 14.3 kennen gelernt haben.

15.1 UMRII – ein Überblick

Um das Können eines Menschen zu managen, eigentlich könnten wir sagen, in geordnete Bahnen zu lenken, bedarf es einer Unterstützung sowohl seines (abstrakten) Denkens, als auch seines (konkreten) Sprachhandelns. Hierfür benötigen wir – basierend auf der Fregeschen Gedankenlogik – ein theoretisches Fundament, auf dem unser potenzielles Könnensmanagement-System aufbauen soll.

UMRII (Use – Mention – Reflection – Ideas – Interaction) als Architektur unterscheidet *Anwender*, *Könnensmanagement* und *Wissensbasis* (s. Abb. 15-1), was im Folgenden nun näher ausgeführt werden soll.

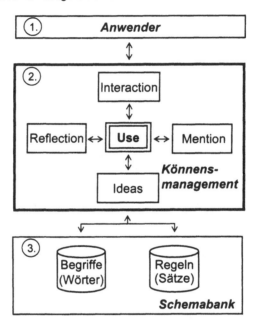

Abb. 15-1: UMRII (Use – Mention – Reflection – Interaction – Ideas)

15.1.1 Der Anwender

Der Anwender bzw. Benutzer eines auf dieser Grundlage realisierten Systems ist ein Mensch, der in einer Situation nicht über das zum Bewältigen derselben notwendige Können verfügt. Im Gegensatz zu dem in Kapitel 2.2 vorgestellten Expertensystem, dass als Experte fungiert und Expertenwissen vermittelt, kann das hier zur Verfügung gestellte Wissen und Können *jedem* Nutzer in einer bestimmten Situation behilflich sein. Welche (exemplarischen) Möglichkeiten sich ihm hier bieten, werden wir in Kap. 16.3 noch sehen.

15.1.2 Das Könnensmanagement

Das Kernstück von UMRII besteht aus dem Könnensmanagement (Ability Management). Dabei handelt es sich um implementierte, generische Funktionen (engines), auf deren Basis spezifische (epistemische[340]) Anwendungen entwickelt werden können. *Use*, *Mention* und *Reflection* sind uns zum Teil schon bei der Erläuterung von Objekt- und Metasprache und bei der Einführung der Sprachebenen in Kapitel 11.5 begegnet. Mit UMRII liegt nun eine auf Grundlage der Unterscheidung von Sprachebenen sowie dem Konzept von Schema und Ausprägungen entwickelte, neue Architektur (Könnensmanagement-System) vor, die in allgemeiner, also in generischer Weise, das Denken, Handeln und Reden von „Normalbürgern" zu unterstützen imstande ist.

Folgende *Use-Aspekte*, als das *Verwenden* bzw. *„Verarbeiten" geeigneter Schemata* über mehrere Sprachebenen hinweg i.S. unterstützender Funktionen, gilt es zu unterscheiden:

• *Mention*: Beschreibung bzw. Erklärung verwendeter Schemata

• *Reflection*: Hier findet die „Qualitätsprüfung" bzw. Geltungssicherung statt. Reflexion beschreibt in diesem Zusammenhang die Möglichkeit des Schlussfolgerns über mehrere Sprachebenen hinweg. Dadurch können von einer Metasprachebene, z.B. von einem Repositorium aus, Schemata (i.S.v. Diensten) für das (Sprach-)Handeln in einem Anwendungsbereich, welches ja der Objektsprachebene zuzuordnen ist, „automatisch" beurteilt und dann bereitgestellt werden[341]. Die Reflexionsebene dient dazu, die auf der Metasprachebene verwendeten Ausdrücke zu beurteilen (Qualitätssicherungsaspekt hinsichtlich der sprachlichen Qualität auf der Metasprachebene). Erst durch Reflexion ist man in der Lage, bewusst, d.h. wissensgesteuert zu handeln.

• *Interaction*: Interaktion zwischen Mensch und Maschine unter Verwendung der relevanten Sinnesorgane bzw. Wahrnehmungskanäle (mit den Augen sehen, mit den Ohren hören und mittels der Haut fühlen, etc.)

• *Ideas*: Simulation von „Schemaerwerb und Ausprägungserzeugung" als Ausdruck von Kreativität. Ideen stellen Schemata oder auch Ausprägungen dar, die durch probeweises Kombinieren von Schemastücken zustande kommen. In einem nächsten Schritt sollten diese Ideen noch hinsichtlich

---

[340] Vgl. hierzu Kap. 16

[341] Vgl. Ortner und Wedekind (2003), S. 39

ihrer Sinnhaftigkeit, also auch ihrer Qualität i.s.v. geltungsgesichert bewertet werden. Die kreative Leistung in Form von Ideen kann wiederum in die Wissensbasis eingehen, so dass die Verwertung „guten" Wissens gewährleistet ist.

Was aber macht Wissen „gut"? Für die weiteren Erläuterungen wollen wir ein solches Wissen wie folgt charakterisiert annehmen: kontextgebunden, in Echtzeit verfügbar und dem Vorwissen bzw. aktuellen Können des Verwenders angemessen.

15.1.3 Die Wissensbasis

Nun, da wir in Sachen „Schema, Ausprägung & Co." als Fortgeschrittene gelten dürfen, verstehen wir auch das im Folgenden vorgestellte und auf diesem Konzeptpaar basierende, allgemeine *Schema-Management* bzw. die *Schemabank*. Schemata sollen hierbei dergestalt verwaltet und bereitgestellt werden können, dass potenzielle Anwender darauf basierender Systeme eigenes erworbenes und/oder zur Verfügung gestelltes Wissen validiert verwenden können. Es handelt sich dabei also quasi um ein Wissensmanagement auf Metaebene (i.s.v. „Wissen über Wissen").

Abb. 15-2: Konzeptuelles Metaschema zum Schema-Management[342]

Das System muss hierbei sowohl zur *Integration* als auch zur *Generierung* von Wissen im Stande sein. Wir klassifizieren letzteres hierbei wie folgt und beginnen dabei auf der untersten Ebene in Abb. 15-2:

---

[342] In Anlehnung an Heinemann, Ortner und Wedekind (2004), S. 282

- Das *Aktionswissen*, welches als Ausprägung des *Aktionswissensschemas* vom *Wissensadministrationsschema* (Metaschema) generiert werden kann, beschreibt eine situationsabhängige Kombination aus Wissenskomponenten, wie sie zur Bewältigung einer konkreten Situation – aus verschiedenen Fachgebieten zusammengesetzt – benötigt werden.

- Das dazugehörige *Fachwissen* ist sprachlich rekonstruiert und wird auf der Basis des Wissensadministrationsschemas (Metaschema) administriert.

- Die möglichen Beziehungen und Abhängigkeiten (verwendete Begriffe/ Wörter und entsprechende sprachliche Regeln) zwischen den einzelnen *Wissenskomponenten* werden über die nächste Metaebene, das *Wissensintegrationsschema* als „Wissen über Wissen" (Sprachwissen) dargestellt und integriert.

15.2 Das Konzept

Das *Darmstädter Wissensmanagement-Konzept* (DarWin) stellt einen humanorientierten Ansatz dar[343], der Anwendern ermöglichen soll, ihr selbst erworbenes und benötigtes, zur Verfügung gestelltes Wissen in einer Wissensdatenbank abzulegen und abzurufen.

Wie wir mittlerweile wissen, ist funktionierende Kommunikation auf gemeinsame bzw. den jeweiligen Kommunikationspartnern zumindest zum Zeitpunkt des Kommunizierens bekannte Schemata angewiesen. Der sprachbasierte Ansatz bietet die Möglichkeit, das so genannte *Usability Engineering*[344] heutzutage neu und mehr in einem tatsächlich dem Anwender und seinen Bedürfnissen zu Gute kommenden Sinne als bisher zu realisieren. Denn, um es noch einmal auf den Punkt zu bringen, basieren sowohl Wissen auf Seite des Menschen als auch Software auf Seite der Rechner auf Sprachhandlungen und spezifizierten Schemata. Vor diesem Hintergrund können wir unter dem Begriff Usability Engineering beispielsweise Konstruktionsaspekte, Schnittstellenproblematiken hinsichtlich Interoperabilität und Integration von Software und die Bewältigung von im Entwicklungsprozess auftretenden Heterogenitäten subsumieren. Doch darüber hinaus werden wir heute mehr und mehr mit *Heterogenitäten des Benutzerwissens* konfrontiert, mit denen es umzuge-

---

[343] Vgl. human symbol manipulation in Kap. 3.2.3

[344] Usability Engineering bezeichnet das Ausrichten des Software-Entwicklungsprozesses auf die „Gebrauchstauglichkeit" bzw. Benutzerfreundlichkeit eines Software-Produkts. Vgl. ISO (1998), Abruf am 10.04.2005; für vertiefende Studien seien Nielsen (2003) oder Manhartsberger und Musil (2002) empfohlen.

hen gilt. Für den Lebenszyklus der Anwendungsentwicklung bedeutet dies, dass Usability Engineering bereits in der (sprachbasierten) Phase des Fachentwurfs, also bei der Sammlung relevanter, in Gebrauchssprache geäußerter Aussagen beginnen muss[345]. Dabei sollte die Beantwortung der Frage wie man (Benutzer-) Wissen dergestalt rekonstruieren kann, dass es der ubiquitären, dynamischen und universellen Realisierung intelligenter, mobiler und verteilter Anwendungssysteme dient, in den nächsten Jahren von grundlegender Bedeutung sein

Benutzern mittels gängiger Wissensmanagement-Systeme „einfach nur" Informationen (Ausprägungen) anzubieten, von denen sie selbst entscheiden müssen, ob sie für ihre konkrete Situation eine ausreichende Relevanz haben, kann komplette Verschwendung sein, wenn wir nicht das geeignete Wissen (Schema) zur Verfügung haben, sie zu verstehen. Oder wie es Wittgenstein – wie immer treffend – formuliert:

> „Die Grenze wird also nur in der Sprache gezogen werden können und was jenseits der Grenze liegt, wird einfach Unsinn sein." [346]

Das in Abb. 15-3 dargestellte Konzept *DarWin* basiert auf dem in Kap. 15.1 vorgestellten Architekturmodell UMRII und hat zum Ziel, dem Anwender zu jeder Zeit und an jedem Ort die benötigten Schemata zur Verfügung zu stellen. Das Konzept lässt sich daher als *sprachbasiertes Wissensmanagement-System* oder als *Könnensmanagement-System* betiteln.

Im Zentrum des Systems steht das *Könnensmanagement-System*, das wir bereits in Zusammenhang mit UMRII kennen gelernt haben. Es ist verbunden mit der Schemabank als Wissensbasis, in welcher die verfügbaren Schemata terminologie- und regelorientiert abgelegt sind.

Wie in Abb. 15-3 dargestellt, steht das Könnensmanagement-System in Verbindung mit den Bereichen *Rekonstruktion*, *Lehren/Lernen* sowie *Nutzungsunterstützung* und soll dort die jeweiligen Sprachhandlungen koordinieren, sowie die Schnittstellen von der Rekonstruktion zur Vermittlung und Nutzung des Wissens konfigurieren. Die *Administration* dient der (technischen) Verwaltung der abgelegten Schemata in der Schemabank.

---

[345] Vgl. Kap. 17.2; ein interessanter Ansatz hinsichtlich des Umgangs mit Benutzeranforderungen findet sich in Rupp und Sophist Group (2004)

[346] Vgl. Vorwort zum TL in Wittgenstein (1984), S. 9

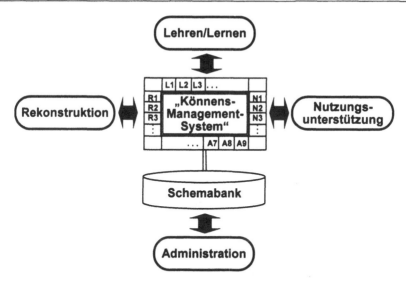

Abb. 15-3: DarWin – Das Darmstädter Wissensmanagement-Konzept[347]

Bei den Anwendungssystemen, die einerseits dem Austausch zwischen Anwender und Könnensmanagement-System dienen und andererseits der Vermittlung zwischen letzterem und der Schemabank als Wissensbasis, handelt es sich – in Vorgriff auf Kap. 16 – um epistemische Anwendungssysteme. In Abb. 15-3 sind diese als {R1, R2, ...} für den Bereich Rekonstruktion, als {L1, L2, ...} in Bezug auf das Lehren/Lernen, als {N1, N2, ...} in punkto Nutzungsunterstützung und als {A1, A2, ...} verstanden als administrative Tools, die die Schnittstelle zur Schemabank garantieren, in Form eines Gürtels um das Könnensmanagement-System angeordnet.

Da wir mit sprachlichen Schemata sowohl auf der Benutzerseite Wissen akkumulieren als auch auf der Rechnerseite Software entwickeln können, ist ein sprachbasiertes Wissensmanagement-System ein adäquates Mittel zur Administration des gesamten Lebenszyklus von Wissen oder Software. Denn es unterscheidet sich von Datenmanagement-Systemen deutlich durch den pragmatischen oder performativen[348] Charakter von Schemata. Ein sprachbasiertes Wissens- oder Könnensmanagement bildet die Grundlage für die rechnerunterstützte *Rekonstruktion von*

---

[347] Vgl. Heinemann und Ortner (2004), S. 445

[348] Linguistisch: Performatoren = Satzzeichen bei rationalen Grammatiken = Satzwirkung (Pragmatismus)

Wissen oder *Software*, das rechnerunterstützte *Lehren und Lernen* bzw. den rechnerunterstützten *Erwerb von Wissen* sowie die rechnerunterstützte *Nutzung von Wissen* vom Standpunkt der Anwender und die *von Software* vom Standpunkt eines Rechners aus.

Im Folgenden werden wir die für den Benutzer relevanten „Schnittstellen" zum Könnensmanagement-System näher beleuchten und zwar exemplarisch aus Sicht eines als Sprachgemeinschaft zu verstehenden Unternehmens.

15.2.1 Die Rekonstruktion

Bei der erfolgreichen Umsetzung von Wissensmanagement-Maßnahmen bzw. in unserem Falle denen des Könnensmanagements muss der Rekonstruktion und der Vermittlung von Wissen eine besondere Bedeutung zukommen.

> „Was gewährleistet die Kontinuität, mit der bestimmte Unternehmen zeitlos erfolgreich sind? Unserer festen Überzeugung nach kommt die Art und Weise, wie Unternehmen Wissen ermitteln und vermitteln, bei der Wahrung dieser Kontinuität eine entscheidende Bedeutung zu."[349]

Dies gilt natürlich nicht nur für Unternehmen, sondern ebenso für jeden anderen Nutznießer eines Könnensmanagement-Systems. Doch bleiben wir ruhig bei den Unternehmen, denn gerade diese wissen oftmals nicht, was sie alles wissen[350]. Diese ein wenig salopp wirkende Aussage kommt nicht von ungefähr. Insbesondere Großunternehmen geht bisweilen der Überblick über die eigenen internen Fähigkeiten und Wissensbestände verloren. Globalisierung sowie Dezentralisierungstendenzen, Restrukturierung und eine hohe Mitarbeiterfluktuation sorgen für mangelnde Transparenz, die wiederum latente Risiken birgt. Denn Wissen stellt die Basis für korrekte strategische und operative Entscheidungen einer Organisation dar. Nur mittels eines geeigneten Wissensmanagements können Informationen bzgl. einer Problem- oder Fragestellung in den Kontext früherer Entscheidungen und Beschlüsse gebracht und somit Synergien genutzt werden.

Der hier vorgestellte sprachbasierte Ansatz basiert auf der klaren Unterscheidung zwischen

- Schemata, also Wissen i.S.v. präskriptiven Daten

und

- Ausprägungen, also Informationen i.S.v. deskriptiven Daten.

---

[349] Vgl. Davenport und Prusak (1999), S. 19

[350] Vgl. Davenport und Prusak (1999)

Das alte Datenmanagement und das neue Wissensmanagement sind – auch qualitativ gesehen – zwei völlig verschiedene Bereiche der Rechnerunterstützung. Das müssen aus Sicht des Unternehmens vor allem die Anwender und das Management zügig begreifen, um zu erfassen, was Rechnerunterstützung und Wettbewerb in einer künftigen *Wissensgesellschaft* überhaupt heißt. Aus diesem Grund gilt es für eine Unternehmung den eigenen Wissensbestand zu rekonstruieren und in Form von relevanten Informationen den Mitarbeitern aufgaben- und/oder rollenbezogen zur Verfügung zu stellen. Dazu ist zunächst die Wissensbasis einer Organisation zu identifizieren. Sie setzt sich aus individuellen und kollektiven, also organisationalen Wissensbeständen zusammen, auf die eine Organisation zur Lösung ihrer Aufgaben zurückgreifen kann[351]. Ein effektives Wissensmanagement muss demnach ein hinreichendes Maß an interner und externer Transparenz schaffen und den einzelnen Mitarbeiter bei seinen, sich auf Wissen beziehenden Aktivitäten unterstützen. Die primäre Aufgabe des Wissensmanagements, nämlich in Hinblick auf die jeweilige Aufgabenstellung eine breite Wissensbasis für die Angestellten eines Unternehmens zu schaffen, muss daher auf die Form des bereits vorliegenden Wissens abgestimmt sein. Liegt Wissen in impliziter, also personengebundener Form vor, sollte zunächst – soweit möglich – eine Explizierung dieses Wissens stattfinden, um in einem nächsten Schritt die Vermittlung desselben anzustreben. Eine wichtige Rolle kommt in diesem Zusammenhang dem *Wissensbesitzer* zu, dem sein individuelles Wissen entweder nicht bewusst ist oder der kein Interesse daran hat, selbiges mit anderen zu teilen.

Eine Hauptaufgabe der Wissensmanagement-Aktivitäten ist es daher, die Kommunikation unter den Mitarbeitern zu fördern. Durch Kommunikation werden Informationen ausgetauscht und das überführt – im besten Falle – implizites in explizitem Wissen[352]. Um die Bereitschaft zum Wissensaustausch zu fördern, müssen Anreize geschaffen werden, die den Mitarbeiter nicht nur für seine primäre Arbeit, sondern auch für die Explizierung und das Teilen (zur Verfügung stellen) seines Wissens entlohnen. Dieser Ansatz stellt sich in der Praxis als schwieriger heraus, als man vermuten sollte. Die psychologischen Hürden beim Teilen von Wissen dürfen nicht unterschätzt werden. Eine Voraussetzung ist der mentale Wandel in den Köpfen der Mitarbeiter, die Wissen als Machtfundament des gesamten Unternehmens begreifen und nicht als *Besitzstand* eines jeden einzelnen ansehen sollten. Aber auch festgefahrene Arbeitsstrukturen stehen einem erfolgreichen Wissensmanagement im Wege und sollten zunächst aufgebrochen werden. Darüber hinaus

---

[351] Vgl. Romhardt (1998), S. 67

[352] Vgl. Holsapple (2004), S. 276

müssen sich alle Sprachteilnehmer auf einvernehmliche Schemata verständigen, um eine reibungslose Kommunikation zu gewährleisten.

Der Rekonstruktionsprozess baut auf der Wissensbasis auf, indem diese teils inkonsistenten Wissenssysteme in einen Zustand überführt werden, in dem das handlungsrelevante Wissen eine Orientierung für das zukünftige Handeln der Mitarbeiter bietet. Zu diesem Zweck ist das Wissen auf rational-grammatischer bzw. rational-sprachlicher Seite mit seinen Defekten und Inkonsistenzen sowohl in der Begriffsbildung, als auch in der Verwendung derselben umzubauen, eben zu (re)konstruieren. Nach Mittelstraß gilt es im Zuge des Wissensmanagements eines Unternehmens der Devise „schauen was ist und besser machen, was ist" Geltung zu verschaffen. In dieser Phase sollen Inkonsistenzen und eventuell vorhandene Sprachdefekte (Homonyme, Synonyme, Vagheiten, falsche Bezeichner) beseitigt, sowie strukturelle Fehler (logische Unklarheiten) und undefinierte Implikationen erkennbar werden. Um dies zu erreichen, wird zunächst eine Strukturierung des zugrunde liegenden Textmaterials anhand des Inhalts vorgenommen. Dem schließt sich eine von der bisherigen empirisch-grammatischen Darstellung möglichst neutrale Darstellung auf objektsprachlicher Ebene an. Hier hat eine Klärung uneinheitlicher oder missverständlicher Formulierungen zu erfolgen. Danach wird die erwähnte Bereinigung von Sprachdefekten vorgenommen. Das Ergebnis bildet im Anschluss an diese Analysephase ein Lexikon, das durch ein Begriffssystem gefüllt wird. Man spricht bei diesem Vorgang von *Schematisierung* oder – bei der Darstellung des Wissens in Form von Regeln – auch von *Formelisierung*.[353]

Die noch zu erläuternden epistemischen Anwendungssysteme dienen im Bereich Rekonstruktion dazu, aufbauend auf dem Könnensmanagement-System vorhandene Schemata zu rekonstruieren und neue zu konstruieren, die dann wiederum allesamt der Schemabank als Wissensbasis zugeführt und von anderen Anwendungssystemen „genutzt" werden können.

15.2.2 Das rechnerunterstützte Lehren und Lernen

Das Lehren und Lernen schließt sich unmittelbar an die Rekonstruktion des Wissens an. Es dient dazu, dem Anwender das rekonstruierte Wissen, also Schemata zu vermitteln. Wie wir nun rational-grammatisch in der Lage sind zu sagen, handelt es sich hierbei um *Schemaerwerb*.

Die Kommunizierbarkeit von Wissen ist eng mit seiner Beschreibbarkeit verknüpft. Wissen, das nicht in Form von Sprache oder anderen Wissensträgern (Me-

---

[353] Vgl. Heinemann, Ortner und Sternhuber (2004), S. 99 und Kap. 17.5.1

dien) beschreibbar ist und demzufolge festgehalten werden kann, bleibt implizites Wissen und somit für andere verschlossen. Eine Grundvoraussetzung für das Lehren bzw. Vermitteln von Wissen ist daher dessen Beschreibbarkeit oder wie Ortner es in Anlehnung an Lorenzen formuliert:

> „Eine Sprache zu lernen heißt verstehen, was andere reden oder was sie geredet haben. Eine Sprache zu lehren heißt hingegen, anderen das eigene Reden erklären."[354]

Diese Vorbedingung haben wir bereits durch die gezeigte Rekonstruierbarkeit sprachlichen und nichtsprachlichen Handelns erfüllt.

Da zu erwarten ist, dass jedes größere Unternehmen aufgrund der Komplexität der eigenen Prozesse und Wechselwirkungen zwischen einzelnen Funktionsbereichen eine große Menge rekonstruierten Wissens generiert, ist zunächst die Frage zu beantworten, *wem welches* Wissen vermittelt werden soll. Erstens ist es im ökonomischen Sinne nicht vertretbar, jedem Mitarbeiter das gesamte Wissen beizubringen, zweitens existiert eine natürliche Aufnahmebeschränkung bei jedem Individuum, die durch eine Abwehrhaltung gegenüber als überflüssig empfundenem Wissen noch verstärkt werden kann. Speziell das Wissen, welches vorher in impliziter Form vorlag, ist auf den „kollektiven", d.h. unternehmerischen Nutzen hin zu überprüfen.

Bei der Vermittlung von Wissen entsteht eine Lehr- und Lernsituation, die wie folgt beschrieben werden kann:

> „Stilisierung einer Dialogsituation, in der zwei Personen eine Handlung [...] allein durch Vor- und Nachmachen, also durch Repetition und Imitation lehren und lernen. In dieser Lernsituation markieren die beiden Personen zwei unterscheidbare Gesichtspunkte gegenüber der als fortsetzbare Folge von Aktualisierungen eines Schemas vorliegenden (Prä-)Handlung: Ausführung (= Vollzug, engl. performance) und Anführung (= Erkennen, engl. recognition)."[355]

Der Schemaerwerb erfolgt also gemäß folgendem Beispiel[356]: Eine Person (die Lehrende) hüpft auf der Stelle, eine zweite Person (der Lernende) schaut eine Weile zu und beginnt durch Imitation des Gesehenen selbständig zu hüpfen. Jetzt greift die Feststellung, dass sich Lehren in erster Linie geeigneter semiotischer Handlungen bedient, durch deren Vollzug oder auch Ergebnis der Lernende zur Aneignung von Fertigkeiten angeleitet wird. In unserem Beispiel hat sich der Lernende das „Hüpfen-Schema" angeeignet und somit gemäß folgender Definition „gelernt":

---

[354] Vgl. Ortner (2005), S. 152

[355] Vgl. Mittelstraß (2004b), S. 566

[356] Vgl. Gerhardus, Kledzik und Reitzig (1975), S. 12ff

„Lernen [...] ist die versuchsweise Ausführung von zu einer Fertigkeit gehörenden
Handlungen mit dem Ziel, über wiederholtes Gelingen zu ihrer Beherrschung zu
kommen. Elementares Vor- und Nachmachen bildet den Übergang vom bloßen
Abrichten zum Lehren und Lernen."[357]

Im nächsten Schritt des Lehrens ist die Verknüpfung des Wortes „hüpfen" mit der
ausgeführten Handlung vorzunehmen. Dies geschieht zunächst *speziell*, indem das
Wort „hüpfen" zu der Tätigkeit durch den Lehrenden gesagt wird und der Lernende
ebenfalls das Wort „hüpfen" bei der Tätigkeit ausspricht. Das Erlernen des Wortes
„hüpfen" *generell* erfolgt beispielsweise dadurch, dass der Lernende verschiedene
Ausführungen der Tätigkeit des Hüpfens betrachtet, welche alle jeweils von der
Aussprache des Wortes „hüpfen" begleitet werden. Der Lernende erkennt dadurch,
dass das Wort „hüpfen" zu verschiedenen Arten von Tätigkeiten gehört.

Es gilt zu beachten, dass im Sinne des vorgestellten Sprachebenenmodells der
Lehrende sein Wissen über das Hüpfen in eine Information umwandeln muss (in
diesem Fall die Tätigkeit des Hüpfens als Aktualisierung des zu erlernenden Schemas), um dem Lernenden dieses Wissen zu vermitteln. Der Lernende nimmt die
Information auf, das Wissen entsteht dann im Individuum, d.h. das entsprechende
Schema wird in einem selbstorganisatorischen Prozess konstruiert. Dieser Prozess
wird als „Verstehen" bezeichnet, dessen Abläufe in der Psychologie näher untersucht werden. Hier spricht man beim Wissenserwerb von einem *kognitiven*
Prozess.

Weiterhin gilt, dass niemand einen anderen Menschen (bzw. Wissensträger) o-
der eine Gruppe zwingen kann, etwas zu wissen. Dagegen können Kontexte und
Situationen geschaffen werden, in denen die Herausbildung gewisser Fähigkeiten
oder der Erwerb spezieller Wissensbestände begünstigt werden. Dieser Aspekt ist
insbesondere bei organisationalem Lernen wichtig, welches das individuelle Lernen, wie oben beschrieben, beinhaltet. Als Prozesse *des organisationalen Lernens*
oder auch *Wissensprozesse* werden solche bezeichnet, in denen Mitarbeiter ein
bestimmtes Wissen entwickeln, dies zur Verfügung stellen und adaptieren, wobei
davon auszugehen ist, dass diesem Wissen auch tatsächlich eine Relevanz für die
Arbeitsgruppe oder Organisation zukommt[358]. In den letzten Jahren ist vermehrt der
Begriff *Organisationale Intelligenz*[359] im Umfeld organisationalen Lernens aufgetre-
ten[360].

---

[357] Vgl. Mittelstraß (2004c), S. 566

[358] Vgl. Probst, Raub und Romhardt (1999), S. 46f

[359] Vgl. mit Bezug zur sprachbasierten Informatik Ortner und Wedekind (2004)

[360] Vgl. z.B. Argyris und Schön (2002)

Das Gebiet der Lehre und des Lernens kann als Schema- bzw. Wissenserwerb verstanden werden. Der Benutzer eines epistemischen Anwendungssystems, das wir in Kap. 16 kennen lernen werden, erwirbt somit in diesem Bereich mittels Rechnerunterstützung neue Schemata.

15.2.3 Die Nutzungsunterstützung

Die Gebrauchs- oder Nutzungsunterstützung umfasst unter anderem solche Tätigkeiten, die in den Bereich der *Business Intelligence*[361] fallen. Eine entsprechende Anwendung (epistemisches Anwendungssystem) stellt dem Anwender also benötigte Schemata zur Verfügung oder hilft ihm, diese auszuführen, ohne dass er das Schema selbst (vollständig) besitzen oder erwerben muss. Wie das zu verstehen ist, verdeutlicht der folgende Abschnitt.

16 Epistemische Anwendungssysteme

In der Einleitung zu dieser Arbeit (s. Kap. 0.1) haben wir bereits einen kurzen Blick auf die Entwicklung der Informations- und Kommunikationstechnologien in den nächsten Jahren geworfen und auf die Möglichkeiten einer „neuen Bildung" zukünftiger Netz-Bürger, damit diese für die Cyber-Welt, unseren gesellschaftlichen Alltag in den nächsten Jahren gerüstet sind. Doch erinnern wir uns: die vorliegende Arbeit trägt den Titel „Sprachlogische Aspekte rekonstruierten Denkens, Redens und Handelns". Der interessierte Leser sollte nun eigentlich in Erwartung sein, was die Überlegungen hinsichtlich neuer Aspekte der Rechnerunterstützung auf diesem Gebiet anbetrifft. Diesem Bedürfnis wird im Folgenden Rechnung getragen.

16.1 Die grundlegende Idee

Beleuchtet man den Aspekt der Rechnerunterstützung des Menschen etwas differenzierter hinsichtlich seines Könnens auf der einen und seines Handelns auf der anderen Seite, so nennen wir die auf Grundlage dieser Erkenntnisse entwickelten Systeme *Epistemische Anwendungssysteme (Epistemic Application Systems)*. Vorbild für die Namensgebung war hierbei, etymologisch gesehen das griechische Wort *episteme*, welches das „echte" oder sichere Wissen darstellt und zu trennen

---

[361] Das „Modewort" Business Intelligence bezeichnet – vereinfacht gesagt – Prozesse, Methoden und Werkzeuge zur besseren Nutzung von Daten und Datenbanken, die der Entscheidungsfindung im Unternehmen dienen. Früher war hierfür der Name Management-Information-System (MIS) üblich. Vgl. hierzu z.B. Hannig (2002), S. 3f

ist von der *doxa* als der bloßen Meinung[362]. Es gibt bereits heute Systeme, die in Richtung epistemischer Anwendungssysteme interpretierbar sind. Dazu gehören z.b. Navigationsysteme im Auto oder Software-Agenten. Diese sind im Sinne eines Könnensmanagement zumeist eher zufällig entstanden, doch wenn man den Blickwinkel ändert, mit denen man auf diese technischen Errungenschaften schaut, so sind sie dem durchaus zuzuordnen. Statt Könnensmanagement kann synonym auch der Begriff *Ability Management* verwendet werden.

Ein Epistemic Application System – im Folgenden kurz EAS genannt – ist eine rechnerunterstützte Lösung für auf Wissen und Können basierende Aufgaben. Es dient in erster Linie der Unterstützung bzw. Übernahme des Denkens des Anwenders und nicht nur allein – wie bei den meisten anderen Anwendungssystemen – der Unterstützung des Handeln bzw. der Übernahme derselben.

Wir nennen Pläne, egal ob wir Dinge oder Sprachhandlungen auf kontrollierte Art und Weise „produzieren", Schemata. Für den Fall, dass solche Schemata eine Orientierung für bestimmte Aktionen auf dem Rechner darstellen, sprechen wir von *Software*. Schemata, die wiederum „Menschen organisieren" nennen wir *Wissenssysteme*. Seit unseren Schultagen wissen wir, wie Sprache einzusetzen ist. Aber „Meisterschaft" bezüglich ihrer Benutzung ist etwas, das wir – wenn überhaupt – nicht reflexiv oder „rational", sondern vornehmlich instinktiv gelernt haben[363].

Jede kontrollierte Verwendung von Sprache basiert auf dem Wissen des Menschen bzw. auf seinen erworbenen Schemata. Demzufolge scheint der Name EAS sehr geeignet hinsichtlich der Benennung spezieller Anwendungssysteme, die in der Lage sind, menschliche Sprachhandlungen (z.B. das Denken) ebenso zu unterstützen, wie nichtsprachliche Handlungen (z.B. das Fahren eines Autos). Hierin liegt der gravierende Unterschied zu anderen existierenden Anwendungssystemen.

16.2 Definition und Einsatzgebiete

Wir können zwei Arten von EAS unterscheiden. Zum einen sind da diejenigen Anwendungssysteme, die den Anwender bei Aufgaben in der *physischen Welt* unterstützen. Beispielsweise wird der Autofahrer bei seinem Vorhaben von A nach B zu gelangen – wir erinnern uns eines ähnlichen Beispiels in Kap. 14.3 – durch ein Navigationssystem unterstützt. Das EAS, in diesem Fall das Navigationssystem, übernimmt hier das Kartenlesen und unterstützt somit die Handlung des Autofah-

---

[362] Zu einer weiteren Einordnung der *episteme* insbesondere in Zusammenhang mit Wissen siehe auch Kapitel 4.2

[363] Vgl. Heinemann, Ortner und Wedekind (2004), S. 282

rens. Zum anderen gibt es Anwendungssysteme, die den Benutzer bei Aufgaben in der *virtuellen Welt*, d.h. beim Umgang mit computergestützten Systemen, unterstützen. Beispielsweise erhält der Benutzer von Microsoft Office-Produkten bei der Anwendung selbiger durch den Office-Assistenten Beistand bei der Bewältigung seiner Aufgabe, einen Serienbrief zu gestalten. Wir können demnach folgende Definition festhalten:

> Das *Epistemic Application System* ist ein sprachbasiertes Anwendungssystem, das zur Aufgabe hat, entweder einen Mangel an Orientierungswissen oder ein Fehlen von Verfügungswissen seitens des Anwenders in einer bestimmten Situation durch die Bereitstellung des benötigten *Wissens* oder *Könnens* auszugleichen, jedoch unter Berücksichtigung des *Wollens* des Anwenders.

Aus den kursiv geschriebenen Szenarien in Tab. 14-1 auf Seite 136 lassen sich in Ergänzung zu obiger Definition folgende Kriterien zur Klassifizierung eines EAS ableiten:

- *Teilweise Inanspruchnahme* der durch den Rechner bereit gestellten Könnensunterstützung:
  Der Anwender kann sich durch den Einsatz eines EAS, das ihm bestimmte Handlungen, die vielleicht nicht zur Kernaufgabe gehören, abnimmt, besser auf die eigentliche Aufgabe konzentrieren bzw. auf eine, die ihm mehr Spaß macht.

  oder

- *Vollständige Inanspruchnahme* der durch den Rechner bereit gestellten Könnensunterstützung:
  Der Anwender kann sich durch den Einsatz eines EAS eine vielleicht ansonsten mühevolle Tätigkeit bzw. eine, die er überhaupt nicht in der Lage ist, selbsttätig zu erledigen, abnehmen lassen.

In beiden Fällen, die wir im Folgenden als „Inanspruchnahme der Könnensunterstützung" zusammenfassen, kann noch gesondert in die zur Verfügung gestellten „Wissensarten" Verfügungs- und Orientierungswissen unterschieden werden. Als darüber hinaus gehende Kriterien seien folgende festgelegt:

- *Interaktion mit dem User:*
  Das EAS muss die Beeinflussung durch den User zulassen, sowie in der Lage sein, die Handlungen des Anwenders zu steuern, also wechselseitige Bezugnahme zuzulassen.

- *Proaktivität*:
  Das EAS soll in der Interaktion mit dem Anwender die Initiative überneh-
  men, indem es selbsttätig „Unterstützungs"-Angebote unterbreitet.

- Schnittstellenfunktion Benutzer ↔ Könnensmanagement-System:
  Das EAS stellt dem Benutzer als Schnittstelle eine flexible (i.s.v. situations-
  bezogene) und kreative Schlussfolgerungskomponente (Könnensmanagement-System) benutzerfreundlich[364] zur Verfügung, die ihrerseits die
  Schnittstelle zur Wissensbasis (Schemabank) darstellt.

16.3 Aus dem Leben gegriffen: Beispielanwendungen

In diesem Kapitel sollen Beispiele für EAS vorgestellt, sowie die Zuordnung der
Anwendungen zum jeweiligen Bereich durch die Erfüllung des am Ende des vorigen
Kapitels vorgestellten Kriterienkataloges aufgezeigt werden. Bei den folgenden Bei-
spielen wird zum einen auf ein bereits existierendes Anwendungssystem verwiesen
(Navigationssystem), zum anderen zwei Anregungen für zukünftig vorstellbare An-
wendungsbereiche gegeben.

16.3.1 Navigationssysteme

Erneut wenden wir uns dem „dankbaren" Beispiel Navigationssystem zu. Dieses
ermöglicht eine jederzeit abrufbare Positionsbestimmung der entsprechend aus-
gerüsteten Fahrzeuge und darüber hinaus auch die satellitengestützte Kommunikation zwischen Fuhrparkleitung und Fahrern[365]. Übertragen wir nun die Kriterien
aus Kap. 16.2 auf dieses Beispiel, so ergibt sich folgendes Bild:

- *Inanspruchnahme der Könnensunterstützung*:
  Der Anwender kann sich durch den Einsatz eines Navigationssystems, das
  ihm die Straßennavigation und Routenplanung, die beide nicht zur Kernaufgabe des Fortbewegens gehören, abnimmt, besser auf die eigentliche
  Handlung, also auf das Autofahren, konzentrieren. Möchte der Agierende
  von einem Standort zu einem anderen wechseln, so wird die Kenntnis der
  Route durch den Einsatz eines Navigationssystems überflüssig. Die Fähigkeit des Kartenlesens übernimmt in diesem Fall das Navigationssystem.
  Der Zweck (Orientierungswissen) ist, einen Standortwechsel von A nach B
  durchzuführen. Dem Anwender fehlt hierzu allerdings das notwendige Ver-

---

[364] Hinsichtlich Benutzerfreundlichkeit vgl. z.B. Pencake (2001), S. 130

[365] Vgl. Hansen und Neumann (2001), S. 1259

fügungswissen (Mittel) der Routenplanung. Das Navigationssystem über-nimmt selbige für den Anwender, der sich somit das fehlende Wissen (die Fähigkeit des Kartenlesens) nicht anzueignen braucht.

• *Interaktion mit dem User:*
Das Navigationssystem muss die Beeinflussung durch den Benutzer zulas-sen sowie in der Lage sein, die Fortbewegung desselben zu steuern. Es liegt also eine wechselseitige Bezugnahme vor. Der Anwender des Naviga-tionssystems teilt dem System den gewünschten Zielort mit, woraufhin das System die Route ermittelt und während der Fortbewegung die notwendi-gen Schritte mitteilt. Folgt er diesen Schritten nicht, so reagiert das System und ermittelt eine neue Route mit den entsprechenden neuen Schritten, die es dann wiederum dem Benutzer mitteilt. Freilich muss auch ein „Einschrit-ten" seitens des Fahrers während des laufenden Unterstützungsprozesses möglich sein, zum Beispiel in Form spontaner Zwischenstopps.

• *Proaktivität:*
Das Navigationssystem soll in der Interaktion mit dem Anwender die Initiati-ve ergreifen. Dieses Kriterium wird realisiert durch das Eingreifen des Navigationssystems, falls der User einen Schritt nicht korrekt ausführt. Biegt der Autofahrer beispielsweise links statt – wie durch das Navigations-system vorgegeben – rechts ab, so wird dieses Fehlverhalten direkt vom Navigationssystem bemerkt und in der Ermittlung der neuen Route berück-sichtigt.

• *Schnittstellenfunktion Benutzer ↔ Könnensmanagement-System:*
Ein Navigationssystem dient einerseits dem Austausch und andererseits der Vermittlung zwischen Anwender und Könnensmanagement-System. Letzteres organisiert die verschiedenen Schemata wie beispielsweise das Wissen über den Aufbau von Straßenkarten, das Wissen über die Positi-onsbestimmung, das Wissen über das Interpretieren von Karten, das Wissen über die Berechnung von Routen sowie das Wissen über die Kom-munikationssprache des Anwenders, die zur Vermittlung zwischen dem Könnensmanagement-System und dem Anwender dient.

Die in Kap. 16.2 festgelegten Kriterien werden von einem Navigationssystem voll-ständig erfüllt. Somit handelt es sich bei einem Navigationssystem um ein Beispiel für ein EAS. Da das System allerdings nicht in erster Linie dazu dient, neues Wis-sen zu erlernen, sondern vornehmlich fehlendes Können zur Verfügung stellt, han-delt es sich um ein epistemisches Anwendungssystem zur Gebrauchsunterstüt-zung. Allerdings nur auf den ersten Blick, denn wenn ein Fahrer oft genug mittels Navigationssystem ein und denselben Weg fährt, dann lässt sich vermuten, dass er

– aufgrund der ständigen Wiederholung und somit Verinnerlichung eines bestimmten Schemas – irgendwann in der Lage sein wird, den Weg ohne Unterstützung
seitens seiner vermutlich weiblichen Cyber-Beifahrerin zu bewältigen.

16.3.2 Bedienungsunterstützung Fahrkartenautomat

Der Einsatz epistemischer Anwendungssysteme lässt sich in fast allen Bereichen
vorstellen, in denen ein Benutzer eine solche Anwendung oder ein solches Anwendungssystem zwecks Verrichtung bestimmter Vorgänge bedienen muss. Immer
häufiger ist beispielsweise zu beobachten, dass im Bereich der öffentlichen Verkehrsmittel auf Schalterpersonal verzichtet wird. Der Fahrkartenverkauf erfolgt
kaum noch persönlich, d.h. Fahrkarten werden nicht mehr durch Menschen, sondern zumeist nur noch durch Automaten verkauft. Beratende Dienstleistungen wie
z.B. qualifizierte Aussagen über Zugverbindungen sind kaum noch zu erhalten,
schon gar nicht – wie früher durchaus Usus – zu Zeiten außerhalb der regulären
Schalterzeiten. Die Verantwortlichen setzen einfach voraus, dass der Mensch im
21. Jahrhundert zum einen über einen Internetzugang verfügt und zum anderen
intuitiv in der Lage ist, solche Automaten zu bedienen. Diese Entwicklung stellt insbesondere für technisch nicht versierte und hier insbesondere für ältere Menschen
eine nicht zu unterschätzende Hürde dar. Weniger diskutiert wurde bisher, dass
viele Menschen, auch aufgrund mangelnder Sprachkompetenz, nicht in der Lage
sind, mit solchen Systemen zu interagieren. Jedoch kann es auch technisch Interessierte treffen, wenn die eingesetzte Technik unausgereift oder gar fehlerhaft ist.
Während letzteres mit Mitteln eines Usability Engineerings und durch eine „saubere
Implementierung" umgangen werden kann, ist der erste Aspekt eindeutig ein Fall
für potenzielle epistemische Anwendungssysteme, die in der konkreten Situation
des automatisierten Fahrkartenverkaufs dem technisch nicht versierten Kunden die
Bedienung und letztendlich den Fahrkartenkauf erleichtern oder gar erst ermöglichen können. Werfen wir zur Konkretisierung des Gesagten einen Blick auf die
bekannten Kriterien.

- *Inanspruchnahme der Könnensunterstützung:*
  Der Anwender kann sich durch den Einsatz einer Bedienungsunterstützung
  für Fahrkartenautomaten besser auf sein eigentliches Wollen konzentrieren,
  nämlich den Erwerb einer Fahrkarte, die ihn kosten- und oder zeitoptimiert
  von A nach B bringt. Kenntnis über verschiedene Fahrpläne und Preispoliti-
  ken, Kombinationsmöglichkeiten hinsichtlich der zur Verfügung stehenden
  Verkehrsmittel, etc. braucht er nicht selbst zu besitzen, da das EAS über
  selbige verfügt und sie auch zugunsten des Benutzers bestmöglich einzu-

setzen in der Lage ist[366]. Bezüglich der Benutzung gibt das System konkrete, d.h. eindeutige und leicht verständliche Hinweise, über verschiedene
Sinneskanäle (Ansagen, Bildschirmtext oder etwa auch „fühlbare Anweisungen" ähnlich der Blindenschrift).

- *Interaktion mit dem Benutzer:*
Die Bedienungsunterstützung sollte die Beeinflussung durch den Käufer zulassen, sowie in der Lage sein, die Handlungen des Anwenders zu steuern,
also wechselseitige Bezugnahme zuzulassen. Einerseits muss es möglich
sein, die Bedienungsunterstützung je nach Fähigkeit des jeweiligen Anwenders zu skalieren, andererseits muss sich die Anwendung beispielsweise
steuernd auf die Reihenfolge der auszuführenden Tätigkeiten auswirken. Im
Falle des Fahrkartenautomaten wird anwenderseitig der Wissensmangel
bezüglich der Bedienbarkeit behoben. Somit wird fehlendes Verfügungswissen, also das Wissen über die Bedienung des Fahrkartenautomaten,
kompensiert und das vorhandene Orientierungswissen, mit dem Zweck des
Erwerbs einer Fahrkarte, kann zum Einsatz kommen.

- *Proaktivität:*
Die angedachte Bedienungsunterstützung soll in der Interaktion mit dem
Anwender die Initiative ergreifen. Dies kann beispielsweise dadurch geschehen, dass je nach Arbeitsschritt die für den nächsten Schritt nicht
sinnvollen Knöpfe des Automaten deaktiviert werden, so dass die Wahrscheinlichkeit einer Fehlbedienung durch den Kunden bereits eingeschränkt
wird. Außerdem sollte das System auf Schritte und eventuelle Fehler der
Benutzer reagieren und das weitere Vorgehen dementsprechend flexibel
anpassen.

- *Schnittstellenfunktion Benutzer ↔ Könnensmanagement-System:*
Der Fahrkartenautomat stellt die in der Schemabank abgelegten und mittels
des Könnensmanagement „aufbereiteten" Schemata wie die verschiedenen
Streckenpläne, Fahrpläne sowie Preisstaffelungen dem Benutzer, dem die
Bedienung des Fahrkartenautomaten vor Einsatz des EAS unklar war, zur
Verfügung. Der Kunde wiederum gibt durch seine Eingaben Informationen,
also konkrete Ausprägungen bzw. Aktualisierungen der erwähnten Schemata an das Anwendungssystem zurück, die wiederum zu einer Bereitstellung modifizierter bzw. neuer Schemata führen. Es besteht also eine

---

[366] Das System könnte z.B. nachfragen, ob der potenzielle Kartenkäufer über eine Senioren-Card
verfügt, zum Einlesen derselben auffordern und automatisch eine entsprechende Preisreduzie-
rung vornehmen.

wechselseitige Beziehung zwischen Benutzer und Könnensmanagement-System mittels des EAS.

Auch im vorliegenden Beispiel handelt es sich um ein tatsächliches epistemisches Anwendungssystem, da alle Kriterien aus Kap. 16.2 erfüllt sind. Im Hinblick auf das DarWin Konzept ist dieses EAS im Bereich der Gebrauchsunterstützung anzusiedeln.

17 Ein „Marktplatz des Wissens"

Ein „Marktplatz des Wissens" oder ein wenig nüchterner formuliert der *Marktplatz für Wissenskomponenten* rundet unsere Überlegungen der vorangegangenen Kapitel dieses Teils ab, ebenso wie von Teil 3.

17.1 Die Idee

Ein Marktplatz ist im Grunde ein sehr großes Schema, das die Interaktion zwischen den einzelnen Marktteilnehmern organisiert und regelt[367]. Die einzelnen Geschäftsvorgänge auf dem Marktplatz (z.B. Vertragsverhandlungen) können wir hier als Ausprägung dieses Schemas interpretieren. Durch Schemata werden Menschen in die Lage versetzt, Handlungen zu vollziehen. Und ein Computer operiert auf der Basis eben dieser Schemata mit Daten. Solche Überlegungen und die bis hierher gewonnenen Erkenntnisse zum Thema „Wissen und Können" drängen quasi die Idee auf, einen Handel mit Wissen, also genau genommen mit Schemata, die wir als Wissen bzw. Können verstehen wollen, zu etablieren. Ethische Grundsätze sollten hierbei jedoch immer Berücksichtigung finden.

Ein (elektronischer) Marktplatz ist – ungezügelt – ein reines Wettbewerbsinstrument (*survival of the fittest*), mittels dem die Spreu vom Weizen getrennt wird. Marktplätze implementieren zu diesem Zwecke die folgende generische Funktion: Herstellung einer von beiden Seiten aus gesehenen günstigsten Anbieter-Nachfrager-Zuordnung. Soziale elektronische Marktplätze zeichnen sich hingegen dadurch aus, dass sie auch den Schwächeren in einer Gesellschaft eine Chance einräumen (*Subsidiaritätsprinzip*[368]).

---

[367] Vgl. Merz (2002), S. 22ff

[368] Das Subsidiaritätsprinzip hat seine Wurzeln im lateinischen Wort *subsidium*, das die dritte Reihe einer soldatischen Schlachtaufstellung bezeichnet. Diese trat immer dann in Aktion, wenn die Soldaten der vorgelagerten Reihen aus gegebenen Gründen kampfunfähig geworden waren. Die heutige Bedeutung, nämlich dass übergeordnete Institutionen nur dann bemüht werden sollen,

Auf einem Marktplatz für Wissenskomponenten sollen Handlungsschemata gehandelt werden. Dies betrifft zum einen das Angebot von konkretem „Können", um Menschen in einer neuen Weltbürgergesellschaft z.b. hinsichtlich ihrer beruflichen Kompetenz wettbewerbsfähiger zu machen (*Agon*). Zum anderen sollen auch diejenigen, die nicht in der Lage sind, selbsttätig ihre Wissensmängel, d.h. ihr „Nicht-Können" auszugleichen, Angebote bzw. Hilfe zur Selbsthilfe erhalten. Dies kann z.b. dergestalt geschehen, dass sie nur genau diejenigen Wissenskomponenten bzw. -produkte angeboten bekommen, die sie zum Bewältigen einer konkreten Aufgabe benötigen und nicht solche, deren Erwerb ihnen von außen – nicht unbedingt ethisch-moralisch gerechtfertigt – suggeriert wird. Doch kommen wir noch einmal zum ethisch begründeten Handeln zurück. Mit der Mittelstraßschen Einteilung von Wissen in Verfügungs- und Orientierungswissen können wir nun sagen:

Ein Marktplatz für Wissenskomponenten im hier vorgestellten Sinne unterstützt die Marktplatzteilnehmer dabei, selbsttätig zu *„klugen Mitteln"* i.S.v. Wissen und/oder Können für *„gerechtfertigte Zwecke"*, d.h. zur Bewältigung einer bestimmten Aufgabe oder Situation zu greifen.

17.2 Umgangssprache – Sprachrekonstruktion – Modellierung

Zwar sind wir in Teil 2 der vorliegenden Arbeit in erster Linie darauf eingegangen, wie praxisnah und hilfreich, nicht nur für unseren täglichen Spracheinsatz, die Erweiterung unserer Bildungsangebote durch die Elemente einer rationalen Grammatik wären, doch seinen Ursprung finden diese Aspekte natürlich in der Informatik. Dort dienen sie zunächst dazu, die (Fach-)Sprache des Anwenders sprachlich zu rekonstruieren, die Ergebnisse dieses Prozesses zu modellieren und anschließend das tatsächliche Anwendungssystem zu realisieren.

Im Folgenden wird nun kurz beleuchtet, innerhalb welcher Phase die Sammlung von Aussagen einer Sprachgemeinschaft durchgeführt, an welcher Stelle sprachlich rekonstruiert und mit welchen Mitteln modelliert werden kann.

---

wenn untergeordnete selbst überfordert sind, geht auf einen von Papst Pius XI im Jahre 1931 in der Enzyklika „Quadrigesimo Anno" definierten, sozialphilosophischen Grundsatz zurück. Im Volksmund hat sich insbesondere in Verbindung mit der Unterstützung von Drittweltländern der Ausdruck „Hilfe zur Selbsthilfe" etabliert, damit aus dem gut gemeinten „Unter-die-Arme-greifen" keine entmündigende Dauerbetreuung wird. Dieser Interpretation wollen wir uns hinsichtlich des vorzustellenden Markplatzes anschließen. Vgl. z.B. Wesseloh (2004), S. 112

17.3 Das Multipfad-Vorgehensmodell

Aus der Systementwicklung sind mehrere Vorgehensmodelle bekannt, an denen sich Projektverantwortliche und Entwickler „entlang hangeln" können, um IT- bzw. Software-Entwicklungsprojekte erfolgreich durchzuführen. Zu nennen wären hier beispielsweise das V-Modell[369] oder auch das Wasserfallmodell[370]. Für unsere Belange ziehen wir das Multipfad-Vorgehensmodell von Ortner[371] heran, auf das wir im Folgenden in erster Linie angesichts der für diese Arbeit relevanten Phasen näher eingehen werden.

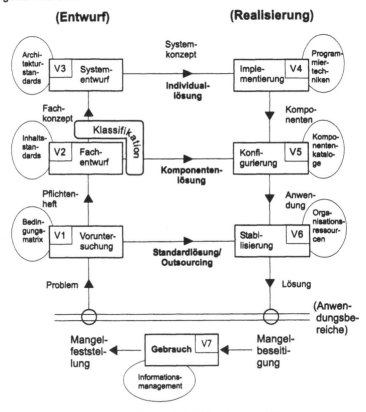

Abb. 17-1: Das Multipfad-Vorgehensmodell

---

[369] Vgl. z.B. Versteegen (2000)

[370] Vgl. z.B. Mellis (2004), S. 101ff

[371] Vgl. Ortner (2005), S. 44ff

Das in Abbildung Abb. 17-1 dargestellte Multipfad-Vorgehensmodell ist eine universell einsetzbare Methodologie für die Anwendungsentwicklung. Durch den Multipfadcharakter können dabei Anwendungssysteme verschiedenen Typs, wie z.B. Datenbankanwendungen, komponentenbasierte Anwendungen oder auch Standardanwendungen, durch Auswahl von Entwicklungspfaden und -ebenen innerhalb des Vorgehensmodells methodisch einheitlich, d.h. auf der Grundlage nur eines Modells, entwickelt werden.

Die für unsere Überlegungen bzgl. der sprachlogischen Rekonstruktion relevanten Phasen (s. Abb. 17-2) sind *Fachentwurf* (human symbol manipulation) und *Systementwurf* (mechanical symbol manipulation). In dieser, bezogen auf das Multipfad-Vorgehensmodell zweiten Phase, gehen wir aus Sicht der Anwendungsentwicklung methodenneutral vor, d.h. es ist irrelevant mit welchen Modellierungs- und Diagrammsprachen wir anschließend im *Systementwurf* fortfahren wollen.

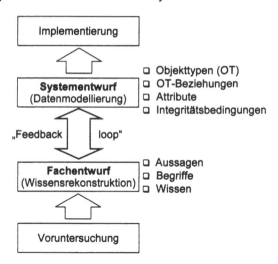

Abb. 17-2: Die Phasen *Fachentwurf* und *Systementwurf*

Die Vorgehensweise in diesen beiden für uns relevanten Phasen des Multipfad-Vorgehensmodells gestaltet sich wie folgt:

Fachentwurf (methodenneutral)

1. Wertfreie Auswahl von „Prosaaussagen" der Beteiligten[372],

2. anschließende Auswahl derjenigen Aussagen, die für die Anwendungsentwicklung relevant sind und

3. Rekonstruktion der Fachbegriffe, Beseitigung von Sprachdefekten und Schematisierung der Aussagen.

Systementwurf (methodenspezifisch):

4. Konstruktion der aus den entwicklungsrelevanten Aussagen herausgearbeiteten Objekttypen und deren Beziehungen untereinander,

5. Integration und Abgleich des gewonnenen konzeptionellen Teilschemas mit bereits existierenden (Teil-)Schemata,

6. Abbildung der Objekttypen-Beziehungen auf Attribut-Ebene,

7. Abbildung von Schlüssel- und Nichtschlüsselattributen und

8. Erweiterung des Datenschema-Entwurfs um weitere semantische Integritätsbedingungen.

Für die Erläuterung der Aufgaben 6 bis 8 im Systementwurf sei auf die entsprechende Fachliteratur verwiesen[373].

Zum besseren Verständnis des Fachentwurfs rufen wir uns noch einmal wichtige Stichworte in Erinnerung (s. Abb. 17-3) und untermauern diese mit Beispielen.

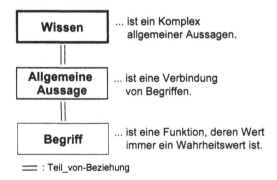

Abb. 17-3: Beziehung von Begriff, allgemeiner Aussage und Wissen

---

[372] Mit „Beteiligten" sind hier die späteren Nutzer des Anwendungssystems gemeint, das auf Grundlage des zu entwickelnden Datenschemas realisiert werden soll.

[373] Vgl. z.B. Ortner (2005) oder Ortner, Schienmann und Thoma (1996)

Die im Fachentwurf gesammelten Aussagen sind auf allgemeine Aussagen, also Wissen, zu bringen. So wird z.b. aus den umgangssprachlich geäußerten Informationen

- „0815 ist am Lager",

- „Manche Produkte sind am Lager und manche müssen wir bestellen." und

- „bei uns hat jeder Artikel eine eindeutige Nummer"

folgende allgemeine Aussage (Schema) rekonstruiert:

- „Ein Artikel hat eine eindeutige Artikelnummer und einen Lieferstatus".

Die Menge der für die zu untersuchende Sprachgemeinschaft relevanten allgemeinen Aussagen stellt deren Wissen dar. Eine allgemeine Aussage wiederum besteht aus Begriffen (z.B. „Artikel", „Lieferstatus", etc.), deren Wert immer ein Wahrheitswert ist[374]. Diese gilt es zu definieren und von möglichen Begriffsdefekten (Heterogenitäten) zu befreien.

17.4 Die Objekttypenmethode

Nachdem im Fachentwurf Aussagen gesammelt worden sind, gilt es, diese im Systementwurf entsprechend ihrer Beziehungen darzustellen. Mit der *Objekttypenmethode* steht uns ein geeignetes Mittel zur Verfügung, ein *konzeptionelles Schema* oder auch *Begriffsschema* für Datenressourcen zu modellieren. In Unternehmen beispielsweise wird damit die Aufgabe übernommen, die in einzelnen Abteilungen spezifisch und oftmals unterschiedlich verwendeten Fachbegriffe für in ein Anwendungssystem zu überführende Daten verbindlich und einheitlich festzulegen. Wir sprechen bei dieser Art eines konzeptionellen Schemas auch von einem *Unternehmensdatenmodell*[375] bzgl. der Abbildung dieser Begriffe und ihrer Abhängigkeiten von einer festzulegenden Unternehmensfachsprache. Nun wollen wir aber die in der Literatur hinreichend beleuchtete Sicht der Unternehmen an dieser Stelle eher in den Hintergrund rücken lassen und uns stattdessen mit der beispielhaften Modellierung eines Könnens- bzw. Wissensmanagementsystem beschäftigen, das den zukünftigen Bürger in seinem Denken, Sprechen und Handeln unterstützen soll, so wie wir diesen Begriff in Teil 1 und 2 eingeführt haben. Doch dazu benötigen wir noch Handwerkszeug, das im Folgenden vorgestellt werden soll.

---

[374] Vgl. Kap. 10

[375] Vgl. Ortner (1993), S. 14

In der Objekttypenmethode nach Ortner[376] werden die abzubildenden Begriffe, die eine Menge gleichartiger Informationsobjekte eingrenzen, *Objekttypen* genannt. Diese sind nichts anderes als Zusammenfassungen von Attributen bzgl. einer Menge von Informationsobjekten mit gleichartigen Eigenschaften. Die Erfassung von Objekttypen und ihren Beziehungen untereinander bezeichnen wir als *Modellierung „nach außen"*, wohingegen die Beachtung von Attributen und Integritätsbedingungen *Modellierung „nach innen"* genannt wird. Zur Rekonstruktion von Beziehungen stehen uns als Begriffsverbindungen *Inklusion, Aggregation* und *Konnexion* zur Verfügung. Bevor wir diese jedoch im Einzelnen vorstellen, ist es sinnvoll die nachfolgenden Notationen einzuführen.

Beziehungsverhältnis:	───▸	: 1 Beziehung
	───▸▸	: N Beziehung
Beziehungsbeteiligung:	──────	Alle (notwendig)
	───┼─	Einige (möglich)[377]
Beziehungsrichtung:	Art → Gattung	(Inklusion)
	Teil → Ganzes	(Aggregation)
	Komponente → Beziehung	(Konnexion)

Aggregation und *Konnexion* stellen die in Kap. 11.4 eingeführte Komposition grafisch dar, während die *Inklusion* die Klassifikation visualisiert. Objekttypen werden im Folgenden durch die Verwendung von Versalien gekennzeichnet und immer im Singular angegeben.

Nun zu den Beziehungstypen im Einzelnen. Von einer *Inklusion* sprechen wir, wenn ein Gegenstandsbereich unter verschiedenen Blickwinkeln gesehen werden kann. Gemeint ist hierbei nichts anderes, als dass wir eine Begriffshierarchie erzeugen, die uns sowohl die Möglichkeit einer Spezialisierung gibt (eine OPER ist eine besonderes SINGSPIEL, s. Abb. 17-4), als auch die einer Generalisierung (die Begriffe OPER und OPERETTE lassen sich unter dem Begriff SINGSPIEL zusammenfassen bzw. OPER und OPERETTE sind beides SINGSPIELe). Es handelt sich also um eine Art-Gattungs-Beziehung (Klassifikation).

---

[376] Vgl. Ortner (1993), S. 15ff

[377] Wird der Vollständigkeit hier zwar aufgeführt, aber nicht exemplifiziert.

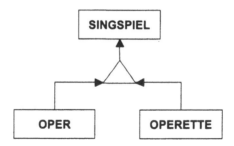

Abb. 17-4: Die Inklusion in der Objekttypenmethode

Korrespondierende, bereits schematisierte Aussagen, die einem solchen konzeptionellen Teilschema vorangehen, könnten beispielsweise lauten:

* Sowohl OPER als auch OPERETTE sind SINGSPIELe.

* Ein SINGSPIEL kann eine OPER oder eine OPERETTE sein.

* Alle OPERn (alle OPERETTEn) sind SINGSPIELe.

    etc.

Eine *Aggregation* (Abb. 17-5) wiederum führt zur Zusammenfassung von Objekten
eines Begriffs, unter den Objekte eines anderen Begriffs fallen und ist somit eine
Teil-Ganze-Beziehung (Komposition). Im Regelfall sind die beiden jeweiligen Ob-
jektbereiche gänzlich verschieden und erhalten durch diesen Beziehungstyp im
entsprechenden Datenmodell eine begriffliche Zuordnung. In unserem Beispiel
werden Objekte des Begriffs OPER unter den Objekten des Begriffs KOMPONIST
zusammengefasst. Konkret ausgedrückt bezeichnet dieses konzeptionelle Teilschema die Menge derjenigen Opern, die einem bestimmten Komponisten
zuzuordnen sind.

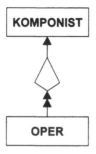

Abb. 17-5: Die Aggregation in der Objekttypenmethode

Zu dem in Abb. 17-5 dargestellten Teilschema könnten beispielsweise folgende Aussagen geführt haben:

- Ein KOMPONIST kann mehrere OPERn geschrieben haben.

- Eine OPER ist klassischerweise genau einem KOMPONISTen zuzuordnen.

etc.

Die dritte und letzte vorzustellende Begriffsverbindung ist die *Konnexion*. Aus ihr resultieren neue Begriffe in einem Datenmodell, an deren Einführung man zuvor möglicherweise noch gar nicht gedacht hatte, die sich aber aus der Analyse der Aussagensammlung zwangsweise ergeben. In diesem Fall werden Beziehungen, die zwischen spezifischen Objekten verschiedener Begriffe zu rekonstruieren sind, unter eben diesem, neu einzuführenden Begriff zusammengefasst. Zum besseren Verständnis sehen wir uns deshalb zunächst einmal mögliche Aussagen an, die zu dem konzeptionellen Teilschema in Abb. 17-6 führen könnten:

- Ein TENOR kann für mehrere OPERn besetzt werden.

- In einer OPER können mehrere Sänger vom Typ TENOR auftreten.

Offensichtlich taucht der Begriff BESETZUNG nicht explizit auf, aber er ist implizit in beiden vorausgegangenen Aussagen enthalten. Daher führen wir einen entsprechenden zusätzlichen Objekttypen ein, denn es ist davon auszugehen, dass ein solcher zusätzliche Informationen (Attribute) benötigt, die in den Objekttypen TENOR und OPER nicht enthalten sind bzw. gemäß der Normalformenlehre nicht enthalten sein sollten.

- Die Einteilung eines TENORs zu einer OPER wird BESETZUNG genannt.

Für unser konzeptionelles Teilschema der Konnexion ergibt sich nun folgende Darstellung:

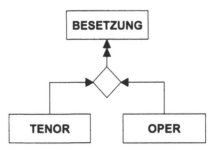

Abb. 17-6: Die Konnexion in der Objekttypenmethode

Um den Bezug zwischen sprachlicher Rekonstruktion und den verschiedenen Darstellungsmöglichkeiten in Fach- und Systementwurf noch einmal zusammenzufassen, sei Abb. 17-7 herangezogen.

**Nichtsprachlicher
Sachverhalt der
realen Welt.**

Darstellung	Zugrunde liegende Regel
Eine Oper ist genau einem Komponisten zugeordnet.	**Regeln** (Grammatik einer empirischen Sprache) zur Zusammenstellung von *Wörtern* im Sinne der Bildung eines Satzes gemäß der **deutschen Sprache.**
Oper ▶▶◇▶ Komponist	**Regeln** (Grammatik einer Diagrammsprache) zur Zusammenstellung von *Begriffen* nach der **Objekttypenmethode.**
KOMPONIST(**K_NR,** NAME, GEB_ORT,...) OPER(O_NR, ORIG_NAME,...,**K_NR,**...)	**Regeln** (Grammatik einer Datenmanipulationssprache) zur Zusammenstellung von *Attributen* nach dem **Relationenmodell.**

Abb. 17-7: Beispielhafte Darstellung verschiedener Sprachen in Fach- und Systementwurf

Mit diesem „Werkzeugkoffer" ausgestattet, wollen wir uns nun im nächsten Kapitel der Modellierung eines Marktplatzes für Wissenskomponenten widmen.

17.5 Ein konzeptionelles Schema

Ein Marktplatz für Wissenskomponenten benötigt ein Repositorium (s. Abb. 17-8), zur Beschreibung und Verwaltung aller Sprachartefakte, das es mit Hilfe eines entsprechenden Metaschemas nun zu entwickeln gilt.

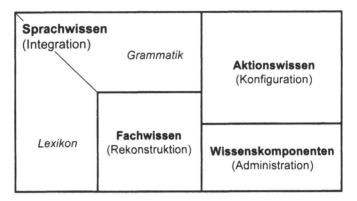

Abb. 17-8: Marktplatz für Wissenskomponenten – der Aufbau des Repositoriums

Sprachwissen, *Fachwissen* und *Aktionswissen* als Bestandteile dieses Repositoriums haben wir bereits in Kap. 15.1.3 kennen gelernt. Vervollständigend kommen nun die *Wissenskomponenten* als „geschickt" eingeteiltes Fachwissen neu hinzu[378].

17.5.1 Der sprachliche Rekonstruktionsprozess

Um nun vorhandenes Wissen durch Sprache so zu beschreiben, dass eine maximale Anzahl von Menschen es verstehen und benutzen kann, führen wir einen (fach)sprachlichen (Re-)Konstruktionsprozess auf einer Metasprachebene durch. Zu diesem Zweck erstellen wir schrittweise ein Metaschema – den Datenbankentwurf eines Repositoriums- oder Metainformationssystems – für unser Könnensmanagement-System[379].

Den Orientierungsgegenstand für die Rekonstruktion des Metaschemas (mit der Absicht ihrer strukturierten Beschreibung) bilden auf objektsprachlicher Ebene die Rekonstruktionsergebnisse aus dem Fachentwurf. Sprachliches Rekonstruieren als methodisches, systematisches Vorgehen mit der Objekttypenmethode als Metasprache, umfasst in der vorgestellten Weise vier Teilphasen:

---

[378] Platon sagt sinngemäß über die *geschickte* Einteilung eines Stoffes in *Wissenskomponenten*: „Man muss lernen, das Wild an den Gelenken zu zerlegen."

[379] In Anlehnung an Heinemann, Ortner und Sternhuber (2004), S. 103ff

- Phase 1 (*Strukturierung*):
  Zunächst erfolgt die strukturelle Betrachtung des zugrunde liegenden Textmaterials. Die Struktur wird hierbei analysiert und entsprechend dem beabsichtigten Inhalt gegliedert. Dafür eignen sich satzweise Gliederungen oder auch entsprechende Diagrammsprachen (z.B. UML) je nach Art des Textes. Dem schließt sich eine inhaltliche Betrachtung an. Nun wird versucht, den Inhalt im Sinne des Textverfassers – jetzt jedoch auf der Grammatik- bzw. Metasprachebene – mit Methoden der Hermeneutik und des Konstruktivismus zu erarbeiten und zu interpretieren. An Stellen, an denen es notwendig erscheint, wird präzisiert und konkretisiert.

- Phase 2 („*Formelisierung*"):
  Innerhalb dieser Phase erfolgt, soweit möglich, eine „Formelisierung", um den Inhalt möglichst unabhängig von der bisherigen, ggf. empirisch-grammatischen Darstellung der Entwicklungsergebnisse (z.B. Wissenskomponenten) auf objektsprachlicher Ebene vollständig und korrekt zu erfassen und die bisherige Form zu ersetzen. Letzteres dient in erster Linie der Klärung uneinheitlicher oder missverständlicher Formulierungen. Zudem werden die relevanten Begrifflichkeiten herausgeschält und als Metatermini bzw. Objekttypen festgehalten.

- Phase 3 (*Begriffsdefektanalyse*):
  Die dritte Phase dient der Betrachtung der Sprachartefakte (Objekttypen) und der auftretenden Sprachdefekte wie z.B. Homonyme, Synonyme und Vagheiten. Die Begriffe werden sowohl im Kontext ihres jeweiligen (grammatischen) Vorkommens als auch untereinander untersucht.

- Phase 4 (*Terminologiebildung*):
  In der vierten Phase wird dann aus den Ergebnissen der vorangegangenen Analyse ein Begriffssystem bzw. eine Terminologie gebildet. Das dabei entstehende Lexikon des Sprachwissens, also der Rational- oder Normsprache, ermöglicht eine konsistente Verwendung der Begrifflichkeiten.

Das Ergebnis ist ein Metaschema, welches dann zur Implementierung einer entsprechenden Anwendung, hier dem komponentenorientierten Könnensmanagement-System, genutzt werden kann. Zur grafischen Darstellung bedienen wir uns im Folgenden der Objekttypenmethode aus Kapitel 17.4.

17.5.2 Das Sprachwissen

Wie Abb. 17-8 zeigt, besteht das Teil-Metaschema *Sprachwissen* aus den Komponenten *Lexikon* und *Grammatik*. Mit ihnen werden u.a. die Fachwörter der als Ausgangspunkt dienenden Normsprache bzw. die Satzbaupläne derselben administriert. In der Lexikonkomponente sind die rekonstruierten Fachwörter einer Normsprache anwendungsübergreifend definiert. Durch die Einführung der hier vorgestellten Lexikonkomponente ist die Terminologie des zu erstellenden Könnensmanagement-Systems nicht mehr unkoordiniert über die einzelnen Teil-Anwendungen verteilt, sondern kann von einem Repositorium aus während des gesamten Lebenszyklus derselben kontrolliert verwaltet werden[380]. Abb. 17-9 zeigt nun das konzeptionelle Teil-Metaschema *Sprachwissen*, bestehend aus *Grammatik* und *Lexikon*.

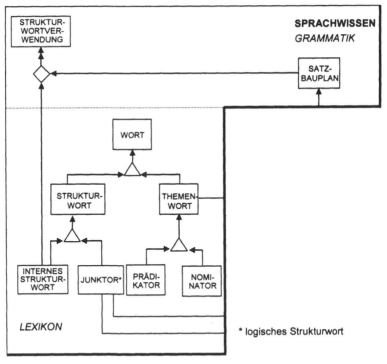

Abb. 17-9: Konzeptionelles Teil-Metaschema Sprachwissen[381]

---

[380] Vgl. Ortner (1999b), S. 353

[381] In Anlehnung an Heinemann, Ortner und Sternhuber (2004), S. 106

Innerhalb der Lexikon-Komponente findet man verschiedene Objekttypen, deren Bedeutung und Beziehungen zueinander in Tab. 17-1 dargestellt sind.

Objekttyp	Aussage/Beschreibung/Beziehung(en)
WORT	• Wörter stellen die Basis einer Sprache dar und können verschiedenen Kategorien angehören (z.B. Substantiven, Verben, Präpositionen, etc.) • Ein WORT ist entweder ein STRUKTURWORT oder ein THEMENWORT.
STRUKTUR-WORT	• STRUKTURWORTe strukturieren Sätze (z.B. „ein", „und", „oder", „wenn..., dann...", „alle", „auf", „zwischen", „∧", „∨", „→", etc.) • Ein STRUKTURWORT ist entweder ein INTERNES STRUKTURWORT oder ein JUNKTOR. • Es bildet eine vom THEMENWORT disjunkte Teilmenge des Objekttyps WORT.
INTERNES STRUKTUR-WORT	• Ein INTERNES STRUKTURWORT gibt Sätzen Struktur (z.B. durch Verwendung von „und", „oder", „auf", etc.) und kann daher beliebig oft in einem SATZBAUPLAN auftreten, was durch die STRUKTURWORTVERWENDUNG geregelt ist. • Es bildet eine vom Objekttyp JUNKTOR disjunkte Teilmenge des Objekttyps STRUKTURWORT.
JUNKTOR	• Der JUNKTOR strukturiert Sätze mittels logischer Partikel („∧", „∨", „→", etc.). • Er bildet eine vom Objekttyp INTERNES STRUKTURWORT disjunkte Teilmenge des Objekttyps STRUKTURWORT. • Weitere Verwendung s. Tab. 17-4.
THEMENWORT	• THEMENWORT ist ein Synonym für Fachwort oder Terminus wie z.B. „Kunde", „Müller", „einstellen", „Peter", „4711", „bald", „wahr", etc. • Es bildet eine vom Objekttyp STRUKTURWORT disjunkte Teilmenge des Objekttyps WORT. • Ein THEMENWORT kann entweder ein PRÄDIKATOR oder ein NOMINATOR sein. • Ein THEMENWORT kann in mehreren AUSSAGEn, mindestens aber in einer AUSSAGE auftreten (s. Tab. 17-3).

| PRÄDIKATOR | • Beim PRÄDIKATOR handelt es sich um den sprachlichen Ausdruck der Satzaussage als grammatischen Kern einer Aussage (Gattungsnamen, Verben, Adjektive, etc.)
• Er bildet eine vom Objekttyp NOMINATOR disjunkte Teilmenge des Objekttyps THEMENWORT. |
| NOMINATOR | • Beim NOMINATOR handelt es sich um den sprachlichen Ausdruck von Eigennamen und Kennzeichnungen.
• Es bildet eine vom Objekttyp PRÄDIKATOR disjunkte Teilmenge des Objekttyps THEMENWORT. |

Tab. 17-1: Objekttypen der Komponente *Lexikon*

Nun haben wir die Grundlage für die weiteren benötigten Teil-Metaschemata geschaffen. Die zweite hier betrachtete Komponente ist die Grammatik, in der angegeben wird, nach welchen Regeln die Wörter zu Sätzen zu verbinden sind. Eine Form, solche Regeln zu notieren, sind Satzbaupläne.

Die *Grammatik* als Teilbereich des *Sprachwissens* umfasst folgende Objekttypen:

Objekttyp	Aussage/Beschreibung/Beziehung(en)
SATZBAUPLAN	• Ein SATZBAUPLAN besteht semantisch i.d.R. aus mehreren Wörtern des Objekttyps INTERNES STRUKTURWORT (z.B. „dieses ..." oder „tue ..."), deren Verwendung über die STRUKTURWORTVERWENDUNG geregelt ist (z.B. „Wenn *Satz_1*, dann *Satz_2*.", „Ein *Prädikator_1* ist ein *Prädikator_2*." oder „Ein *Nominator* ist ein *Prädikator*."). • Er gibt als Regelwerk mit Hilfe von Wörtern des Objekttyps STRUKTURWORT und Leerstellen als Platzhalter für Wörter des Objekttyps THEMENWORT allgemein an, welche Struktur Aussagen bzw. Sätze in der Normsprache (Rationalsprache) haben können (s. auch Abb. 17-10 und Tab. 17-3).
STRUKTUR-WORT-VERWENDUNG	• Jede Verwendung eines INTERNEN STRUKTURWORTS in einem SATZBAUPLAN wird durch den Objekttyp STRUKTURWORTVERWENDUNG festgehalten.

Tab. 17-2: Objekttypen der Komponente *Grammatik*

Das *Sprachwissen*, das wir als Grundvoraussetzung für die Realisierung unseres Könnensmanagement-Systems benötigen, ist nun komplett. Im Folgenden gilt es jetzt das Teil-Metaschema *Fachwissen* zu betrachten.

17.5.3 Das Fachwissen

Das Teil-Metaschema *Fachwissen* in Abb. 17-10 kann als methodenneutrales Fachkonzept (Resultat des Fachentwurfs) für Anwendungssysteme in Form sprachlicher Aussagen über relevante Sachverhalte des abzubildenden Bereichs verstanden werden.

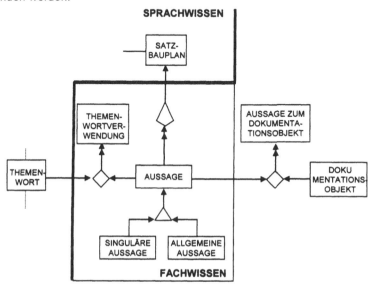

Abb. 17-10: Konzeptionelles Teil-Metaschema Fachwissen[382]

Eine ALLGEMEINE AUSSAGE ist eine Verbindung von Begriffen, die wiederum Funktionen darstellen, deren Wert immer ein Wahrheitswert ist. Über die Verwendung von Wörtern des Objekttyps THEMENWORT entstehen AUSSAGEn. Die in der Normsprache erzielten Entwicklungsresultate liegen in Form normsprachlicher Aussagen über das Anwendungsgebiet vor. Der Lexikoninhalt und die entsprechenden Satzbaupläne der Normsprache müssen aufgebaut, erweitert und administriert werden. Anhand der Objekttypen SATZBAUPLAN sowie THEMENWORT erkennt man die Schnittstellen an das normsprachliche Teil-Metaschema, das in Kapitel 17.5.2 erläutert wurde. Die Anbindung an die noch zu erläuternden Teil-Metaschemata *Wissenskomponenten* und *Aktionswissen* werden durch die nicht zum Fachwissen gehörenden Objekttypen DOKUMENTATIONSOBJEKT und AUSSAGE ZUM DOKUMENTATIONSOBJEKT realisiert.

---

[382] In Anlehnung an Heinemann, Ortner und Sternhuber (2004), S. 107

Das konzeptionelle Teil-Metaschema *Fachwissen* umfasst folgende Objekttypen:

Objekttyp	Aussagen/Beschreibung/Beziehung(en)
AUSSAGE	• Eine AUSSAGE (rationalsprachliche Aussagen über relevante Sachverhalte) wird durch einen Satz, der beispielsweise aus Subjekt, Objekt und Prädikat besteht, dargestellt. • Jede AUSSAGE basiert auf genau *einem* SATZBAUPLAN. Dagegen können viele AUSSAGEn nach demselben SATZBAUPLAN aufgebaut sein. • Sie kann entweder eine ALLGEMEINE AUSSAGE (Schema) oder eine SINGULÄRE AUSSAGE (Ausprägung) sein. • Sie besteht semantisch mindestens aus einem THEMENWORT, dessen Verwendung über die THEMENWORTVERWENDUNG geregelt ist (z.B. „*das Fenster*" oder „*tue öffnen*"). • Eine AUSSAGE kann in einem oder mehreren DOKUMENTATIONSOBJEKTEn vorkommen (s. auch Tab. 17-4).
ALLGEMEINE AUSSAGE	• Eine ALLGEMEINE AUSSAGE ist ein schematisierter Satz (z.B. „Ein *Menü* besteht aus *Vorspeise, Hauptgericht* und *Dessert*."). • Sie bildet eine vom Objekttyp SINGULÄRE AUSSAGE disjunkte Teilmenge des Objekttyps AUSSAGE.
SINGULÄRE AUSSAGE	• Eine SINGULÄRE AUSSAGE ist die Ausprägung eines Schemas (z.B. „Das *Menu de Jour* besteht aus *Feldsalat mit Flusskrebsen, Putenfilet mit Wildreis* und *Pannacotta*."). • Sie bildet eine vom Objekttyp ALLGEMEINE AUSSAGE disjunkte Teilmenge des Objekttyps AUSSAGE.
THEMENWORTVERWENDUNG	• Die THEMENWORTVERWENDUNG regelt jedes einzelne Auftreten eines THEMENWORTs in einer Aussage durch Zuordnung.

Tab. 17-3: Objekttypen der Komponente *Fachwissen*

Während wir in Kapitel 17.5.2 noch auf grundsätzliche sprachliche Aspekte eingegangen sind, wird in der Komponente *Fachwissen* bereits ein *bereichsspezifischer* Aspekt eingearbeitet.

17.5.4 Die Wissenskomponenten und das Aktionswissen

Als dritten und letzten Teil des in dieser Arbeit entwickelten Metaschemas soll nun die eigentliche Kernkomponente des anvisierten Könnensmanagement-Systems vorgestellt werden. Das Teil-Metaschema, das diesen Bereich beschreibt, besteht aus *Wissenskomponenten* und *Aktionswissen* (s. Abb. 17-11).

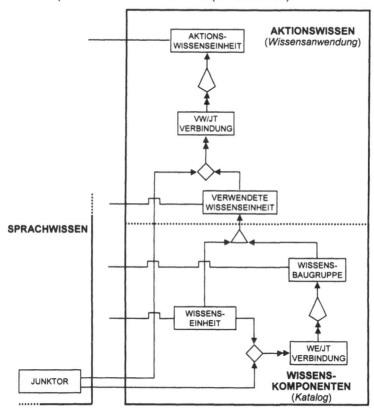

Abb. 17-11: Konzeptionelles Teil-Metaschema *Aktionswissen/Wissenskomponenten*

Das konzeptionelle Teil-Metaschema *Wissenskomponenten* ist das Metaschema eines Katalogs für Wissenskomponenten, wohingegen *Aktionswissen* das Metaschema einer Wissensanwendung darstellt. Die Objekttypen des hier vorgestellten Teil-Metaschemas werden in Tab. 17-4 erläutert.

Objekttyp	Aussagen/Beschreibung/Beziehung(en)
WISSENS-EINHEIT	• Die WISSENSEINHEIT bildet eine vom Objekttyp WISSENS-BAUGRUPPE disjunkte Teilmenge des Objekttyps VERWENDETE WISSENSEINHEIT. • In einer WISSENSEINHEIT können mehrere JUNKTORen verwendet werden.
JUNKTOR[383]	• Ein JUNKTOR kann für mehrere WISSENSEINHEITen herangezogen werden. • Er kann überdies auch für mehrere VERWENDETE WISSENSEINHEITen verwendet werden.
WE/JT VERBINDUNG	• Abkürzung von WISSENSSEINHEIT/JUNKTOR Verbindung. • Eine eindeutige Verbindung von JUNKTOR und WISSENSEINHEIT wird WE/JT VERBINDUNG genannt. • Sie ist genau *einer* WISSENSBAUGRUPPE zuzuordnen.
WISSENS-BAUGRUPPE	• Eine WISSENSBAUGRUPPE kann sich aus mehreren WE/JT VERBINDUNGen zusammensetzen. • Sie bildet eine vom Objekttyp WISSENEINHEIT disjunkte Teilmenge des Objekttyps VERWENDETE WISSENSEINHEIT.
VERWENDETE WISSENS-EINHEIT	• Eine VERWENDETE WISSENSEINHEIT kann entweder eine WISSENSEINHEIT oder eine WISSENSBAUGRUPPE sein. • In einer VERWENDETEN WISSENSEINHEIT können mehrere JUNKTORen verwendet werden.
AKTIONS-WISSENS-EINHEIT	• Die AKTIONSWISSENSEINHEIT kann aus mehreren VW/JT VERBINDUNGen bestehen.
VW/JT VERBINDUNG	• Abkürzung von VERWENDETE WISSENSEINHEIT/JUNKTOR VERBINDUNG. • Eine VW/JT VERBINDUNG verbindet die Objekttypen VERWENDETE WISSENSEINHEIT und JUNKTOR eindeutig. • Sie ist immer genau *einer* AKTIONSWISSENSEINHEIT zuzuordnen.

Tab. 17-4: Objekttypen der Komponenten Wissenskomponenten und Aktionswissen

---

[383] Der JUNKTOR „gehört" zum Teil-Metaschema *Sprachwissen*. Vgl. auch Tab. 17-1

In der hier angedachten, exemplarischen Lösung (s. Abb. 17-11) kann eine WE/JT VERBINDUNG immer nur einer WISSENSBAUGRUPPE zugeordnet sein (Aggregation). Das führt dazu, dass entsprechende Aussagen noch einmal unter einem neuen Schlüssel abgelegt werden müssen, sollten sie erneut einer WISSENSBAU-GRUPPE zugeordnet werden. Man spricht in so einem Fall von *kontrollierter Redundanz*. Gleiches gilt für die VW/JT VERBINDUNG.

Wir haben nun *ein* Metaschema für die Teilaspekte *Aktionswissen* und *Wissenskomponenten* gemäß der Objekttypenmethode vorgelegt, das es nun mit der Aussagensammlung des *Fachwissens* (s. Abb. 17-10) zu verbinden gilt (s. Abb. 17-12). Da hierbei ein Teil der entwicklungsrelevanten Aussagen aus dem methodenneutralen Entwurf zur Gewinnung der Entwicklungsergebnisse in der *Wissensanwendung* ebenso wie im *Katalog* geführt hat, muss der Objekttyp AUSSAGE noch über die AUSSAGE ZUM DOKUMENTATIONSOBJEKT mit einigen Objekttypen verbunden werden. Dies betrifft die Objekttypen WISSENSEINHEIT, WISSENSBAU-GRUPPE, VERWENDETE WISSENSEINHEIT und AKTIONSWISSENSEINHEIT. Aus darstellungstechnischen Gründen wurde dafür in Abb. 17-12 der Objekttyp DOKUMENTATIONSOBJEKT stellvertretend für die betroffenen Objekttypen in das Metaschema aufgenommen. Mit diesem steht uns nun eine vollständige Datenbank-Architektur für ein komponentenorientiertes und sprachbasiertes Wissensmanagement- bzw. Könnensmanagement-System zur Verfügung.

Vorstellbar sind zum Beispiel der Einsatz und die Verwertung der AKTIONSWIS-SENSEINHEITEN im Rahmen des Datawarehousing. Die Idee ist hierbei, aus gegebenen Schemata (Objekttyp WISSENSKOMPONENTE) geeignete *Gebrauchsschemata* (Objekttyp AKTIONSWISSEN) abzuleiten. Die Möglichkeiten des Gebrauchs dieses Wissens sowie verschiedene andere Ansätze einer Umsetzung von Wissenskomponenten in Gebrauchs- oder Aktionswissen sind vielseitig und können daher in dieser Arbeit nicht ausgiebig behandelt werden. Hier soll lediglich der Hinweis auf Ansatzpunkte zu möglichen Erweiterungen gegeben werden.

Der nunmehr fast am Ende der vorliegenden Arbeit angekommene Leser wird jetzt sicherlich das vertraute Brückenkapitel erwarten. Dies ist legitim, doch angesichts der nun anstehenden Zusammenfassung der gesamten Arbeit werde ich vom gewohnten Wege abweichen und verweise auf das abschließende Kapitel, den Epilog, der quasi ein „allumfassendes Brückenkapitel" darstellt.

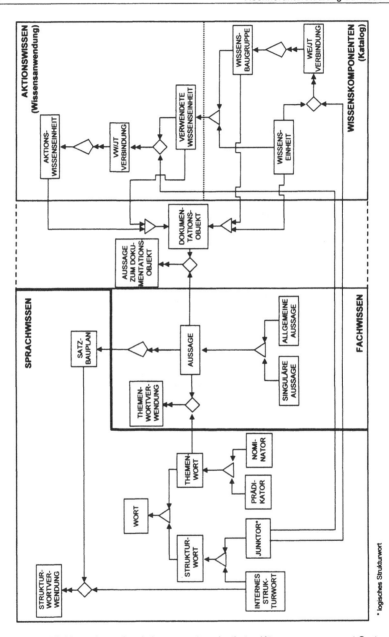

Abb. 17-12: Metaschema für ein komponentenorientiertes Könnensmanagement-System

Epilog
Ein Blick zurück und einer nach vorn'

> *Wenn man die Menschen lehrt, wie sie den-
> ken sollen und nicht ewighin, was sie
> denken sollen: so wird auch dem Miß-
> verständnis vorgebeugt. Es ist eine Art von
> Einweihung in die Mysterien der Mensch-
> heit.*
>
> Georg Christoph Lichtenberg (1742-1799)

18 Letzte Worte

Mit einem kompakten Überblick über das in dieser Arbeit dargelegte Themengebiet,
den Antworten auf die im Einleitungskapitel gestellten Fragen und einem Ausblick
auf künftige Aktivitäten im Kontext rekonstruierten Denkens, Redens und Handelns
wollen wir nun zum Ende kommen.

18.1 Zusammenfassende Worte

In der Einleitung zur vorliegenden Arbeit stellten wir uns die Frage, was eine solche
wohl zum Thema habe, wenn sie „Sprachlogische Aspekte rekonstruierten Denkens, Redens und Handelns" heißt. Um eine Antwort darauf zu finden, beschäftigten wir uns mit dem „warum" als Begründung solcher Überlegungen ebenso wie mit
dem „wie". Ersteres stand nun in Form von Überlegungen über die Ergebnisse von
PISA hinsichtlich einer sprachlichen Grundbildung in Teil 2 hinlänglich zur Debatte.
Letzteres möchte ich in folgenden Kernaussagen bezüglich eines sprachlogischen
– aus der Anwendungsentwicklung motivierten – Rekonstruktionsprozesses, wie wir
ihn hier kennen gelernt haben, noch einmal auf den Punkt bringen:

* Eine *Sprache ist ein System aus Schemata* mit einem durch Abstraktion
  erworbenen Kompetenzbereich (Wissen) und einem durch Konkretion ge-
  bildeten Performanzbereich (Information).

* Unsere *Mittel*, die Welt zu verstehen, sind *Schemata* oder anders ausgedrückt: *Schemata* sind *Orientierung gebende Wissensprodukte.*

- Um eine *Architektur für unsere Sprache* bzw. unsere Äußerungen aufbauen zu können, bedarf es einer fehlerfreien *Sprachebenen-Konstruktion*. So stehen beispielsweise auf der dritten Sprachebene diverse Modi für das Beurteilen der (Sprach-)Konstrukte der zweiten, ggf. auch der ersten Sprachebene bereit.

- Der *sprachlogische Ansatz* ist umfassend durch das *Prinzip der methodischen Ordnung* („erst die Socken, dann die Schuhe") und hinsichtlich deren spezifischer Eigenschaften durch die Attribute *schrittweise, zirkelfrei* und *Alles explizit machend* definiert.

Die rationalsprachliche, methodische Rekonstruktion der menschlichen Sprache ermöglicht es, unser Denken, Reden und Handeln für Rechner umsetzbar zu machen.

> „Ein Riesenvorteil einer solchen [rationalen; Anm. d. A.] Grammatik ist, dass sie die Grundlage für alle Sprachen ist, die unsere Rechner verstehen. Eine Rationale Grammatik ist ein Universalschema, das wegen seiner Allgemeingültigkeit viel einfacher sein muss als empirische Grammatiken mit ihren Aktiv-Passiv-Formen, komplizierten Flexionen, Indikativ-Konjunktiv-Formen in Gegenwart, Vergangenheit und Zukunft, Unregelmäßigkeiten en masse, äußerst komplexen Satzstrukturen etc."[384]

Die Möglichkeiten der rationalen Grammatik (Teil 3) sind uns nun vertraut und auch Überlegungen hinsichtlich einer entsprechenden Bereicherung des Schulunterrichts wurden vorgestellt[385]. Die Ergebnisse lassen sich wie folgt zusammenfassen: Eine auf Basis der rationalen Grammatik rekonstruierte Praxis- oder Spielsprache ist eine nicht zum Sprechen gedachte Basissprache, die logisches Denken und Reflektieren schult und ein Grundmodell für das Erlernen und Durchschauen von Sprache überhaupt anbietet. *Denn man versteht das am besten, von dem man weiß, auf welche Weise es geworden ist.* Und dieses Prinzip des immer wieder Neuerschaffens durch Rekonstruktion gilt nicht nur für den Schüler, sondern in gleichem Maße auch für den Lehrer.

> „[...] um etwas lehren zu können, muss man imstande sein, in seinem Kopf eine Leere entstehen zu lassen, auf die Attitüde des Wissensbesitzers zu verzichten, um wieder fast so auf zuvor Gewusstes hinschauen zu können, als sähe man es zum ersten Mal."[386]

---

[384] Vgl. Wedekind, Ortner und Inhetveen (2004b), S. 265

[385] Als ergänzende Literatur hierzu sei auf Wedekind und Ortner (2004) verwiesen.

[386] Vgl. Rumpf (2004), S. 146

Auch Lehren heißt verstehen, wie etwas geworden ist. Nur dann kann man es schrittweise, zirkelfrei und Alles explizit machend, zusammen *mit* den Schülern und *für* selbige wieder neu rekonstruieren. Das gilt insbesondere auch für die eigene Muttersprache. Die Reflexion über Sprache vertieft unmittelbar die Kenntnis derselben. Gerade weil eine rekonstruierte Sprache nicht deckungsgleich mit der im Alltag gesprochenen ist, werden *Sprachperformanz* und *Sprachkompetenz* hinsichtlich der Muttersprache trainiert. Somit kann die Rekonstruktion einer solchen Praxissprache auch als Deutschunterricht der besonderen Art verstanden werden, nämlich als einer, der auf der Grundlage einer grammatikalischen Metasprache aufbaut. Die (Wirtschafts-)Informatik ist hier „nur" ein Träger für die zu erwerbende Sprachkompetenz – nicht mehr und nicht weniger. Denn in einer Zeit, in der heranwachsende Teilnehmer einer technisierten Gesellschaft um die Bedienung, Verwendung, aber auch um die Mitgestaltung rechnerunterstützter Gegenstände nicht mehr herumkommen, fällt der Informatik augenscheinlich ein immer verantwortungsvollerer Bildungsauftrag zu. Damit ist wohl eine Antwort auf die in Kap. 0.1 gestellte Teilfrage nach der „neuen Sprachbildung" künftiger Benutzer von Rechnersystemen gegeben.

Der zweite Teil der Frage, der sich auf die Auswirkungen des sprachlogischen Ansatzes auf die Entwicklung zukünftiger Anwendungssysteme bezog, soll im Folgenden noch einmal akzentuiert werden. Die hier vorgestellte Rechnerunterstützung der Zukunft möchte das Denken und (Sprach-)Handeln nicht vollständig automatisieren, sondern es durch die Rekonstruktion der dabei verwendeten Sprache rechnerseitig unterstützen. Dazu gehört auch eine „neue Bildung" zukünftiger Anwender, die ihre Sprache und somit auch ihre Sprachverwendung ebenso wie die Unterstützung seitens des Rechners besser nutzen können, wenn sie wissen auf welche Weise Sprache entsteht.

Aufbauend auf den Möglichkeiten einer rationalen Grammatik wurde mit DarWin (Teil 4) ein Projekt vorgestellt, dass den Menschen auf verschiedenen Gebieten Rechnerunterstützung durch epistemische Anwendungssysteme anbieten möchte. Dies betrifft alle Bereiche, in denen ein „Können" zur Bewältigung einer zu lösenden Aufgabe in Gänze fehlt oder nur unzureichend zur Verfügung steht. Dabei darf die Frage nach dem Grad eines „Unterstützt-werden-wollens" nicht ignoriert werden. Um dieses Projekt abzurunden, wurde ein Metaschema für ein Könnensmanagement-System entwickelt, in dem das Können eines Menschen im Wittgensteinschen Sinne situationsspezifisch, bedarfsgerecht und hinsichtlich seines Automatisierungsgrads frei wählbar angeboten wird. Mit diesen Erkenntnissen und Anregungen „bewaffnet" gilt es jetzt einen Blick nach vorne zu wagen.

18.2 Nach vorne gerichtete Worte

Legen wir den Fokus unserer Betrachtungen auf die verschiedenen Möglichkeiten der Benutzerunterstützung wie sie in Kap. 14.3 beschrieben wurde, so sind systemgestützte Anwendungen prinzipiell in allen Technologiebereichen vorstellbar.

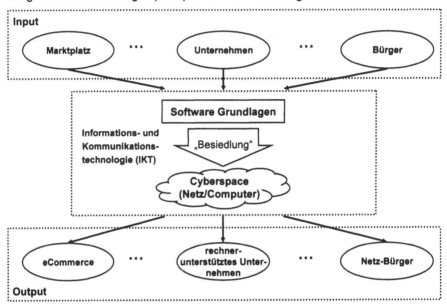

Abb. 18-1: Paradigma einer neuen Cyber-Welt

Software, die wir als Wissen definiert haben, „besiedelt" die künftige Cyber-Welt, also unsere durch Rechner unterstützte Welt in dem Maße, dass beispielsweise statt auf physischen Marktplätzen per E-Commerce gehandelt wird, aus Unternehmen rechnerunterstützte Unternehmen[387] werden und der Bürger sich zu einem Cyber- oder Netz-Bürger in einer Cyber-Gesellschaft wandelt (s. Abb. 18-1). Die erstgenannten Beispiele sind aus unserem Alltag bereits nicht mehr wegzudenken, wohingegen der Netz-Bürger doch eher nach einem Science Fiction Roman klingt. Aber so utopisch wie vielleicht der Begriff anmuten mag, ist die Realität schon lange nicht mehr, wie wir in Teil 1 bereits erörtert haben.

---

[387] Es gibt bereits heute sehr interessante Ansätze, in denen das Unternehmen in toto als Anwendungssystem verstanden und als solches sowohl in Bezug auf seinen Aufbau als auch auf seine Abläufe modelliert wird. Vgl. Grollius und Ortner (2005)

An der Technischen Universität Darmstadt laufen am Fachgebiet Wirtschaftsinformatik 1, Entwicklung von Anwendungssystemen augenblicklich verschiedene nationale wie internationale Projekte, die sich – teils auch stark interdisziplinär – mit der Entwicklung epistemischer Anwendungssysteme gemäß dem DarWin-Konzept[388] beschäftigen. Da der Mensch nicht zum Wissensarbeiter geboren wird, sondern zu einem solchen ausgebildet werden muss, soll beispielsweise ein Marktplatz für Wissenskomponenten erstellt werden, auf dem – soweit möglich – auch implizites Wissen einer Sprachgemeinschaft verfügbar gemacht wird und für den der hier vorgestellte „Marktplatz des Wissens" eines praktikable Vorlage darstellt.

18.3 Allerletzte Worte

Ebenso wie in der Lehre Vollständigkeit nur eine Sekundärtugend sein kann, steht diese Arbeit *für* bzw. ihre Autorin *zu* einer nicht zu verhindernden Unvollständigkeit. Doch dieses Schicksal bleibt wohl kaum jemandem erspart, der sich in das „Abenteuer Forschung" stürzt. Zu groß ist die Menge der zu knüpfenden Seitenstränge, die den Gesamtzusammenhang noch weiter verdeutlichen würden. Dennoch, so hoffe ich, ergeben die hier tatsächlich geknüpften Stränge für die Leserin und den Leser am Ende einen dicken Zopf, den es lohnt, nicht gleich abzuschneiden, sondern – im Gegenteil – weiter zu flechten.

---

[388] Vgl. Kap. 15

Literaturverzeichnis

Alpha/br-online (2004): „Kant für Anfänger: Folge 3 - Verstand und Sinne". http://www.br-online.de/wissen-bildung/thema/kant/folge3.xml.

Al-Laham, Andreas (2003): Organisationales Wissensmanagement: eine strategische Perspektive. München: Vahlen.

Amelingmeyer, Jenny (2002): Wissensmanagement: Analyse und Gestaltung der Wissensbasis von Unternehmen. Wiesbaden: Dt. Univ.-Verlag.

AAAI: American Association for Artificial Intelligence (2005): „History" http://www.aaai.org/AITopics/html/history.html#bhist15.

Argyris, Chris; Schön, Donald A. (2002): Die lernende Organisation: Grundlagen, Methode, Praxis. Stuttgart: Klett-Cotta.

Austin, John. L. (1994): Zur Theorie der Sprechakte (= How to do things with words). Stuttgart: Reclam.

Bacon, Francis (1990): Novum Organum. Hamburg: Meiner.

Bayer, Klaus (1999): Argument und Argumentation: logische Grundlagen der Argumentationsanalyse. Opladen [u.a.]: Westdt. Verlag.

Bono, Edward De (1972): Die 4 richtigen und die 5 falschen Denkmethoden. Reinbek bei Hamburg: Rowohlt.

Brandt, Christoph; Lonthoff, Jörg (2004): Vorschlag für eine Architektur zur Personalisierung und Individualisierung mobiler Dienste. In: Proceedings zum GI-Workshop: Grundlagen und Anwendungen mobiler Informationstheorie (GI-Mobis), S. 33-40.

Bühler, Karl (1982): Sprachtheorie: die Darstellungsfunktion der Sprache. Stuttgart [u.a.]: Fischer.

Carnap, Rudolf (1960): Einführung in die symbolische Logik: mit besonderer Berücksichtigung ihrer Anwendungen. Wien: Springer.

Carnap, Rudolf (1972): Sinn und Synonymität in natürlichen Sprachen. In Sinnreich, Johannes [Hrsg.]: Zur Philosophie der idealen Sprache. München: Dt. Taschenbuch Verlag, S. 145-163.

Carstensen, Kai-Uwe (2001): Computerlinguistik und Sprachtechnologie: eine Einführung, Heidelberg [u.a.]: Spektrum, Akad. Verlag, 2001.

Cassirer, Ernst (1996): Versuch über den Menschen: Einführung in eine Philosophie der Kultur. Hamburg: Meiner.

Chomsky, Noam; Ronat, Mitsou (1981): Sprache und Verantwortung - Gespräche mit Mitsou Ronat. Frankfurt/M. [u.a.]: Ullstein.

Chomsky, Noam (1978): Aspekte der Syntax-Theorie. Frankfurt am Main: Suhrkamp.

Chomsky, Noam (1981): Regeln und Repräsentationen. Frankfurt am Main: Suhrkamp.

Davenport, Thomas H.; Prusak, Laurence (1999): Wenn Ihr Unternehmen wüßte, was es alles weiß: das Praxishandbuch zum Wissensmanagement. Landsberg/Lech: mi, Verlag Moderne Industrie.

Debenham, John (1998): Knowledge engineering: unifying knowledge base and database design. Berlin [u.a.]: Springer.

Denning, Peter J.; Metcalfe, Robert M. (1997): Beyond calculation: the next fifty years of computing. New York, NY: Copernicus.

Deutsches PISA-Konsortium: Baumert et al. (2001): PISA 2000 - Basiskompetenzen von Schülerinnen und Schülern im internationalen Vergleich, Opladen: Leske + Budrich.

Deutsches PISA-Konsortium: Prenzel et al. (2004): PISA 2003: der Bildungsstand der Jugendlichen in Deutschland - Ergebnisse des zweiten internationalen Vergleichs, Münster [u.a.]: Waxmann.

Dijkstra, Edsgar. W. (1989): „On the cruelty of really teaching computer science". In: Communication of the ACM, 32(12), S. 1398-1404.

Doerry, Martin; Andresen, Karen (2003): Die Bildungsoffensive: was sich an Schulen und Universitäten ändern muss, Stuttgart [u.a.]: Dt. Verlags-Anstalt.

Drodowski, Günther [Red.] (1993): Duden: Das große Wörterbuch der deutschen Sprache. Band 1: A-M. Mannheim [u.a.]: DudenVerlag.

Drucker, Peter F. (1993): Die postkapitalistische Gesellschaft. Düsseldorf [etc.]: Econ-Verlag.

Eco, Umberto (1982): Der Name der Rose. München: Hanser.

Egli, Urs; Egli-Gerber, Renata (1991): Sprachsysteme - logische und historische Grundlagen der erweiterten Phrasenstrukturgrammatik. Fachgruppe Sprachwissenschaft - Arbeitspapier 28. Universität Konstanz.

Feibel, Thomas (2002): Die beste Lern-Software: alle Wissensgebiete, von Schülern getestet, von Lehrern empfohlen. Reinbek bei Hamburg: Rowohlt.

Frackmann, Margit; Tärre, Michael (2003): Lernen und Problemlösen: ein Handbuch für LehrerInnen und AusbilderInnen in der beruflichen Bildung. Hamburg: VSA-Verlag.

Frege, Gottlob (1993): Logische Untersuchungen. Göttingen: Vandenhoeck und Ruprecht.

Frege, Gottlob (1978): Schriften zur Logik und Sprachphilosophie: aus dem Nachlaß, Hamburg: Meiner.

Frege, Gottlob (2002): Funktion, Begriff, Bedeutung,   Göttingen: Vandenhoeck Ruprecht.

Friedrich, Steffen (2003): Informatik und PISA - vom Wehe zum Wohl der Schulinformatik. In Proceedings zur INFOS 2003, 10. GI-Fachtagung Informatik und Schule, S. 133-144

Fried, Johannes (2004): Der Schleier der Erinnerung: Grundzüge einer historischen Memorik. Darmstadt: Wiss. Buchgesellschaft.

Fuchs, Walter R. (1971): Eltern entdecken die neue Logik. München [u.a.]: Droemer Knaur.

Gerhardus, Dietfried; Kledzik, Silke M.; Reitzig, Gerd H. (1975): Schlüssiges Argumentieren: logisch-propädeutisches Lehr- und Arbeitsbuch. Göttingen: Vandenhoeck Ruprecht.

Gipper, Helmut (1999): „Die Sprache als Instrument der Weltsicht". In: Neue Zürcher Zeitung, Nr. 157, S. 79

Gipper, Helmut (1987): Das Sprachapriori. Stuttgart-Bad Cannstatt: Frommann-Holzboog.

Goethe, Johann Wolfgang von (1982): Faust: der Tragödie erster und zweiter Teil, Zürich: Diogenes.

Golecki, Reinhard (2000): Können Computer denken? 'Künstliche Intelligenz' als Thema für einen fächerübergreifenden Unterricht. Unterrichtsmodul 2: Schlüsselproblem Sprachverstehen. PDF-Version. Freie und Hansestadt Hamburg. Behörde für Schule, Jugend und Berufsbildung.

Görz, Günther (2000): Handbuch der künstlichen Intelligenz, München [u.a.]: Oldenbourg.

Graeser, Andreas (2002): Positionen der Gegenwartsphilosophie: vom Pragmatismus bis zur Postmoderne. München: Beck.

Grollius, Tobias; Ortner, Erich (2005): A Concept of Configuring Flexible Application Systems for Business and Administration Processes. In: Proceedings der ISTA 2005, 4th International Conference, Palmerston North (NZ), S. 196-199.

Guzdial, Marc; Soloway, Elliot (2002): „Teaching the nintendo generation to programm". In: Communication of the ACM, 45(4), S. 17-21.

Hannig, Uwe (2002): Knowledge Management und Business Intelligence: mit 20 Tabellen, Berlin [u.a.]: Springer.

Hansen, Hans R.; Neumann, Gustaf (2001): Wirtschaftsinformatik I. Stuttgart: Lucius & Lucius.

Hanns Martin Schleyer-Stiftung (1995): Hanns Martin Schleyer-Preis 1994 und 1995, Band 44. Hanns Martin Mayer-Stiftung.

Hartmann, Werner; Nievergelt, Jürg (2002): „Informatik und Bildung zwischen Wandel und Beständigkeit." In: Informatik-Spektrum, 25(6), S. 465-476.

Hegel, G. W. F. (1841) „Wissenschaft der Logik. Zweiter Teil. Die subjektive Logik oder Lehre vom Begriff." Projekt Gutenberg-DE. http://gutenberg.spiegel.de/hegel/logik2/logik2.htm.

Heinemann, Elisabeth; Ortner, Erich (2004): DarWin: A Project for Language-based Schema and Knowledge Management. In Proceedings der IKE'04, International Conference on Information and Knowledge Engineering, Las Vegas (USA), S. 442-446.

Heinemann, Elisabeth; Ortner, Erich; Sternhuber, Joachim (2004): Sprachbasierte Wissensrekonstruktion am Beispiel des Einkommensteuergesetzes. In Proceedings der MobIS 2004, Modellierung betrieblicher Informationssysteme, S. 91-111.

Heinemann, Elisabeth; Ortner, Erich; Wedekind, Hartmut (2004): A Framework for Language-Based Schema Management and Epistemic Application Systems. In Proceedings der i-know 2004, 4th International Conference on Knowledge Management, S. 279-283

Heinemann, Elisabeth (2005a): Use – Mention – Reflection: A language-based Model for Teaching-Learning-Situations. In Proceedings der LOKMOL 2005, 1st Workshop on Learner-Oriented Knowledge Management & KM-Oriented E-Learning während der Wissensmanagement 2005, Karlsruhe, S. 135-139.

Heinemann, Elisabeth (2005b): A Language-based Approach For Modelling Teaching-Learning-Situations. In der elektronischen Ausgabe der Proceedings der TESI 2005, Training, Education & Simulation International (TESI) 2005. Maastricht (Holland).

Hermes, Hans (1978): Aufzählbarkeit, Entscheidbarkeit, Berechenbarkeit: Einführung in die Theorie der rekursiven Funktionen. Berlin [u.a.]: Springer.

Hessisches Kultusministerium (2005): „Lehrplan Deutsch: Gymnasialer Bildungsgang" Jahrgangsstufen 5 bis 13. http://lernarchiv.bildung.hessen.de/archiv/lehrplaene/gymnasium/deutsch/LPGymDeutsch.pdf.

Hofstadter, Douglas R. (2001): Gödel, Escher, Bach: ein endloses geflochtenes Band. Stuttgart: Klett-Cotta.

Holsapple, Clyde W. [Hrsg.] (2004): Handbook on Knowledge Management 1. Berlin [u.a.]: Springer.

Hubwieser, Peter (2001): Didaktik der Informatik: Grundlagen, Konzepte, Beispiele. Berlin [u.a.]: Springer.

Humbert, Ludger (2003): Zur wissenschaftlichen Fundierung der Schulinformatik. Eingereichte Dissertation an der Universität Siegen am 13.08.2003.

Inhetveen, Rüdiger (2003): Logik: eine dialog-orientierte Einführung. Leipzig: Edition am Gutenbergplatz.

ISO: International Standard Organisation (1998): ISO 9241-11 – Ergonomische Anforderungen für Bürotätigkeiten mit Bildschirmgeräten – Teil 11: Anforderungen an die Gebrauchstauglichkeit. http://www.fit.fraunhofer.de/gebiete/usability/index.xml?aspect=methoden.

Janich, Peter (2001): Logisch-pragmatische Propädeutik: ein Grundkurs im philosophischen Reflektieren. Weilerswist: Velbrück Wissenschaft.

Jäger, Ludwig (2003): „Ohne Sprache undenkbar". In: Gehirn & Geist, Nr. 2, S. 36-42.

Kamlah, Wilhelm; Lorenzen, Paul (1990): Logische Propädeutik: Vorschule des vernünftigen Redens. Mannheim [u.a.]: BI-Wiss.-Verlag.

Kant, Immanuel (1976): Kritik der reinen Vernunft, Hamburg: Meiner, 1976.

Kant, Immanuel (1989): Prolegomena zu einer jeden künftigen Metaphysik, die als Wissenschaft wird auftreten können. Stuttgart: Reclam.

Klaus, Georg (1973): Semiotik und Erkenntnistheorie. München [u.a.]: Fink.

Kraft, Ulrich (2003): „Nahkampf im Kinderzimmer". In: Geist & Gehirn, 4(2), S. 16-21.

Krcmar, Helmut (2003): Informationsmanagement: mit 33 Tabellen. Berlin [u.a.]: Springer.

Kutschera, Gundl (1995): Tanz zwischen Bewusst-sein und Unbewusst-sein. NLP-Arbeits- und Übungsbuch. Paderborn: Junfermann.

Ladenthin, Volker (2004): Zukunft und Bildung: Entwürfe und Kriterien. Frankfurt am Main [u.a.]: Lang.

Lenders, Winfried; Willée, Gerd (1986): Linguistische Datenverarbeitung: ein Lehrbuch. Opladen: Westdt. Verlag.

Lenzen, Manuela (2002): Natürliche und künstliche Intelligenz: Einführung in die Kognitionswissenschaft. Frankfurt/Main [u.a.]: Campus-Verlag.

Lorenzen, Paul (1969): Methodisches Denken. Frankfurt am Main: Suhrkamp.

Lorenzen, Paul (1973): Semantisch normierte Orthosprachen. In Kambartel, Friedrich; Mittelstraß, Jürgen [Hrsg.]: Zum normativen Fundament der Wissenschaft, S. 231-249, Frankfurt/M.: Athenäum Verlag.

Lorenzen, Paul (1985): Grundbegriffe technischer und politischer Kultur: 12 Beiträge. Frankfurt am Main: Suhrkamp.

Lorenzen, Paul (2000): Lehrbuch der konstruktiven Wissenschaftstheorie. Stuttgart [u.a.]: Metzler.

Lorenz, Kuno (1970): Elemente der Sprachkritik: eine Alternative zum Dogmatismus und Skeptizismus in der analytischen Philosophie. Frankfurt: Suhrkamp.

Lorenz, Kuno (1992): Einführung in die philosophische Anthropologie. Darmstadt: Wiss. Buchgesellschaft.

Lucas, Peter; Gaag, Linda van der (1991): Principles of expert systems. Wokingham [u.a.]: Addison-Wesley.

Luft, Alfred L. (1994): Zur begrifflichen Unterscheidung von 'Wissen', 'Information' und 'Daten'. In: Rudolf Wille [Hrsg.]: Begriffliche Wissensverarbeitung: Grundfragen und Aufgaben. S. 61-80.

Luft, Alfred L. (1992): 'Wissen' und 'Information' bei einer Sichtweise der Informatik als Wissenstechnik. In Coy et al. [Hrsg.]: Wiesbaden: Vieweg, S. 49-70.

Lyons, John (1968): Introduction to theoretical linguistics. Cambridge: Univ. Press.

Lyons, John (1973): Noam Chomsky. München: Dt. Taschenbuch Verlag.

Manhartsberger, Martina; Musil, Sabine (2002): Web Usability: das Prinzip des Vertrauens. Bonn: Galileo Press.

Martial, Ingbert von; Ladenthin, Volker (2002): Medien im Unterricht: Grundlagen und Praxis der Mediendidaktik. Baltmannsweiler: Schneider Hohengehren.

Mattes, Wolfgang (2002): Methoden für den Unterricht: 75 kompakte Übersichten für Lehrende und Lernende. Paderborn: Schöningh.

Mayer, Richard E. (1979): Denken und Problemlösen: eine Einführung in menschliches Denken und Lernen. Berlin [u.a.]: Springer.

McCarthy, John; Hayes, Patrick J. (1969): Some philosophical problems from the standpoint of artificial intelligence. In: Machine Intelligence, (4), S. 1-51 (PDF-Version).

McCarthy, J. (1987): Generality in artificial intelligence. In: Communications of the ACM, 30(12), S. 1039-1035.

McKinsey et al. (2001): InnovationsKompass 2001: Radikale Innovationen erfolgreich managen. Handlungsempfehlungen auf Basis einer empirischen Untersuchung. Eine Initiative von VDI, VDI Nachrichten, McKinsey&Company und TU Berlin.

Mellis, Werner (2004): Projektmanagement der SW-Entwicklung: eine umfassende und fundierte Einführung. Wiesbaden: Vieweg.

Merz, Michael (2002): E-Commerce und E-Business: Marktmodelle, Anwendungen und Technologien. Heidelberg: dpunkt-Verlag.

Mittelstraß, Jürgen (1989): Glanz und Elend der Geisteswissenschaften. Oldenburg: Bibliotheks- u. Informationssystem d. Univ.

Mittelstraß, Jürgen (2001): Wissen und Grenzen: philosophische Studien. Frankfurt am Main: Suhrkamp.

Mittelstraß, Jürgen (2002): Bildung und ethische Masse. In Killius, Nelson; Kluge, Jürgen und Reisch, Linda [Hrsg.]: Die Zukunft der Bildung. Frankfurt am Main: Suhrkamp, S. 151-170.

Mittelstraß, Jürgen [Hrsg.] (2004a): Enzyklopädie Philosophie und Wissenschaftstheorie. Band 1: A – G. Stuttgart [u.a.]: Metzler.

Mittelstraß, Jürgen [Hrsg.] (2004b): Enzyklopädie Philosophie und Wissenschaftstheorie. Band 2: H – O. Stuttgart [u.a.]: Metzler.

Mittelstraß, Jürgen [Hrsg.] (2004c): Enzyklopädie Philosophie und Wissenschafts-theorie. Band 3: P – So. Stuttgart [u.a.]: Metzler.

Mittelstraß, Jürgen [Hrsg.] (2004d): Enzyklopädie Philosophie und Wissenschafts-theorie. Band 4: Sp – Z. Stuttgart [u.a.]: Metzler.

Mittelstraß, Jürgen (1974): Die Möglichkeit von Wissenschaft. Frankfurt am Main: Suhrkamp.

Molcho, Samy (1983): Körpersprache. Gütersloh: Bertelsmann.

Netzwerkkinder (2005): „So werden wir leben". http://www.netzwerkkinder.at/ netzwerk-kinder2004/menu.php?flash=1.

Niegemann, Helmut M. (2004): Kompendium E-Learning. Berlin [u.a.]: Springer.

Nielsen, Jakob (2003): Usability engineering. Amsterdam [u.a.]: Kaufmann.

Nonaka, Ikojiro; Takeuchi, Hirotaka (1995): The knowledge creating company: how Japanese companies create the dynamics of innovation. New York [u.a.]: Oxford Univ. Press.

Oelsnitz, Dietrich von der; Hahmann, Martin (2003): Wissensmanagement: Strate-gie und Lernen in wissensbasierten Unternehmen. Stuttgart [u.a.]: Kohlhammer.

Ortner, Erich; Wedekind, Hartmut (2004): Sprachkompetenz und Sprachperformanz als Basis organisationaler Intelligenz. In Proceedings Multikonferenz Wirt-schaftsinformatik (MKWI2005) – Band 2, S. 435-448.

Ortner, Erich; Wedekind, Hartmut (2003): Die Zukunft des Bürgers im Internet. Ar-beitsberichte des FG Wirtschaftsinformatik I. Bericht 2003/02. Technische Universität Darmstadt.

Ortner, Erich; Schienmann, Bruno; Thoma, Helmut [Hrsg.] (1996): Natürlichsprach-licher Entwurf von Informationssystemen: Grundlagen, Methoden, Werkzeuge, Anwendungen, Konstanz: UVK, Univ.-Verlag.

Ortner, Erich (1993): Software-Engineering als Sprachkritik: die sprachkritische Me-thode des fachlichen Software-Entwurfs. Konstanz: Univ.-Verlag Konstanz.

Ortner, Erich (1997): Methodenneutraler Fachentwurf: zu den Grundlagen einer anwendungsorientierten Informatik. Stuttgart [u.a.]: Teubner.

Ortner, Erich (1999a): „Repository Systems - Teil 1: Mehrstufigkeit und Entwick-lungsumgebung". In: Informatik-Spektrum, 22(4), S. 235-251.

Ortner, Erich (1999b): „Repository Systems - Teil 2: Aufbau und Betrieb eines Entwicklungsrepositoriums". In: Informatik-Spektrum, 22(5), S. 351-363.

Ortner, Erich (2004a): „Anthropozentrik und Sprachbasierung in der (Wirtschafts-) Informatik" in Rainer Hammwöhner, Marc Rittberger und Wolfgang Semar [Hrsg.]: Wissen in Aktion: der Primat der Pragmatik als Motto der Konstanzer Informationswissenschaft. Konstanz: Univ.-Verlag Konstanz, S. 141-152.

Ortner, Erich (2004b): Systematische Unterscheidung von Objektsprache und Metasprache in der Informatik und im allgemeinen Sprachunterricht. Arbeitsberichte des FG Wirtschaftsinformatik I. Bericht 2004/01. Technische Universität Darmstadt.

Ortner, Erich (2005): Sprachbasierte Informatik. Wie man mit Wörtern die Cyber-Welt bewegt. Leipzig: Eagle, Ed. am Gutenbergplatz.

Peirce, Charles S. (1991): Schriften zum Pragmatismus und Pragmatizismus, Frankfurt am Main: Suhrkamp.

Pencake, Cherri (2001): „The ubiquitous beauty of user-aware software". In: Communication of the ACM, März 2001, 44(3), S. 130.

Pertsch, Erich; Menge, Hermann (1998): Langenscheidt-Wörterbuch Lateinisch: [Lateinisch-Deutsch, Deutsch-Lateinisch]. Gütersloh: Bertelsmann-Club [u.a.].

Picht, Georg (1992): Aristoteles' 'De anima'. Stuttgart: Klett-Cotta.

Pinker, Steven (1996): Der Sprachinstinkt: wie der Geist die Sprache bildet. Darmstadt: Wiss. Buchgesellschaft.

Polanyi, Michael (1985): Implizites Wissen. Frankfurt am Main: Suhrkamp.

Probst, Gilbert. J. B.; Raub, Steffen; Romhardt, Kai (1999): Wissen managen: wie Unternehmen ihre wertvollste Ressource optimal nutzen. Frankfurt am Main [u.a.]: Frankfurter Allg., Zeitung für Deutschland [u.a.].

Puppe, Frank (1991): Einführung in Expertensysteme. Berlin [u.a.]: Springer.

Rehäuser, Jakob; Krcmar, Helmut (1996): „Wissensmanagement in Unternehmen" in Conrad Schreyögg [Hrsg.]: Wissensmanagement. Berlin [u.a.]: de Gruyter, S. 1-40.

Renzl, Birgit (2003): Wissensbasierte Interaktion: selbst-evolvierende Wissensströme in Unternehmen. Wiesbaden: Dt. Univ.-Verlag.

Romhardt, Kai (1998): Die Organisation aus der Wissensperspektive: Möglichkeiten und Grenzen der Intervention. Wiesbaden: Gabler.

Rumpf, Horst (2004): Diesseits der Belehrungswut: pädagogische Aufmerksamkeiten. Weinheim [u.a.]: Juventa-Verlag.

Rupp, Chris; Sophist Group (2004): Requirements-Engineering und -Management. München: Hanser Fachbuchverlag.

Ryle, Peter (1969): Der Begriff des Geistes. Stuttgart: Reclam.

Sandbothe, Mike (2001): Pragmatische Medienphilosophie: Grundlegung einer neuen Disziplin im Zeitalter des Internet. Weilerswist: Velbrück.

Saussure, Ferdinand De (1972): Cours de linguistique générale. Paris: Payot.

Schienmann, Bruno (1997): Objektorientierter Fachentwurf: ein terminologiebasierter Ansatz für die Konstruktion von Anwendungssystemen Stuttgart [u.a.]: Teubner.

Schmitz, Ulrich (1992): Computerlinguistik: eine Einführung. Opladen: Westdt. Verlag

Schubert, Sigrid; Schwill, Andreas (2004): Didaktik der Informatik. Heidelberg [u.a.]: Spektrum Akad. Verlag.

Schulmeister, Rolf (2002): Grundlagen hypermedialer Lernsysteme: Theorie - Didaktik – Design. München [u.a.]: Oldenbourg.

Schwanitz, Dietrich (2002): Bildung: alles, was man wissen muß. Frankfurt a. M.: Eichborn.

Schwarze, Jochen (2001): Projektmanagement mit Netzplantechnik. Herne [u.a.]: Verlag Neue Wirtschafts-Briefe.

Searle, John R. (1977): Sprechakte: ein sprachphilosophischer Essay. Frankfurt am Main: Suhrkamp.

Searle, John R. (1986): Geist, Hirn und Wissenschaft: Die Reith Lectures 1984. Frankfurt am Main: Suhrkamp.

Seiler, Thomas B. (2001): Begreifen und Verstehen: ein Buch über Begriffe und Bedeutungen. Darmstadt: Allg. Wiss. - HRW e.K.

Shannon, Claude E.; Weaver, Warren (1976): Mathematische Grundlagen in der Informationstheorie. München, Wien: Oldenbourg.

Siebeck, Hermann (1922): Aristoteles. Stuttgart: Frommann.

Snell, Bruno (1952): Der Aufbau der Sprache. Hamburg: Claassen.

Stange, Eva-Maria (2004): „Der Turm ist immer noch schief!". In: Erziehung und Wissenschaft, 56(12), S. 2.

Steinmetz, Ralf (2000): Multimedia-Technologie: Grundlagen, Komponenten und Systeme. Berlin [u.a.]: Springer.

Tapscott, Don (1998): Net kids: die digitale Generation erobert Wirtschaft und Gesellschaft. Wiesbaden: Gabler.

Thun, Friedemann Schulz von; Ruppel, Johannes; Stratmann, Roswitha (2004): Miteinander reden: Kommunikationspsychologie für Führungskräfte. Reinbek bei Hamburg: Rowohlt-Taschenbuch-Verlag.

Todesco, Rolf (1992): Technische Intelligenz oder wie Ingenieure über Computer sprechen. Stuttgart- Bad Cannstatt: Frommann-Holzboog.

Versteegen, Gerhard (2000): Das V-Modell in der Praxis: Grundlagen, Erfahrungen, Werkzeuge, Heidelberg: dpunkt-Verlag.

Wedekind, Hartmut; Ortner, Erich (2004): „Towards universal literacy: from computer science upward". In: Communication of the ACM, 47(6), S. 101-104.

Wedekind, Hartmut; Ortner, Erich; Inhetveen, Rüdiger (2004a): „Informatik als Grundbildung – Teil I". In: Informatik-Spektrum, April 27(2), S. 172-180.

Wedekind, Hartmut; Ortner, Erich; Inhetveen, Rüdiger (2004b): „Informatik als Grundbildung – Teil II: Bildung von Elementarsätzen". In: Informatik-Spektrum, Juni 27(3), S. 265-272.

Wedekind, Hartmut; Ortner, Erich; Inhetveen, Rüdiger (2004c): „Informatik als Grundbildung – Teil III: Gleichheit und Abstraktion". In: Informatik-Spektrum, August 27(4), S. 337-342.

Wedekind, Hartmut; Ortner, Erich; Inhetveen, Rüdiger (2004d): „Informatik als Grundbildung – Teil IV: Objektsprache/Metasprache". In: Informatik-Spektrum, Oktober 27(5), S. 459-466.

Wedekind, Hartmut; Ortner, Erich; Inhetveen, Rüdiger (2004e): „Informatik als Grundbildung – Teil V: Namengebung und Kennzeichnung". In: Informatik-Spektrum, 27(6), S. 551-556.

Wedekind, Hartmut; Ortner, Erich; Inhetveen, Rüdiger (2005): „Informatik als Grundbildung – Teil VI: Logik und Geltungssicherung". In: Informatik-Spektrum, 28(1), S. 48-52.

Wedekind, Hartmut (1992): Objektorientierte Schemaentwicklung: ein kategorialer Ansatz für Datenbanken und Programmierung. Mannheim [u.a.]: BI-Wiss.-Verlag.

Wedekind, Hartmut (2003): „Sprachbasierte Informatik und Wirtschaftsinformatik". In: WIRTSCHAFTSINFORMATIK, 45(2), S. 251-252.

Weizenbaum, Joseph (1966): „ELIZA - a computer program for the study of natural language communication between man machine". In: Communication of the ACM, 9(1), S. 36-45.

Weizenbaum, Joseph (2003): Die Macht der Computer und die Ohnmacht der Vernunft. Frankfurt am Main: Suhrkamp.

Werlen, Iwar (2002): Sprachliche Relativität: eine problemorientierte Einführung. Tübingen [u.a.]: Francke.

Wesseloh, Julia (2003): „Nicht lenken – denken". In: BRANDEINS, 7(10), S. 74-77.

Wesseloh, Julia (2004): „Was ist eigentlich das Subsidiaritätsprinzip?". In: BRANDEINS, 8(1), S. 112-113.

Wirth, Uwe (1995): „Abduktion und ihre Anwendungen". In: Zeitschrift für Semiotik, Band 17, S. 405-424.

Wittgenstein, Ludwig (1973): Philosophische Grammatik. Frankfurt am Main: Suhrkamp.

Wittgenstein, Ludwig (1984): Tractatus logico-philosophicus. Frankfurt am Main: Suhrkamp.

Wittgenstein, Ludwig (1989): Vortrag über Ethik und andere kleine Schriften. Frankfurt am Main: Suhrkamp.

Wygotskij, Lev S. (1981): Denken und Sprechen. Frankfurt am Main: Fischer-Taschenbuch-Verlag.

Sach- und Personenregister